FALKEN
BÜCHEREI

Klaus Fuchs · Lars Sologub

Badminton

Technik · Taktik · Training

Weitere Titel aus dem umfangreichen Sportprogramm des Falken-Verlags finden Sie auf Seite 168. Fragen Sie auch Ihren Buchhändler.

ISBN 3 8068 0699 3

© 1984/1988 by Falken-Verlag GmbH, 6272 Niedernhausen/Ts.
Titelbild: Louis Ross
Fotos: Klaus Fuchs, Stefan Lorenz, Fotostudio Querbach, Preben B. Søborg
Zeichnungen: Helga Henkel, Edith Kuchenmeister
Die Ratschläge in diesem Buch sind von Autor und Verlag sorgfältig erwogen und geprüft, dennoch kann eine Garantie nicht übernommen werden. Eine Haftung des Autors bzw. des Verlages und seiner Beauftragten für Personen-, Sach- und Vermögensschäden ist ausgeschlossen.
Gesamtherstellung: H. G. Gachet & Co., 6070 Langen

817 2635 4453

Inhalt

Vorwort

Badminton — der unbekannte Volkssport; so jedenfalls hätte bis vor wenigen Jahren noch der Tenor lauten müssen, wollte man die Verbreitung des Federballspiels in Relation zu seiner wettkampfmäßigen Variante setzen. Dies hat sich jedoch in der letzten Zeit geändert. Als Wettkampfsport, der bei uns — im Gegensatz zu den asiatischen Ländern — ausschließlich in Sporthallen betrieben wird, ist und war die Entwicklung entscheidend vom Ausbau moderner Hallen abhängig. Wurden in den 50er und 60er Jahren den Badmintonvereinen in der Regel nur die schlechtesten Trainingszeiten zugewiesen, so hat sich das in den letzten 10 Jahren erheblich verbessert. Ablesbar ist dies an der starken Zunahme der Zahl der Vereine und dem rapiden Anstieg der Mitgliedszahl, die im Deutschen Badminton-Verband bei über 80 000 liegt.

Nicht Schritt gehalten mit dieser sprunghaften Entwicklung haben bisher das Trainerwesen und die schriftliche und bildliche Darstellung von Technik, Taktik und den sonstigen für einen Wettkampfsport wichtigen Rahmenbedingungen. Um diese Lücke zwischen der zunehmenden Verbreitung von Badminton als Wettkampfsport und dem mangelnden Verständnis für die technischen und taktischen Grundlagen dieses Rückschlagsports zu schließen, haben die beiden Autoren dieses Buch konzipiert. Es soll Anfängern den Einstieg in die ihnen noch unbekannte Sportart ebenso erleichtern wie Wettkampfsportlern aller Leistungsebenen wertvolle Anregungen für Training und Turnier geben.

Es ist ein Buch *von* Praktikern, die tagtäglich mit Badminton zu tun haben, *für* Praktiker. Es verzichtet deshalb auf zu theoretische Ausführungen über Bewegungs- und Trainingslehre. Vielmehr soll es in anschaulicher Weise mit seinen zahlreichen wertvollen Hinweisen jeder Spielerin und jedem Spieler Möglichkeiten zur Verbesserung der individuellen Leistung eröffnen. In dieser Konzeption liegt auch der Wert des Buches für Übungsleiter und Trainer begründet, denen für ihre eigene Arbeit eine unentbehrliche Hilfe zur Hand gegeben wird. Abschließend sei zum praktischen Umgang mit dem Band darauf hingewiesen, daß bei den Erläuterungen generell von Rechtshändigkeit ausgegangen wurde.

Badminton und seine Geschichte

Bereits lange vor der Entstehung des Begriffs »Badminton« gab es Rückschlagspiele, die dem heutigen Federball ähnelten. Auf Abbildungen adliger Freizeitvergnügungen des 17. Jahrhunderts finden sich bereits Federballszenen. Ebenso gab es Rückschlagspiele mit gefiederten Bällen in den Hochkulturen Mittel- und Südamerikas, aus denen sich zum Beispiel auch das Indiacaspiel ableitet.

Wenn man die mutmaßlichen Verbindungen zwischen dem amerikanischen und dem asiatischen Kontinent kennt, ist es nicht verwunderlich, daß die Briten das Federballspiel aus Indien nach Europa brachten, wo das höfische Spiel wieder in Vergessenheit geraten war.

Den Namen hat der Wettkampfsport Badminton deshalb von dem in der Grafschaft Gloucestershire gelegenen Landsitz »Badminton House« des Duke of Beaufort erhalten, wo es als »Mitbringsel« aus den asiatischen Kolonien gespielt wurde und von wo seine Verbreitung auf der ganzen Welt ausging.

Schon 1889 fanden die ersten »All England Championships« statt, die unter den Badmintonanhängern den gleichen Stellenwert haben wie das Turnier von Wimbledon für die Tennisfreunde.

Bis zum Zweiten Weltkrieg war Badminton dann fast ausschließlich im englischsprachigen Raum – vor allem also auch in den britischen Kolonien – verbreitet.

So gehörten dem 1934 gegründeten Weltverband IBF (International Badminton Federation) beinahe nur Commonwealthstaaten an.

Erst nach dem Zweiten Weltkrieg verbreitete sich Badminton weltweit. Heute gehören der IBF etwa 60 Verbände aller Kontinente an. Die sportliche Struktur ist voll ausgebildet und umfaßt Einzelweltmeisterschaften (die in Zukunft alle 2 Jahre stattfinden), eine Computerrangliste und einen internationalen Wettkampfkalender. Bereits seit 1948 wird mit dem *Thomas-Cup* eine Weltmeisterschaft für Herren-Nationalmannschaften, seit 1956 mit dem *Uber-Cup* eine solche für Damen-Nationalmannschaften ausgespielt. Leider ist es bisher trotz vielfältiger Bemühungen noch nicht gelungen, Badminton im Programm der Olympischen Spiele zu etablieren.

In der Bundesrepublik Deutschland waren es zunächst britische Besatzungssoldaten und aus Großbritannien zurückkehrende deutsche Kriegsgefangene, die dieses Spiel betrieben. Mit der Ausrichtung der

ersten nationalen Titelkämpfe wurde 1953 in Wiesbaden der Deutsche Badminton-Verband aus der Taufe gehoben. Im gleichen Jahr erfolgte noch die Aufnahme in den IBF und in den Deutschen Sportbund.

Trotz einer zunächst – wegen der Hallenprobleme – noch mäßigen Verbreitung spielten sich Ende der 60er Jahre mit Beginn der Europameisterschaften Spielerinnen und Spieler des DBV in die europäische Spitze. Namen wie Gerlatzka, Wakkerow, Bochow, Braun, Kucki und Maywald seien nur als Beispiele genannt.

Diese Spitzenstellung im Kreis der Briten und Skandinavier konnte jedoch nicht gehalten werden. Der Anschluß an die europäische und erst recht an die Weltspitze, zu der neben einigen anderen asiatischen Sportlern besonders die Chinesen und Indonesier zu zählen sind, ging zu Beginn der 70er Jahre verloren. Dies geschah gerade zu einem Zeitpunkt, als Badminton hierzulande einen bis heute ungebrochenen Aufschwung und einen ungeahnten Mitgliederboom erlebte. Mit einer im Durchschnitt sehr jungen Nationalmannschaft zeichnet sich erst allmählich wieder eine positive Entwicklung auf internationalem Parkett ab, die der Entwicklung des Deutschen Tennisbundes ähnelt. Hier wie dort drängen junge Spieler an die Spitze, die den Anschluß an internationales Niveau schaffen können.

Harald Klauer (links) und Gerhard Treitinger, die deutschen Meister von 1983 im Herrendoppel, machen auch international mit guten Ergebnissen auf sich aufmerksam.

Ausrüstung

Kleidung

Es gibt heute Sportkleidung in sehr vielen verschiedenen Preislagen. Sehr teuer kann es werden, wenn man die Kleidung nach dem letzten Modetrend kauft. Es gibt aber eine große Vielfalt von Kleidungsstücken für Badminton, die – wenn es in erster Linie um Zweckmäßigkeit geht – sich kostenmäßig in Grenzen halten. Selbstverständlich kann man Badminton in einer simplen Turnhose und einem ebenso einfachen Turnhemd spielen.

Man sollte aber auf einige Punkte achten:

● Die Kleidung muß so gut verarbeitet sein, daß sie zum Beispiel auch bei einem Ausfallschritt zuverlässig hält. Besonders die Hose muß genügend Bewegungsfreiheit bieten.

● Badmintonkleidung muß sehr oft gewaschen werden. Die Qualität der Kleidung muß deshalb so hoch sein, daß sie auch häufiges Waschen erträgt.

● Das Badmintonhemd sollte den Schweiß aufnehmen, andererseits aber auch luftdurchlässig sein.

● Außer der Kleidung, wie man sie auf den Fotos sieht, wird in den Damendisziplinen manchmal auch ein Rock statt einer Hose getragen.

● Um sich vor dem Spiel und besonders auch in den Pausen warm zu halten, sollte der Badmintonspieler einen Trainingsanzug tragen.

Schuhe

Es gibt viele verschiedene Schuhe in den unterschiedlichsten Preislagen. Man sollte nicht unbedingt die billigsten wählen, sondern darauf achten, daß man möglichst fußgerechte Schuhe bekommt. Andernfalls können die Füße beim Badminton sehr leiden.

Einige Tips zum Schuhkauf:

● Ein gutes Fußbett, bei dem die Ferse höher liegt als das Niveau der Zehen, entlastet die Achillessehne.

● Haltbarkeit und Rutschfestigkeit sind wichtig. Die Sohle und die vorderen Innenkanten werden abgenutzt. Diese Teile müssen deshalb haltbarer als das Obermaterial sein. Spezielle Badmintonschuhe haben in der Regel Verstärkungen an diesen Stellen.

Die Sohle soll rutschfest sein. Wenn sie aber zu stumpf ist,

Badmintonkleidung für Training und Wettkampf.

Badmintonschuhe in verschiedenen Ausführungen.

kann dies sehr schädlich für die Beingelenke sein.

● Die Schuhe sollten nicht zu schwer sein, da Badminton eine sehr schnelle Sportart ist und man sonst in der Bewegung gehemmt werden kann.

Hier unterscheiden sich Schuhe mit Leder als Obermaterial oft von denen aus Kunststoff – die Lederschuhe sind meistens schwerer.

Schläger

Es gibt eine Vielzahl von Schlägermarken und Schlägertypen. Als kleine Hilfe beim Schlägerkauf sind folgende Tips zu beachten:

● Die Schläger wiegen heute zwischen etwa 85 und 120 g, und es ist empfehlenswert, mit Schlägern zu spielen, die innerhalb dieser Grenzen liegen.

Jeder muß aber selbst entscheiden, welches Schlägergewicht ihm am ehesten liegt.

● Die Schläger von »gestern« bestanden meistens aus Holz mit einem Stahlschaft. Heute wird kaum noch mit Holzschlägern gespielt, sondern überwiegend mit Graphit-Schlägern oder mit

Schlägern, die aus einer Kombination von Metallkopf und Carbon/Graphitschaft bestehen. Auch hier muß jeder selbst entscheiden, womit er am besten spielt. Für Anfänger ist es aus Kostengründen empfehlenswert, mit einem »reinen« Metallschläger anzufangen und später auf einen teureren umzusteigen. Es gibt mehrere Weltklassespieler, die mit Metallschläger spielen. Die Leistung ist also nicht von der Materialwahl abhängig.
● Die Preise liegen zwischen DM 20,– bis über DM 200,–.

Man muß aber nicht den teuersten Schläger kaufen; dieser ist nicht unbedingt der beste. Man sollte aber auch nicht den billigsten wählen, da dieser selten sehr haltbar ist. Es lohnt sich einfach nicht, wenn man mehrere »billige« Schläger pro Jahr ersteht. Vielmehr sollte man einen kaufen, der ein bißchen teurer, aber dafür haltbarer ist.
Hier sollte sich jeder vom Fachmann beraten lassen – und wie gesagt, der teuerste Schläger muß nicht der beste sein.

Verschiedene Schläger und andere Ausrüstungsgegenstände.

Bespannung

Es gibt 2 Hauptgruppen von Bespannungen: Naturdarmsaiten und Kunststoffsaiten.
Die Darmsaite ist elastischer als die Kunstsaite und vermittelt dadurch mehr Ballgefühl; die Kunstsaite ist indes oft haltbarer und hat in dieser Hinsicht ihre Vorteile.
Ein anderer Unterschied liegt darin, daß eine dünne Saite elastischer ist als eine dicke. Andererseits ist die dicke natürlich haltbarer als die dünne. Bei Kunststoffsaiten ist man sehr weit in der Entwicklung fortgeschritten, und es gibt heute Kunstsaiten, die äußerst elastisch *und* sehr haltbar sind.
Auch bei der Bespannung muß jeder selbst probieren, was für ihn am besten ist. Zu empfehlen ist, daß man am Anfang mit einer Kunstsaite spielt, zumal diese meist auch kostengünstiger ist.

Bälle

Man kennt 2 verschiedene Balltypen: den Naturfederball und den Kunststoffball.

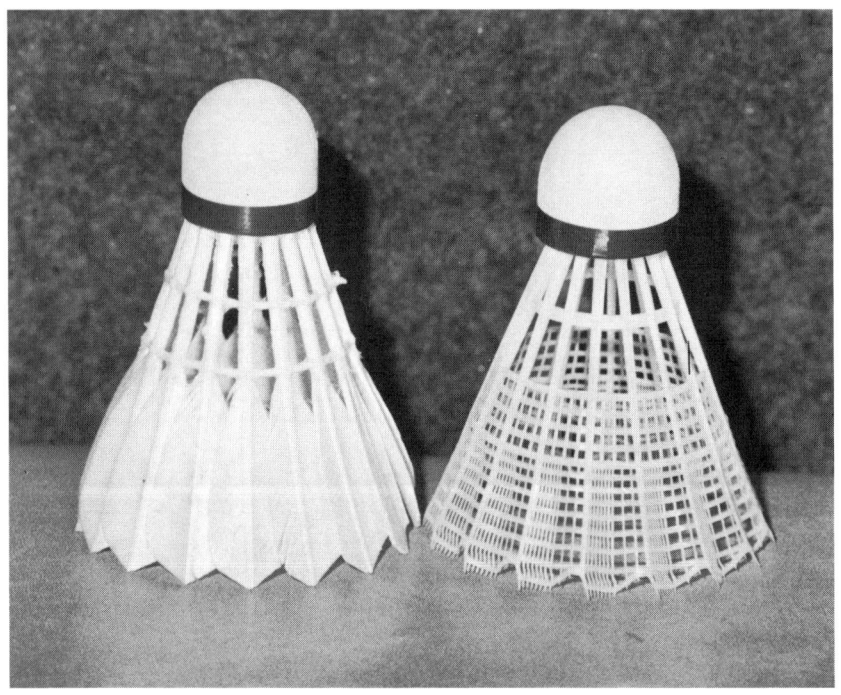

Naturfederball (links) und Kunststoffball.

Der Naturfederball besteht aus einem Korkfuß und einem Korb aus Naturfedern. Er wiegt etwa 5 g und zeichnet sich im Vergleich mit dem Kunststoffball zumeist durch stabiles Flugverhalten – vor allem im Netzbereich – aus. Der Kunststoffball ist in der Regel haltbarer als der Naturfederball, erreicht aber nicht ganz dessen Flugeigenschaften. Freilich gibt es heute auch gute Kunststoffbälle.

In den oberen und mittleren Spielklassen wird meistens mit Naturfederbällen gespielt, in den unteren Klassen und in den jüngeren Jugendklassen dagegen mit Kunststoffbällen.

Wichtig bei Bällen ist die Geschwindigkeit. Hier spielen die Größe der Halle und die dort herrschende Temperatur eine wichtige Rolle. Je wärmer und kleiner eine Halle ist, desto schneller fliegen die Bälle. Eine Empfehlung für den Ballkauf: Nicht zu billige Naturfederbälle kaufen, da diese sowohl von den Flugeigenschaften als auch von der Haltbarkeit her oft teurer werden als Bälle, die ein bißchen mehr kosten!

Sonstiges

Außer diesen Sportutensilien benötigt der Badmintonspieler Socken mit saugfähigem Fußbett und schließlich eine geräumige Sporttasche, um die gesamte Ausrüstung zum Training oder Wettkampf mitzubringen.

Technik

Allgemeines

An die Technik des Badmintonspielers werden sehr hohe Anforderungen gestellt. Ohne eine gute technische Ausbildung wird es in den seltensten Fällen gelingen, ein gehobenes Leistungsniveau zu erreichen. Die Grundlagen dafür werden bereits im Schul- und Jugendalter gelegt. Deshalb sollte im Verein grundsätzlich derjenige Trainer die Jugendlichen trainieren, der besondere Stärken im Technikbereich besitzt. Falsche Techniken, die sich Sportler – das gilt generell – frühzeitig angeeignet haben, sind ungemein schwer wieder zu »verlernen«. Es ist viel leichter, einem Neuling – egal welchen Alters – gleich die richtige Technik beizubringen, als eine einmal verfestigte falsche Technik zu korrigieren.

Deshalb werden auf den folgenden Seiten die wichtigen Schlagarten ausführlich in ihren Bewegungsabläufen dargestellt und die einzelnen Schlagphasen erläutert. Die Reihenfolge ist mit Absicht so gewählt, daß sie von jedem Leser im Training genau so eingehalten werden kann. Bei Beachtung der vorgeschlagenen Reihenfolge wird man einerseits schnell zu wettkampffähnlichen Spielformen kommen, anderrerseits auch systematische Verbesserungen dadurch erzielen können, daß die Schläge aufeinander aufbauen. In Zweifelsfällen wurde der Spielmöglichkeit der Vorzug vor der Ähnlichkeit des Schlages gegeben (zum Beispiel wird Drop vor Smash behandelt).

Daneben wird bei den einzelnen Schlagtechniken auch die entsprechende Lauftechnik gleich mit erläutert. Im Gegensatz zu anderen Fachbüchern wird hier der Lauftechnik kein eigenes Kapitel gewidmet, da oftmals Schwierigkeiten beim Erlernen und bei der Beherrschung eines Schlages auf falsches Laufen und falsche Stellung zum Ball zurückzuführen sind. Eine unmittelbare schlagbezogene Vermittlung der Lauftechnik ist deshalb sinnvoll.

Da noch sehr viele Spieler sich Badminton selbst beibringen müssen, weil in Deutschland das Trainerwesen nach wie vor erhebliche Lücken aufweist, wird weitgehend auf Fremdworte bei der Darstellung der Technik verzichtet. Dies gilt insbesondere für den muskulär-anatomischen Bereich. Zur optischen Unterstützung dienen in diesem Abschnitt vielfach Fotos und Zeichnungen, die die Bewegungsabläufe visuell nachvollziehbar machen.

Prinzip der Schleifenbewegung

Vor der Darstellung der einzelnen Schlagarten soll zunächst das Prinzip der Schleifenbewegung, das bis vor wenigen Jahren für Badminton noch weitgehend unbekannt war, erläutert werden, da es für alle Schläge von großer Bedeutung ist. Die Schlaggeschwindigkeit beim Treffen des Balls ist in hohem Maße abhängig von dem Weg, den der Schläger bis zum Treffpunkt zurückgelegt hat. Früher wurde oftmals gelehrt, den Schläger beim Ausholen auf den Rücken zu legen und von dort im richtigen Augenblick zu beschleunigen. Damit war aber die Geschwindigkeit des Schlägers am tiefsten Punkt – auf dem Rücken – gleich Null. Bei einer kreisförmigen, »schleifenähnlichen« Beschleunigung weist der Schlägerkopf bereits eine mehr oder weniger hohe Geschwindigkeit auf, wenn er den tiefsten Punkt hinter dem Rücken passiert. Dieser Vorteil kann dann ausgenutzt werden, wenn die Beschleunigung nicht unterbrochen wird. Bei einer Unterbrechung des Bewegungsflusses wird der mögliche Effekt zunichte gemacht.
Die Vorteile der kreisförmigen Beschleunigung werden auch in anderen Sportarten (beispielsweise Hammer- und Diskuswerfen, Aufschlag und Überkopf-Volley im Tennis) nutzbar gemacht. Selbst im Kugelstoßen hat es der sowjetische Athlet Baryschnikow mit Erfolg versucht. Außer der stärkeren Beschleunigung des Schlägers dient die Schleifenbewegung auch der Verbesserung des Muskeleinsatzes.

Jede schnellkräftige Bewegung erfordert ein Zusammenziehen, eine Kontraktion der beteiligten Muskelgruppen. Die Kontraktion kann noch effektiver gestaltet werden, wenn die Muskulatur sich vorher nicht nur im Ruhezustand befand, sondern entgegengesetzt gedehnt war. Dies wird durch die kreisförmige Bewegungsausführung erreicht. Die der Kontraktion vorausgehende Dehnung nennt man auch »Vorspannung«.

Das Zusammentreffen der kreisförmigen Beschleunigung des Schlägerkopfs mit der erzeugten Vorspannung der Muskulatur führt zur optimalen Schlaggeschwindigkeit. Beim Smash (Schmetterball) sollte diese mit der maximalen Schlaggeschwindigkeit identisch sein. Die Schleifenbewegung ist von daher fundamentale Grundlage für *alle* Schlagarten. Die genaue Ausführung wird jeweils bei den einzelnen Schlägen beschrieben.

Schlägerhaltung

Es gibt verschiedene Möglichkeiten, die Schlägerhaltung zu erläutern. Erfahrungsgemäß am leichtesten ist der Universalgriff dadurch zu lernen, daß man die *Schlaghand*

auf die Besaitung des Schlägerkopfs legt und den Schläger mit der
anderen Hand hält. Aus dieser Position fährt man mit der Schlaghand
am Schaft entlang bis zum Griff und
umfaßt diesen locker.
Die Spitze des Daumens liegt neben dem Mittelfinger, während der
Zeigefinger sich etwas weiter vorn
befindet. Das untere Ende des
Griffs schaut ein wenig aus der ge-
schlossenen Hand heraus und
schließt ungefähr mit Beginn der
Handwurzelknochen ab.
Wenn man mit dieser Haltung je-
mandem die Hand geben wollte,
würde man auf die schmale Seite
des Schlägerkopfes schauen.
Etwas modifiziert wird diese Haltung bei der Rückhand dadurch, daß
der Daumen, der normalerweise
mehr auf der Schmalseite des Griffes liegt, ausgeprägter auf der breiten Seite des Griffes zu liegen
kommt. Auf hohem Spielniveau
wird oftmals die Schlägerhaltung
der Spielsituation bzw. der eigenen
Schlagabsicht stärker angepaßt.

der vorgeschlagenen Schlägerhaltung.
Da diese »Technik« erhebliche
Mängel und Nachteile für das Erlernen insbesondere der Rückhandschlagarten aufweist und unweiger-
lich zu einer Stagnation in der Lei-
stungsentwicklung des Sportlers
führt, muß von Beginn an der richtigen Schlägerhaltung Beachtung
geschenkt werden.

*Korrekte Schlägerhaltung ist die
Grundlage der technischen Weiter-
entwicklung eines Spielers.*

Zur besonderen Beachtung

Ein »beliebter« Fehler bei der
Schlägerhaltung liegt darin, daß Anfänger häufig den sogenannten
Bratpfannengriff anwenden, um den
ankommenden Ball durch die Besaitung fixieren zu können und so
eine höhere Trefferquote zu erreichen. Dieser Griff bedeutet eine
Abweichung um ungefähr 90° von

Gewöhnungsübungen

Nach dem Erlernen der korrekten
Schlägerhaltung sollte der Badmin-
tonneuling an den Umgang mit dem
Federball herangeführt werden.
Dazu gibt es eine Reihe von einfüh-
renden Übungen, die – meist in
spielerischer Form – einerseits auf-
zeigen, daß die Beherrschung des
Federballs entgegen den noch vor-

Gewöhnung an den Ball durch Jonglieren und Aufheben.

herrschenden Klischees gar nicht so einfach ist, die andererseits aber Fortschritte schnell spürbar machen und durch die Einbeziehung vieler Anfänger in die Übungen deren Integration fördern. Man unterscheidet verschiedene Formen der Übungen.

Einzelübungen

Unter diese Kategorie fallen Übungen, die den einzelnen Spieler mit dem Ball vertraut machen. Dazu zählen das Aufheben des Balles mit dem Schläger vom Boden, das

Jonglieren mit Vor- und Rückhand, das Hinsetzen und Aufstehen beim Jonglieren und das Schlagen des Balls bis zur Decke. Zu achten ist dabei vor allem auf die zuvor gelernte korrekte Schlägerhaltung.

Übungen im Kreis

Zu dieser Art von Übungen zählen das Weiterspielen des Balls von Person zu Person im Kreis, das beliebige Spielen durch den Kreis, das Spielen des Balls in der Kreismitte bis unter die Decke auf ein Signal hin (zum Beispiel das Aufrufen der

Spieler mit einer zuvor vergebenen Zahl) und ähnliche Übungen.

Bewährt hat sich bei den Kreisübungen eine Zahl von 5–6 Personen. Je nach Hallengröße kann man mehrere Kreise gleichzeitig bilden. Dem Einfallsreichtum sind bei solchen Übungen keine Grenzen gesetzt! Vielfach kann man Übungen aus anderen Sportarten auf Badminton übertragen.

Staffelübungen

Wie der Begriff schon sagt, lassen sich mit dem Ball Staffelläufe durchführen. Der Ball kann – wie beim Eierlaufen – auf dem Schlägerkopf getragen oder mit dem Schläger vorwärtsgetrieben werden. Die zweite Form ist ungleich schwieriger, aber für die Steigerung des Ballgefühls besser.

Diese Staffelläufe können um eine Markierung herum oder bei gegenüberstehenden Gruppen in eine bestimmte Richtung erfolgen. Darüber hinaus können Hindernisse jeder Art (etwa Bänke oder Slalomstangen) eingebaut werden. Zum Anreiz sind Staffelübungen gut als kleinere Wettkämpfe zu gestalten.

Kinder spielen sich die Bälle im Sitzen zu.

Badmintonrundlauf

Wie beim Rundlauf um die Tischtennisplatte kann auch Badminton in Form eines Rundlaufs gespielt werden. Es stehen sich 2 Gruppen jeweils hintereinander in Reihen gegenüber.

Der Ball wird mit einem Unterhandschlag ins Spiel gebracht. Anschließend dürfen nur hohe Bälle (wie beim Federball auf der Wiese) gespielt werden. Derjenige, der gerade geschlagen hat, läuft am Netzpfosten vorbei und stellt sich auf der anderen Seite am Ende der Reihe wieder an. In einer wettkampfähnlichen Variante scheidet dann derjenige aus, der einen Fehler macht. Bei entsprechend schnellem Lauf kann noch mit 3 Personen gespielt werden.

Die Reihe der Übungen ließe sich noch fortsetzen. Die aufgezeigten Beispiele sollen als Anregung für weitere Spiele dienen, die besonders im Bereich der Schule über den Sinn als Einführung hinausgehen. Dort sollten sie des öfteren auch zwischendurch zur Auflockerung eingesetzt werden.

Grundstellung

Die Grundstellung (auch *Ausgangsposition*) nimmt man nach Möglichkeit in der Feldmitte ein, zu der man in der Regel nach jedem Schlag zurückkehren muß.

In der Grundstellung stehen die Füße in Schulterbreite nebeneinander. Das Gewicht ruht gleichmäßig auf beiden Fußballen. Fuß-, Knie- und Hüftgelenke sind leicht und vor allem locker gebeugt. Beide Arme sind angehoben. Die Ellbogen befinden sich vor dem Körper. Der Schläger wird in ganz leichter Rückhandhaltung etwa in Brusthöhe gehalten.

Treffbereiche

Bei der Betrachtung der Zeichnung erkennt man bereits, daß sich die Treffbereiche überschneiden. Dies ist die Voraussetzung dafür, daß man – egal, wo man angespielt wird – in den möglichen »Returns« variabel ist oder zumindest sein kann.

Man unterteilt die verschiedenen Treffbereiche in 3 Ebenen: die Überhand-, die Seithand- und die Unterhandebene. Dadurch ist – bezogen auf die Schlaghand – bei einer Beschreibung sofort erkennbar, auf welcher Ebene der Schlag ausgeführt wird.

Wie später noch aufzuzeigen sein wird, sind 2 Überschneidungsbereiche von besonderer Bedeutung. Dies ist zum einen die Möglichkeit, auf der Überhand-Rückhand-Seite auch Vorhandschläge »links vom Kopf« auszuführen. Zum anderen sind im Unterhand-Vorhand-Be-

reich auch Rückhandschläge möglich. Letzteres ist insbesondere für die Abwehr von Schmetterbällen wichtig.

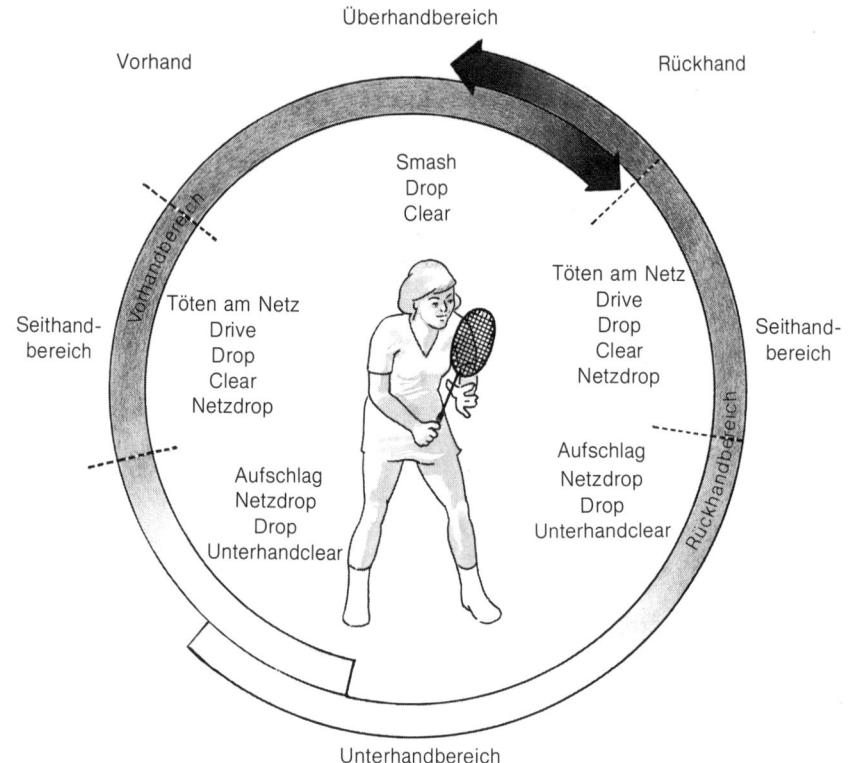

Überhandbereich

Vorhand

Rückhand

Smash
Drop
Clear

Töten am Netz
Drive
Drop
Clear
Netzdrop

Seithand-
bereich

Töten am Netz
Drive
Drop
Clear
Netzdrop

Seithand-
bereich

Aufschlag
Netzdrop
Drop
Unterhandclear

Aufschlag
Netzdrop
Drop
Unterhandclear

Unterhandbereich

Grundstellung und Treffbereiche.

Hoher Aufschlag

Ziel des hohen Aufschlags ist es einerseits, den Ball regelgerecht ins Spiel zu bringen. Andererseits wird mit dem Plazierungsort des Aufschlags sogleich ein taktisches Ziel verbunden. Der hohe Aufschlag dient vornehmlich im Einzel dazu, den Gegner bereits mit dem ersten Schlag aus der Feldmitte zu treiben. Deshalb soll der Ball nach dem Aufschlag möglichst exakt auf der letzten Linie (Grundlinie) landen.

Ausführung

Man nimmt zunächst eine lockere, schulterbreite Schrittstellung ein. Die Position liegt neben der Mittellinie etwa im Zentrum des Feldes. Das Gewicht ruht stärker auf dem rechten Fuß. Dieser steht dabei fast parallel zum Netz, während der linke Fuß zum rechten Netzpfosten zeigt. Die linke Hand faßt den Ball an der Basis zwischen Daumen und Zeigefinger. Die Hand wird mit dem Ball in Flugrichtung weit vor den Körper in Schulterhöhe gehalten. Der rechte Arm wird mit dem Schläger ebenfalls in Schulterhöhe nach hinten ausgestreckt, so daß beide Arme gleichsam eine Achse bilden. Die Schlaghand mit dem Schläger ist leicht in Richtung Handrücken aufwärts abgewinkelt. Unmittelbar nach dem Fallenlassen des Balls wird der Schlagarm – relativ dicht am Unterschenkel vorbei –

abwärts beschleunigt, wobei die Schlaghand durch die Trägheit des Schlägers zunächst noch etwas weiter abgewinkelt wird.

Kurz vor dem Treffen des Balls erfolgt eine schnellkräftige Einwärtsdrehung des Unterarms (Daumenseite geht in Richtung Körper), und die Schlaghand mit dem Schläger wird gestreckt.

Neben der Beschleunigung durch den Arm erfährt der Schlägerkopf so eine sehr wesentliche zusätzliche Beschleunigung.

Mit einem peitschenartigen Schlag wird der Ball etwa in Höhe des Oberschenkels seitlich vor dem Körper getroffen.

Das Gewicht verlagert sich bei der Ausführung auf das linke Bein. Der Schläger wird nicht aktiv und bewußt gebremst, sondern schwingt nach dem Schlag in Höhe des linken Ohrs aus. Man nennt dies »Folgedurchschlag«.

● Fehlerquellen

Gerade bei Neulingen ist häufig zu beobachten, daß sowohl der Arm mit dem Ball als auch der Schlagarm zu dicht an den Körper gezogen werden, um den Ball besser treffen zu können. Dies geht aber deutlich zu Lasten der Lockerheit des Schlags und damit der Präzision und der Weite.

Ein zweiter »beliebter« Fehler ist es, den Schläger selbst schon in Brusthöhe bremsen zu wollen. Die

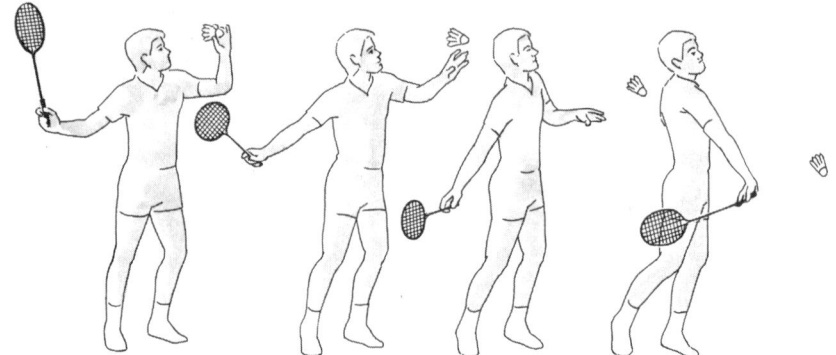

Der hohe Aufschlag vom konzentrierten Ausholen bis zum schwungvollen
»Folgedurchschlag«.

Bremsbewegung wird dabei bereits zu früh eingeleitet, so daß der Schläger nicht die optimale Schlaggeschwindigkeit erreicht. Der Ball kommt dann nicht bis auf die Grundlinie oder gewinnt nicht die notwendige Höhe.

Zur besonderen Beachtung

● Der hohe Aufschlag ist in allen Phasen der Bewegung so locker wie möglich auszuführen.
● Zur Ausnutzung der vollen Armbeweglichkeit werden Ball und Schläger weit vom Körper geführt.
● Der peitschenartige Schlag wird nicht gebremst und endet von selbst gewissermaßen an der anatomischen Grenze links vom Kopf.
● Die Höhe der Halle ist voll auszunutzen, weil ein steil abwärts fallender Ball vom Gegner schwieriger zu nehmen ist als ein schräg ankommender.

Clear

Unter Clear versteht man den hohen weiten Schlag bis auf die Grundlinie des gegnerischen Spielfelds.

Als defensiver Schlag dient er zunächst dazu, sich selbst »Luft zu verschaffen« und das Spiel wie nach einem hohen Aufschlag erneut aufzubauen.

Je höher der Ball unter die Hallendecke gespielt wird, um so mehr Zeit hat man, um wieder in die zentrale Position in der Feldmitte zu laufen. Durch einen genauen Clear auf die Grundlinie zwingt man umgekehrt den Gegner dazu, die Feldmitte zu verlassen.

Der defensive Clear (die offensive Variante – der Angriffs-Clear – wird im Anschluß daran erläutert) kann sowohl als Überhand- als auch als Unterhandschlag jeweils mit Vor- und Rückhand gespielt werden.

Im Nachfolgenden wird zunächst der Vorhand-Überhand-Clear (und zwar speziell als Ball, der über dem

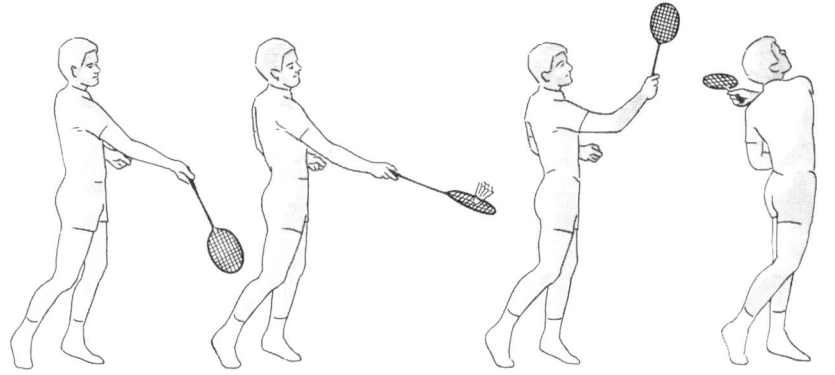

Kopf geschlagen wird) dargestellt. Deshalb nennt man diesen Über- handschlag auch *Überkopf-Clear.*

Ausführung

Zum besseren Verständnis und zum leichteren Erlernen des Clear zerlegt man den Schlag in 4 Pha- sen, die auch als Übungsschritte genutzt werden können. Wichtig ist später nur, daß der Bewegungsab- lauf nicht unterbrochen wird, son- dern fließend ineinander übergeht. Diese 4 Phasen werden beim Clear ausführlich erläutert, so daß alle übrigen Schläge darauf aufbauen können und nur noch in ihren Unterschieden dargestellt werden müssen.

Ausholphase
Aus der Grundstellung heraus oder nach dem vorher erforderlichen Laufweg werden der rechte Fuß und die rechte Schulter zurückgenom- men. Der rechte Fuß steht dadurch nahezu parallel zum Netz, und der Körper bildet mit dem Netz einen rechten Winkel.
Das Körpergewicht ruht auf dem rechten Bein.
Der linke Arm zeigt auf den ankom- menden Ball und bildet mit den Schultern und dem rechten Ober- arm eine Achse bis zum rechten Ellbogen. Der rechte Unterarm mit dem Schläger hingegen zeigt in spitzem Winkel nach vorn. Der Schlägerkopf befindet sich unge- fähr in Höhe des rechten Auges.

Dehnungsphase
Der Schlägerkopf wandert über den Kopf und das linke Schulterblatt in einer kreisförmigen Bewegung hin- ter dem Rücken entlang bis zur rechten Hüfte. Dort erreicht er sei- nen tiefsten Punkt.
Ober- und Unterarm sind stark nach außen gedreht; die Schlaghand ist in Richtung Handrücken und etwas zum Daumen hin gebeugt. Die Kante des kleinen Fingers zeigt nach oben.

Das Gewicht beginnt sich auf das linke Bein zu verlagern, und die Hüfte dreht sich in Schlagrichtung. Über die Achse linkes Bein – vorgedrehte Hüfte – zurückliegende rechte Schulter – nach außen gedrehter Arm erreicht der Körper in diesem Augenblick die höchste Vorspannung.

Schlagphase

Die Auflösung dieser Vorspannung in eine schnellkräftige Schlagbewegung beginnt mit der Drehung des ganzen Körpers in Schlagrichtung und einem schnellen Heben des Unterarms. Es erfolgt eine fast vollständige Streckung im Ellbogen- und Handgelenk.
Der Schläger wird mit einer sehr schnellkräftigen Einwärtsdrehung des Arms in Schlagrichtung gebracht und erfährt dadurch einen zusätzlichen Impuls. Es erfolgt der Schlag mit fast gestrecktem Arm über dem Kopf.

Ausschwungphase

Durch die Wucht des Schlags kann der Schläger nicht abrupt abgebremst werden. Vielmehr setzt sich die Armdrehung fort. Der Schlägerkopf wird für kurze Zeit von der Seite her voll sichtbar.
Je nach Härte des Schlags wird der Schläger neben der linken Körperhälfte oder erst neben dem linken Bein abgefangen und wieder bis Brusthöhe angehoben.

● Fehlerquellen

Bei Anfängern ist häufig zu beobachten, daß sie aus Angst, den Ball nicht zu treffen, auf die Schwungschleife hinter dem Rücken verzichten oder diese zwar ausführen, aber dann die Bewegung vor dem Schlag abbrechen und mit bereits erhobenem Schläger zu verkrampft auf den ankommenden Ball warten.
So werden sie nie den Ball von Grundlinie zu Grundlinie schlagen

Die Bewegungsphasen des Clear.

können. Diesen Fehler kann man durch »Trockenübungen« und Übungen am Pendelball abbauen. Ein zweiter Fehler liegt darin, daß der Ball zu dicht am Kopf – in Augennähe – geschlagen wird. Das Motiv ist das gleiche: Die Spieler glauben, so den Ball leichter treffen zu können. Dies trifft am Anfang auch tatsächlich zu; doch führt diese falsche Technik in eine Sackgasse, da dadurch die Schlagmöglichkeiten und besonders die Täuschungsmöglichkeiten stark eingeschränkt werden. Optimal muß der Treffpunkt weit über dem Körper liegen.

Zur besonderen Beachtung

- Das Körpergewicht soll durch Zurücknahme der Schlagschulter unterstützend eingesetzt werden.
- Durch eine flüssige und lockere Schleifenbewegung hinter dem Rücken erhöht sich die Schlaggeschwindigkeit. Ein technisch sauberer Schlag kostet viel weniger Kraft!
- Der Clear soll möglichst genau über dem Kopf geschlagen werden. Die Ballkontrolle und die Leichtigkeit des Schlags sind dort am größten.
- Ein unnötiges oder gar vorzeitiges Bremsen des Schlags ist zu vermeiden. Der Schläger kann problemlos diagonal links vom Körper ausschwingen und abgefangen werden.

Lauftechnik beim Clear

Generell wird man bei der Ausführung eines Überkopf-Clear nicht ohne Laufarbeit auskommen. Entscheidend für die Art der Lauftechnik ist letzten Endes nur, ob man nach einigen Laufschritten den Ball erwarten und aus einem optimalen Stand heraus den Schlag ausführen kann – wie meistens nach einem

hohen Aufschlag des Gegners –, oder ob man den Clear aus vollem Lauf heraus – wie in den meisten Spielsituationen – schlagen muß.

Lauf ohne Zeitdruck

Als Faustregel kann man bei allen Überhandschlägen festhalten, daß man mit demjenigen Fuß losläuft, der dem Schlagarm entspricht: als Rechtshänder also mit dem rechten Fuß, als Linkshänder mit dem linken.

Dadurch wird bereits mit dem ersten Schritt rückwärts die Schlagschulter nach hinten genommen. Man läuft im Überkreuzschritt rückwärts; das linke Bein wird also nicht nur bis ans rechte herangezogen, sondern hinter dem rechten Fuß ein

Stück weitergesetzt. Die Schrittweite richtet sich nach der Länge des ankommenden Balls. Normalerweise hat man mit 2 raumgreifenden Überkreuzschritten etwa die Grundlinie erreicht.

Beim Lauf wird die zuvor beschriebene Ausholbewegung schon eingeleitet. Nach Ende des Laufs befindet man sich voll in der Ausholbewegung mit der Seitwärtsdrehung des Körpers und dem Gewicht auf dem rechten Fuß. Der linke Arm zeigt zum Ball.

Lauf unter Zeitdruck

An der Art des »Startens« ändert sich nichts, doch wird der Körper meistens in eine mehr oder weniger starke Rücklage gebracht (Hohlkreuz).

Außerdem erfolgt der Lauf fast immer nicht im Überkreuzschritt, sondern gerade rückwärts unterhalb des fliegenden Balls.

Wegen der Zeitnot wird der Ball im Sprung geschlagen. Da der Absprung mit dem rechten und die Landung mit dem linken Bein erfolgt, spricht man vom *Umsprung.* Dieser schafft die Voraussetzung dafür, daß der Körper in der Luft durch die Drehung von rechts nach links im Prinzip die gleiche Vorspannung erzielen kann wie aus dem Stand. Die Landung erfolgt deutlich hinter der Absprungstelle. Unmittelbar nach der Landung drückt das linke Bein – der Fuß kommt etwa parallel zum Netz auf – den Körper stark in Richtung Feldmitte ab, und es schließt sich ein raumgreifender Schritt mit rechts an.

Der europäische Spitzenspieler Steve Baddeley (England) beim Clear.

Den Ablauf des Umsprungs kann man systematisch in der Art einer Tanzstundenübung trainieren. Aus einem Viererrhythmus heraus folgen die Stufen 1–4 aufeinander:

● Zurücksetzen des rechten Fußes;
● Absprung mit rechts, Körperdrehung in der Luft und Landung auf dem linken Bein;
● raumgreifender Schritt vorwärts mit rechts;
● Beiziehen des linken Fußes.

Dieser Takt sollte dann mit zunehmender Geschwindigkeit fortgesetzt werden, bis er bei allen Beteiligten tatsächlich »sitzt«.

Angriffs-Clear

Wie schon der Name ausdrückt, dient der Angriffs-Clear dazu, den Gegner unter Druck zu setzen.

Er unterscheidet sich vom defensiven Clear weniger in der Ausführung als vielmehr in der Flugbahn. Während der defensive Clear oft hinter dem Körper geschlagen wird, liegt der Treffpunkt des Balles beim offensiven Clear weiter vorn.

Er stellt als getäuschter Schlag oftmals eine Variante zu Drop (Ball wird dicht hinter das Netz geschlagen) oder Smash dar. Seine Flugbahn ist deutlich niedriger als die des defensiven Clear. Sie liegt häufig sogar unterhalb der Reichweite des Gegners. Dies kann dann mit Erfolg praktiziert werden, wenn man den Angriffs-Clear als parallelen Ball entlang der Außenlinie an der Reichweite des Gegners vorbei spielt.

Der Angriffs-Clear eignet sich vor allem als Return nach einem hohen Aufschlag des Gegners oder auch als taktische Waffe im Dameneinzel oder im Mixed, wenn man die gegnerische Dame auf die Grundlinie bringen will.

Luan Jin (VR China) versucht, einen Angriffs-Clear des Gegners im Sprung zu erreichen.

Zur besonderen Beachtung

- Wenn der Clear knapp über oder an der Reichweite des Gegners vorbei gespielt wird, kann er zum weniger risikoreichen Angriffsschlag werden.
- Der Angriffs-Clear ist besonders als Return nach einem hohen Aufschlag oder als taktische Alternative zu einem anderen Angriffsschlag sinnvoll einzusetzen.
- Der Bewegungsablauf und die Lauftechnik entsprechen jenen beim defensiven Clear. Der Treffpunkt liegt in der Regel etwas weiter vorn.

Clear links vom Kopf

Der Clear links vom Kopf ist ein recht häufig vorkommender Schlag, der sowohl läuferisch als auch schlagtechnisch höhere Anforderungen an den Spieler stellt als der Überkopf-Clear.
Ziel des Clear links vom Kopf ist zunächst einmal die Vermeidung eines Rückhandschlags. Dies ist für Anfänger oder schwächere Spieler, die die Rückhandschlagarten noch nicht oder jedenfalls noch nicht sicher beherrschen, ein dringendes Erfordernis, um die bestehende Schwäche zu kompensieren und das Spiel erfolgreich zu bestreiten. Eine zweite, taktisch geprägte Komponente kommt hinzu, die

auch dann gilt, wenn man die Rückhandschläge schon beherrscht: Bei diesen dreht man ja dem Netz mehr oder weniger den Rücken zu und verliert meistens den Gegner aus dem Blickfeld. Man kann dadurch Stellungsfehler oder spekulierendes Verhalten des Gegners, z. B. frühzeitiges Laufen in die Ecke, in die der abgewandte Spieler meistens seine Rückhandschläge spielt, nicht erkennen und deshalb seinen Schlag nicht mehr ändern. Dieser Nachteil wird durch den Clear links vom Kopf – bei allerdings erhöhter Laufarbeit – vermieden.

Ausführung

In der Schlagausführung ändert sich nichts Wesentliches gegenüber der des Überkopf-Clear. Lediglich kann in der Regel der Körper nicht unter den Ball gebracht werden. Der Oberkörper ist deshalb in der Hüfte – je nach Abstand zum Ball – mehr oder weniger stark in Ballrichtung abgeknickt.

Lauftechnik

Die Lauftechnik unterscheidet sich etwas von jener der übrigen Vorhandschläge. Der Körper wird sehr schnell mit raumgreifenden Schritten in die hintere linke Feldecke rückwärts bewegt.
Mit dem vorletzten Schritt kreuzt das rechte Bein das linke von hinten

Jiang Guoliang (VR China) hat einen Ball links vom Kopf geschlagen und fängt sich mit einem weiten Stemmschritt des linken Beins ab.

etwas und drückt den Körper kräftig zu einem meist sehr weiten Umsprung ab.

Der Schlag wird während des Sprungs ausgeführt.

Die Landung erfolgt auf dem linken Fuß. Dieser geht zum Abfangen des gesamten Gewichts und andererseits, um eine schnelle Abstoßbewegung in Richtung Feldmitte machen zu können, sehr weit nach links außen. Der Fuß steht dabei quer zur Laufrichtung.

Drop

So bezeichnet man alle Bälle, die mehr oder weniger »weich« geschlagen dicht hinter das Netz auf die gegnerische Seite fallen.

Wie beim Clear gibt es eine große Zahl von Variationen. Darüber hinaus kann der Drop als Überhand-, Seithand- und Unterhandball geschlagen werden.

Ziel des Drop ist es, den Gegner aus der zentralen Position so dicht wie möglich ans Netz zu locken oder nach einem zuvor gespielten weiten Clear den Laufweg des Gegners möglichst lang werden zu lassen.

Außerdem zählt der Drop zu den Angriffsschlägen, denn der Gegner erreicht den Ball, wenn er halbwegs gut vorbereitet und geschlagen ist, erst unterhalb der Netzkante. Dies gilt in den Einzel- und Doppeldisziplinen.

Ausführung

Es gilt zunächst, den Vorhand-Überhand-Drop — möglichst in Form des Überkopf-Drop gespielt — als Grundschlagart zu erläutern. Wie beim Clear unterscheidet man 4 Phasen der Bewegung.

Ausholphase

In der Ausholphase unterscheidet sich der Drop nicht vom Clear. Es ist sogar besonders wichtig, alle Schläge in der gleichen Weise einzuleiten, um dem Gegner keinerlei Hinweise auf die eigene Schlagabsicht zu geben.

Dehnungsphase

Dies gilt ebenso für die Dehnungsphase. Bei der Einleitung der Schleifenbewegung und der Erzeugung der Vorspannung soll sich die Bewegung in nichts von den anderen Schlägen unterscheiden, obwohl man von der Härte des Drop her auch ohne Vorspannung auskäme.

Schlagphase

Bis unmittelbar vor dem Treffen des Balls soll sich auch die Schlagphase möglichst nicht von der des Clear unterscheiden; das heißt, daß sie optisch für den Gegner genauso dynamisch abläuft und daß er eher einen Clear als bevorstehenden Schlag vermutet.

Kurz vor dem Treffen des Balls wird aber im Unterschied zum Clear die

Beim Drop wird der Schlag aktiv gebremst.

Beschleunigung des Arms und damit des Schlägerkopfs aktiv abgebremst.
Der Ball erhält nur noch einen so starken Impuls, daß seine Flugbahn kurz hinter dem Netz endet. Dieses »aktive Bremsen« erfordert viel Ballgefühl und Übung.

Ausschwungphase
Durch das aktive Bremsen der Bewegung wird der Ausschwung entbehrlich. Der Schläger wird sofort in die Haltung der Grundstellung zurückgeführt.

● Fehlerquellen

Ein »beliebter« Fehler im Anfängerbereich, der sich aber häufig bis auf mittleres Spielniveau fortsetzt, liegt darin, daß der Schlagarm beim Drop nicht fast gestreckt oder nach der

Streckung noch vor dem Schlag wieder sinken gelassen wird.
Der Ball wird dicht am Kopf gespielt, wo man vermeintlich mehr Ballgefühl entwickeln kann.
Einerseits erkennt ein etwas erfahrener Gegner daran bereits frühzeitig, daß nur noch ein Drop geschlagen werden kann, zum anderen beraubt man sich selbst der Möglichkeit, je nach vorzeitiger Reaktion des Gegners noch während der Schlagphase seine Absicht zu ändern und beispielsweise einen Clear durchzuziehen.

Zur besonderen Beachtung

● Der Drop entspricht im Bewegungsablauf bis kurz vor dem Treffen des Balls dem Clear.
● Der Ball wird durch ein aktives Bremsen des Schlägers unmit-

telbar vor dem Treffpunkt mit einem so geringen Impuls versehen, daß er dicht hinter dem Netz landet.

● Dieses Abbremsen der Bewegung darf nicht durch Sinkenlassen des Schlagarms erreicht werden.

Lauftechnik

Da der Drop ein Überhandschlag aus dem Rückraum ist, entspricht die Lauftechnik genau der des Clear. Dies gilt auch beim Drop links vom Kopf, der ebenfalls wie der Clear gespielt werden kann.

Vorhand-Unterhand-Clear

Der Vorhand-Unterhand-Clear als eine der typischen Antworten auf den Drop wird genau aus diesem Grund nicht nach dem hohen Aufschlag oder dem Clear, sondern erst hier behandelt.

Mit den bisher gelernten Schlägen und dem nun folgenden Vorhand-Unterhand-Clear kann ein Neuling bereits spielgerecht und variabel spielen. Nach dem hohen Aufschlag stehen ihm Clear und Drop als Spielmöglichkeiten offen, als Antworten ebenfalls Clear und Drop – oder der Vorhand-Unterhand-Clear.

Ziel des Vorhand-Unterhand-Clear ist es, den Gegner nach dessen Versuch, mit einem Drop das Spiel ans Netz zu verlagern, erneut auf die Grundlinie zu schicken oder

Der Vorhand-Unterhand-Clear – ein wichtiger defensiver Schlag.

sich durch einen defensiven Schlag Luft zu verschaffen.

Die Flugbahn des Balls hängt auch von äußeren Faktoren und von der eigenen Absicht ab. Dazu zählen die Hallenhöhe, in welcher Höhe man den Ball an der Netzkante erreicht, ob man den Gegner diagonal überspielen oder parallel passieren will.

Entscheidend ist jedoch, daß man mit dem Vorhand-Unterhand-Clear auch tatsächlich die Grundlinie erreicht. Gelingt es dem Gegner, den Ball vorzeitig abzufangen, kommt man selbst in erhebliche Schwierigkeiten, da man dann meist noch in der Rückwärtsbewegung ist. Nicht selten wird ein Spieler nach einem mißglückten Vorhand-Unterhand-Clear mit einem Smash geradezu »abgeschossen«.

Ausführung

Im Bewegungsablauf ähnelt der Vorhand-Unterhand-Clear dem hohen Aufschlag. Die Unterschiede liegen zum einen in der Laufarbeit (die nachfolgend noch erläutert wird), zum anderen in der kürzeren Ausholbewegung.

Je mehr es gelingt, den Gegner im unklaren darüber zu lassen, ob man einen Netz-Drop oder einen Vorhand-Unterhand-Clear spielt, um so wirkungsvoller wird der Schlag letztendlich sein.

Deshalb sollte die kreisförmige Beschleunigung des Schlägers durch die Drehbewegung des Unterarms und die Streckung des Handgelenks erst sehr spät einsetzen und möglichst kurz ausfallen.

Der Ausschwung wird nicht links vom Kopf, sondern diagonal vor dem Körper enden. Der Schläger wird beim Zurücklaufen in die Ausgangsposition zurückgeführt.

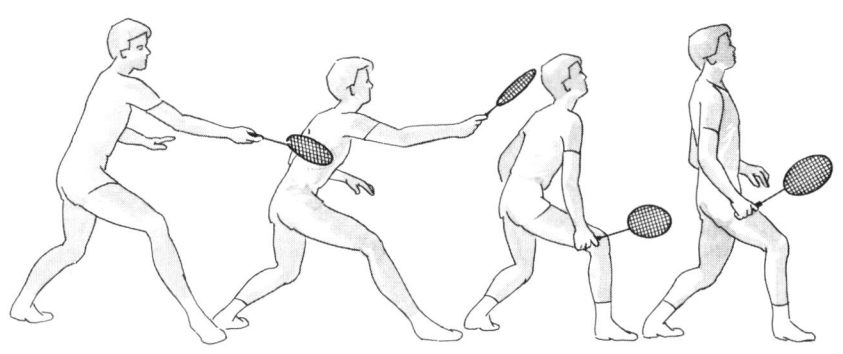

Lauftechnik

Bei allen Unterhandbällen und Schlägen im Netzbereich ist es unerheblich, *wie* man losläuft, wenn das Laufen nur ökonomisch – also zum Beispiel ohne Trippelschritte – erfolgt. Entscheidend ist, wie man am Punkt des Schlags ankommt.

Grundsätzlich endet jeder Lauf nach vorn auf der Vorhand- und der Rückhandseite mit einer Links-Rechts-Kombination. Mit dem letzten rechten Schritt wird stets die Schlagschulter nach vorn gebracht und dem Schlagarm die notwendige Bewegungsfreiheit verschafft.

Oft handelt es sich bei dem letzten Schritt um einen raumgreifenden Ausfallschritt, der in Extremfällen einem Spagat nahekommt. Mit diesem Schritt wird einerseits der Ball erreicht, anderseits das beschleunigte Körpergewicht abgefangen und bei starkem Oberschenkeleinsatz die Abdrückbewegung in Richtung Feldmitte eingeleitet.

Bei der gesamten Laufbewegung soll der Oberkörper möglichst aufgerichtet bleiben und nicht in der Hüfte nach vorn knicken.

Insgesamt soll die Beinarbeit so ökonomisch ablaufen, daß man unter völliger Ausnutzung der eigenen Reichweite nur so dicht an den Ball heranläuft, als dies zum Schlag unbedingt notwendig ist. Gerade Anfänger laufen meistens zu dicht an den Ball und behindern die eigene Bewegungsfreiheit, abgesehen vom Mehrbedarf an Kondition.

Smash

Unter Smash versteht man einen hart und steil abwärts geschlagenen Ball (Schmetterball). Er ist der härteste Schlag im Sportspiel Badminton und kann beim Verlassen des Schlägerkopfes Geschwindigkeiten

Der Einzelweltmeister von 1983, Icuk Sugiarto (Indonesien), schlägt einen gewaltigen Smash im Sprung mit vollem Körpereinsatz.

von 300 km/h und mehr erreichen. Während es bei Drop und Clear primäres Ziel ist, den Ball im Spiel zu halten, den Gegner laufen zu lassen und eventuell durch genau gesetzte Bälle auszuspielen, ist es vorrangiges Ziel des Smash, den Ballwechsel zum eigenen Vorteil zu beenden.

Im Einzel verleitet diese Chance oftmals zu einem unüberlegten oder schlecht vorbereiteten Schlag. Mit einer guten Abwehr kann man den unklug angreifenden Gegner dann in größte Verlegenheit bringen. Im Doppel dagegen ist der Smash von besonderer Wichtigkeit, da der Angriff absolut im Vordergrund steht.

Dies liegt schon daran, daß der Partner das Netz abdeckt und die Gefahr, die ein guter kurzer Abwehrball mit sich bringt, dadurch erheblich geringer wird.

Ausführung

Der Bewegungsablauf des Smash entspricht am meisten jenem des Clear. Der wesentliche Unterschied liegt in der Härte des Schlags und im Treffpunkt des Balls.

Ausholphase

Für die Härte des sich anschließenden Schlags ist es von großer Bedeutung, daß die Ausholbewegung korrekt ausgeführt wird. Dies gilt besonders für das Zurücknehmen der rechten Schulter.
Ein optimaler Körpereinsatz, der gerade beim Smash notwendig ist, kann nur dann erfolgen, wenn die rechte Körperseite ausreichend und richtig zurückgenommen wird. Wenn ein Spieler in der Ausholphase zu frontal zum ankommenden Ball und zum Netz stehenbleibt, wird zwangsläufig die Härte des Smash darunter leiden.

Dehnungsphase

Auch in der Dehnungsphase liegt der Unterschied zu Drop und Clear lediglich darin, daß bei diesen beiden Schlägen eine schlechte Vorspannung leichter kompensiert werden kann. Ein guter Smash erfordert hohe Vorspannung und damit optimalen Bewegungsablauf. Man sieht, wie wichtig es ist, bereits beim Clear auf saubere Technik zu achten!

Schlagphase

Die Schlagphase läuft ab wie beim Clear, doch ist die Geschwindigkeit weit höher und die Explosivität der Bewegung deutlich stärker ausgeprägt. Der Schlägerkopf erreicht unter Umständen maximale Geschwindigkeit, die bei einem Clear den Ball über das Feld und die geg-nerische Grundlinie hinaustreiben würde.
In der Regel liegt der Treffpunkt des Balls *vor* dem Körper, und der Schlägerkopf trifft den ankommenden Ball von schräg oben.
Wie bei einem explosiven Torwurf im Handball können rechtes Bein und Schlagarm fast zusammenklappen. Deshalb treffen vor allem Anfänger ab und zu mit dem Schlägerkopf das Schienbein, weil die Bewegung und besonders der Ausschwung noch nicht ausreichend koordiniert und kontrolliert werden.

Ausschwungphase

Da der Smash mit voller Wucht und natürlich ungebremst geschlagen wird, ist die Ausschwungphase sehr deutlich ausgeprägt. Die Drehbewegung von Ober- und Unterarm setzt sich deutlich nach außen fort, und der Schlagarm wird diagonal links vom Körper abgefangen.

Lauftechnik

Die Laufarbeit bei der Ausführung des Smash auf der Vorhandseite oder links vom Kopf entspricht vollständig der des Clear.

Zur besonderen Beachtung

● Nur eine technisch saubere Ausholbewegung gewährleistet einen harten, erfolgreichen Smash.

- Optimaler Körpereinsatz ist nur möglich, wenn der Körper hinter den Ball gebracht wird und der Treffpunkt vor dem Kopf liegt.

- Um variabel zu spielen, ist es sinnvoll, Härte und Plazierungsort des Smash zu ändern.

- Im Einzel ist ein Smash nur dann erfolgversprechend, wenn er ausreichend vorbereitet ist. Die Vorbereitung eines Smash erreicht man dadurch, daß man den Gegner durch schnelle Angriffs-Clear oder Drop so unter Druck setzt, daß er entweder nicht mehr zur Feldmitte zurückkehren kann, so daß eine Lücke für den Smash entsteht, oder er seine defensiven Bälle so kurz spielt, daß man aus der Mitte des Feldes schmettern kann.

Taktische Besonderheiten

Durch die Wucht des Smash wird der Körper des Spielers mehr oder weniger stark in Schlagrichtung fortgerissen. Er braucht Bruchteile von Sekunden, um wieder zu einer stabilen Haltung zurückzufinden. Dies kann von dem abwehrenden Spieler dadurch ausgenutzt werden, daß er einen kurzen Abwehrball diagonal zur Richtung des Smash spielt. Diese Richtungsänderung wird dem angreifenden Spieler Probleme bereiten, da er nicht nur seinen Körper abfangen, sondern noch eine Richtungsänderung einleiten muß.
Eine zweite Möglichkeit besteht darin, den angreifenden Spieler mit einem hohen Abwehrball zu überspielen. Kurze Abwehrbälle in Rich-

Ein Smash erfordert vollen Körpereinsatz.

tung des Smash bieten dem Angreifer dagegen die Möglichkeit, seinem Ball nachzusetzen und den Return am Netz zu »töten«.

Erfahrene Spieler sind oftmals in der Abwehr recht routiniert und durchaus in der Lage, selbst gutgeschlagene Schmetterbälle plaziert zu retournieren. Deshalb ist es nicht selten gerade im Doppel notwendig, den Smash variabel zu spielen. Neben unterschiedlicher Härte im Schlag sollte auch der Treffpunkt geändert werden, damit der Gegner sich nicht auf einen stereotypen Smash einstellen kann.

Geeignete Zielpunkte sind, wenn man vom steil nach unten geschlagenen Ball absieht, der Körper und vor allem die Schlagschulter des Gegners. Dort ist die Abwehr am schwierigsten.

Schneller Drop – Half-Smash

Gerade bei der Ausführung von Drop und Smash gibt es eine große Zahl von Variationen. Oftmals sind die Übergänge zwischen beiden Schlagarten fließend.

Je nach Härte des Schlags kann es sich um einen »schnellen Drop« oder um einen »Half-Smash« handeln.

Wenn man den Gegner permanent unter Druck halten will, ist es oft sinnvoller, den Schlägerkopf beim Drop in der Schlagphase nicht so stark zu bremsen. Man nimmt dabei zwar in Kauf, daß die Flugbahn des Balles weiter reicht als bei einem »normalen« Drop – sie wird bis hinter die vordere Aufschlaglinie reichen –, doch ist der schnellere

41

und sofort abwärts geneigte Flug des Balls von großem Vorteil.

Der Drop dicht hinter die Netzkante ist langsamer und kann von einem aufmerksamen und laufstarken Gegner eventuell im Bereich der Netzkante angenommen und als Netz-Drop gefährlich zurückgespielt werden.

Der schnelle Drop zwingt den Gegner etwas weniger zum Laufen, kommt dafür aber schneller an und hält ihn in der Defensive, da er den Ball tiefer annehmen muß.

Die Entscheidung für die eine oder andere Ausführungsart unterliegt also den jeweiligen taktischen Gesichtspunkten, die von den Stärken und Schwächen des Gegners und der konkreten Spielsituation geprägt werden.

Wird die Ausführung des Schlags noch härter und ähnelt der Ball eher einem Smash, so spricht man von einem »Half-Smash«.

Zweifelsohne beinhaltet ein harter, sehr plaziert geschlagener Smash auch ein hohes Fehlerrisiko. Wegen des endgültigen Charakters des Smash ist man versucht, millimetergenau zu schlagen.

Dieses Risiko erhöht sich um ein Vielfaches, wenn man selbst noch in Bewegung ist oder ungünstig zum Ball steht. Die Ballkontrolle wird dann zunehmend schwieriger. Dies gilt auch für den Fall nachlassender Kondition und damit schwindender Konzentration.

Umgekehrt steht man besonders in den Doppeldisziplinen vor der taktischen Notwendigkeit, den Gegner durch Angriffsschläge dauernd unter Druck und in der Defensive zu halten.

Dieses Problem läßt sich bei disziplinierter Spielweise dadurch lösen, daß man bewußt einen nur »halbherzigen« Smash schlägt. In diesem Fall genießt die Absicht, fehlerfrei zu spielen und trotzdem anzugreifen, eindeutig Vorrang vor der Möglichkeit, mit einem harten Schlag den Ballwechsel zu beenden.

Die Ausführung des Schlags unterscheidet sich durch die Härte von jener des Smash. Der Treffpunkt liegt meist nicht im Überkopf-, sondern viel häufiger im Vorhand-Überhand-Bereich (man kommt zu spät zum optimalen Schlag).

Bei Bällen, die im Sprung erreicht werden, kann der Treffpunkt sogar seitwärts hinter dem Körper liegen. Die Schleifenbewegung fällt wegen der Zeitnot in der Regel wesentlich kleiner aus.

Smash-Abwehr

Wie alle übrigen Schlagarten muß auch das Abwehrverhalten systematisch trainiert und verbessert werden. Dabei ist zu beachten, daß die Qualität der Abwehr nur zu einem geringen Teil von den Reflexfähigkeiten eines Spielers abhängig ist.

Würde die Abwehr erst eingeleitet, wenn beim Smash der Ball den

Tiefe Vorhandabwehr von Li Lingwei (VR China), der Weltmeisterin im Dameneinzel von 1983.

Schlägerkopf des Gegners verläßt, hätte man kaum noch eine Chance, den Ball zu retournieren.

Die Abwehrchance wird jedoch viel größer, wenn es gelingt, die Flugbahn des Balls bereits aus der Ausholbewegung des Gegners zu erahnen oder gar zu erkennen. Deshalb ist die Abwehr in sehr hohem Maße eine Frage der Erfahrung und des Trainings.

Dies gilt auf jeder Leistungsebene. Selbst international ist zu beobachten, daß gerade junge asiatische Spieler in den Doppeldisziplinen hervorragende Angriffsleistungen vollbringen, letztendlich aber dem ausgereifteren Abwehrverhalten der europäischen Spitzenspieler – wie Kihlström / Karlsson, Dew / Tredgett oder Fladberg / Helledie – unterliegen, die natürlich auch über sehr hohe Angriffsqualitäten verfügen, welche aber allein nicht zum Sieg ausreichen würden.

Ausführung

Die Haltung ist bei allen Formen der Abwehr gleich.

Die Schrittstellung wird in Erwartung des Smash verbreitert. Der Schläger befindet sich in leichter Rückhandstellung. Damit ist gewährleistet, daß man einen großen Bereich von der Rückhand bis zu einem Teil der Vorhand, insbesondere aber auch den eigenen Körper, gut abdecken kann. Eine solch breite Zone ist mit der Vorhand nicht realisierbar. Mit der Vorhand kann der eigene Körper und die Rückhandseite nicht geschützt werden. Hinzu kommt, daß man mit der Rückhand auf kurze Distanz schnellkräftigere Bewegungen ausführen kann als mit der Vorhand, bei der man etwas größere Ausholbewegungen benötigt.

Im einzelnen unterscheidet man 3 Formen der Rückhand- und Vorhandabwehr:

● *Kurze Abwehr*

Die kurze Abwehr dient dazu, den Angriff des Gegners abzufangen und ihn bereits mit dem Abwehrball zu zwingen, seinerseits den Ball zu heben, also die Initiative abzugeben. Der abgewehrte Ball soll deshalb möglichst dicht hinter das Netz fallen.

So simpel es auch klingt: Es ist oftmals ausreichend, einfach den Schläger in die Flugbahn des Smash zu halten. Die Wucht des ankommenden Balls langt, um ihn über das Netz zurückspringen zu lassen.

Wegen der geringen Zeit und vor allem natürlich, weil keine Notwendigkeit dafür besteht, erübrigt sich bei der Vor- und bei der Rückhand eine Ausholbewegung. Man muß nur eine weiche und gefühlvolle Annahme des Balls üben, damit er dicht über das Netz fliegt und nicht zu weit und vor allem nicht zu hoch vom Schläger wegspringt.

Der Ausschwung entfällt ebenfalls. Der Schläger wird direkt in die Ausgangsposition zurückgenommen.

● *Hohe Abwehr*

Die hohe Abwehr entspricht auf der Vorhandseite im wesentlichen dem Vorhand-Unterhand-Clear. Der Schlägerkopf wird durch eine sehr kurze und schnellkräftige Schleifenbewegung beschleunigt, die wie beim Vorhand-Unterhand-Clear auf die Einwärtsdrehung des Unterarms und die Streckung im Handgelenk zurückzuführen ist. Der Ausschwung erfolgt diagonal zur linken Schulter.

Die hohe Rückhandabwehr ist im Grunde, wenn man die Schlagweise mit der Rückhand einigermaßen beherrscht, einfacher als die Vorhandabwehr, da ohne weite Ausholbewegung ein schnellkräftiger Schlag möglich ist. Wegen der Bedeutung und der Effektivität wird sie im nachfolgenden ausführlich erläutert.

Ausholphase
Der Ellbogen des Schlagarms befindet sich in Erwartung des gegnerischen Schlags deutlich vor dem Körper, um eine ungehinderte Bewegungsfreiheit zu gewährleisten. Mit der Einleitung der Abwehr wird die rechte Schulter in Schlagrichtung bewegt und der Ellbogen dicht an den Körper herangebracht. Der Unterarm liegt waagerecht vor dem Körper. Das Handgelenk ist in Richtung Handrücken angehoben, und der Schlägerkopf zeigt nach oben.

Dehnungsphase
Die Dehnungsphase erzeugt nur die Vorspannung der Armmuskulatur. Mit dem Vorschnellen des Ellbogens in Schlagrichtung werden Ober- und Unterarm blitzschnell einwärts gedreht (in Richtung Körper). Der Schläger zeigt – je nach Intensität der Drehung – in Richtung Grundlinie oder zum Boden.

Schlagphase
Mit der schnellkräftigen Streckung des gesamten Arms erfolgt eine sehr schnelle Außendrehung von Ober- und Unterarm. Das Handgelenk bleibt gebeugt wie zuvor. Es erfolgt der peitschenartige Schlag, wobei der Ball von schräg unten getroffen wird. Der Schlag wird unterstützt durch den Druck des Daumens, der auf der breiten Seite des Griffs liegt. Es versteht sich von selbst, daß Dehnungs- und Schlagphase übergangslos mit hoher Geschwindigkeit erfolgen müssen.

Ausschwungphase
Der Ausschwung reicht nur bis zur Beendigung der Streck- und Drehbewegung des Arms.

● *Drive-Abwehr*

Unter Drive-Abwehr versteht man einen flachen, harten Abwehrschlag, der den Gegner sofort unter Druck setzen soll und als Konter auf dessen Angriff gedacht ist.
Die Drive-Abwehr wird vorrangig im Doppel aber auch im Mixed gespielt. In den Einzeldisziplinen kommt sie dagegen weniger vor.
Die Drive-Abwehr wird überwiegend mit der Rückhand gespielt. Sie unterscheidet sich von der hohen Abwehr nicht in der technischen Ausführung des Schlags, wohl aber in 3 anderen wesentlichen Aspekten: in der Stellung des Abwehrspielers, in der Höhe der Ballannahme und im Neigungswinkel des Schlägers.

Stellung des Abwehrspielers
Bei der Drive-Abwehr steht der abwehrende Spieler normalerweise dichter am Netz als bei den übrigen Abwehrformen. Um den Ball flach über das Netz peitschen zu können, muß er wegen des Schlagwinkels des ankommenden Smash diese sehr aggressive Position wählen. Wegen des recht hohen Risikos sieht man häufig, daß die Drive-Abwehr erst erfolgt, nachdem hohe Abwehrbälle gespielt worden sind. Der abwehrende Spieler rückt erst

dann schnell etwas in Richtung Netz nach, wenn er erwarten kann, daß der gegnerische Smash nicht mehr so hart ausfällt.

Höhe der Ballannahme
Bedingt durch die Stellung und vor allem durch die eigene Absicht, den Angriff des Gegners zu kontern, muß man den Ball möglichst hoch annehmen, um ihn flach und hart durch das gegnerische Feld schlagen zu können. Die Ballannahme sollte etwa in Brusthöhe erfolgen.

Neigungswinkel des Schlägers
Im Gegensatz zur hohen Abwehr weist die Besaitung des Schlägers fast senkrecht zum Boden. Der Neigungswinkel richtet sich dabei nach der Höhe der Ballannahme. Er muß so bemessen werden, daß der Ball knapp über die Netzkante fliegt. Die Drive-Abwehr setzt insgesamt viel Erfahrung und Übung, aber auch Mut zum kalkulierten Risiko voraus. Daneben verlangt sie ein besonders hohes Maß an Aufmerksamkeit und Konzentration. Im Doppel wird sie zumeist diagonal durch das gegnerische Feld geschlagen. Wegen der Schnelligkeit des Balls hat der Netzspieler nur geringe Möglichkeiten zum Eingreifen.
Der aus dem Rückraum angreifende Spieler hat nach dem Smash einerseits seine Balance herzustellen und muß wegen der diagonalen Flugbahn zum andern eine Seitwärtsdrehung des Körpers durch-

führen, um den Ball zu erreichen. Aufgrund dieser Konstellation kann die Drive-Abwehr sehr wirksam sein.

Lauftechnik

Soweit der Smash nicht auf den Körper oder in direkte Reichweite kommt, ist die Lauftechnik bei allen Abwehrformen gleich. Die Vorhandbälle werden mit einem Ausfallschritt des rechten Fußes erreicht.
Geht der Smash extrem auf die Außenlinie, reicht ein solcher Ausfallschritt nicht mehr aus. In diesem Fall macht der Spieler zunächst aus der Grundstellung einen nicht sehr großen Schritt mit rechts und einen Nachstellschritt mit links. Darauf folgt der Ausfallschritt.
Auf der Rückhandseite gibt es 2 Möglichkeiten. Einerseits kann der Ball mit einem kleinen Schritt links und anschließender Fußdrehung, worauf ein Ausfallschritt mit rechts folgt, erreicht werden. Dies entspräche dem normalen Bewegungsablauf.
Wegen der Zeitnot kann und muß bei der Smash-Abwehr auf der Rückhandseite ausnahmsweise ein Ausfallschritt mit dem linken Bein – also mit dem *falschen* Fuß – erfolgen. Da dadurch die Bewegungsfreiheit der rechten Schulter stark eingeschränkt wird, wird häufig nur noch eine kurze Abwehr möglich sein.

Akrobatische Rückhandabwehr von Luan Jin, dem Dritten der Weltrangliste 1983.

Besonderheit:
Abwehr über Kopf

Eine nicht sehr häufige, aber – wenn sie gelingt – doch sehr effektive Abwehrvariante stellt die Überkopfabwehr dar. Sie wird gelegentlich von guten Spielerinnen im Mixed angewandt. Ziel dieser Abwehr ist es, wie bei der Drive-Abwehr den gegnerischen Angriff zu kontern und selbst die Initiative zu ergreifen. Der Schlag wird mit der Vorhand über dem Kopf ausgeführt. Dies ist dadurch möglich, daß die Spielerin, die im Mixed diagonal zum angrei-fenden Spieler steht, in Erwartung des Smash blitzschnell in die Hocke geht und mit einer sehr kurzen Schlagbewegung in die Flugbahn des Balls eingreift.

Dazu ist die Stellung in der Nähe der vorderen Aufschlaglinie notwendig. Wenn die Abwehr gelingt, kommt der Ball sehr schnell und gefährlich zurück.

Da diese Abwehrbewegung – wie alle anderen auch – schon vor Ausführung des Smash eingeleitet werden muß, wird man selbst anfällig gegen Finten des Gegners, wie zum Beispiel einen als Smash an-

getäuschten Angriffs-Clear, da man aus der eingeleiteten Hockstellung nur schlecht eine Bewegungsänderung durchführen kann. Daß man diese überraschende Variante aber durchaus mit viel Erfolg praktizieren kann, haben Mixed-Weltmeisterin Nora Perry (Großbritannien) oder auch die deutsche Nationalspielerin Vera Martini (TuS Wiebelskirchen) schon oft unter Beweis gestellt.

Drive

Als Drive oder *Treibschlag* werden alle Bälle bezeichnet, die auf der Vor- oder Rückhandseite im Seithandbereich etwa in Höhe der Netzkante hart und flach parallel oder diagonal auf die gegnerische Grundlinie »getrieben« werden.

Im Einzel kommt der Drive seltener vor. Meist wird er dort nur gespielt, wenn man einen Ball seitwärts im Sprung oder einen Drop hoch an der Netzkante erreicht, im letzteren Fall allerdings nur als sehr gut dosierter Parallel-Drive, da der Ball sonst über die Grundlinie hinausgeht.

Im Doppel und Mixed wird der peitschenartig geschlagene Drive dagegen erheblich häufiger angewandt. Dies gilt vor allem für die Eröffnungsphase eines Ballwechsels nach einem kurzen Aufschlag, bei der beide Doppelpaarungen darum ringen, die Initiative zu gewinnen, das heißt, in den Angriff zu kommen. Ab und zu ergeben sich regelrechte »Drive-Duelle«.

Sinn des Drive ist es also, in Situationen, in denen ein Smash nicht möglich ist, den Gegner dennoch mit einem harten und flachen Schlag in die Defensive zu zwingen. Aufgrund der Flugbahn, die bis zur Grundlinie reicht, soll der Gegner passiert werden. Ihm bleibt oft nur die Möglichkeit, dem Ball hinterherzueilen, ihn also erst hinter seinem Körper anzunehmen. Die Schwierigkeit des Retournierens ist beträchtlich.

Man unterscheidet Vorhand-Drive und Rückhand-Drive.

Vorhand-Drive

Der Vorhand-Drive ähnelt im Bewegungsablauf der hohen Smash-Abwehr mit der Vorhand. Der Ball wird jedoch höher angenommen.

Der Umfang der kreisförmigen Beschleunigung des Schlägerkopfs hängt ab von der zur Verfügung stehenden Zeit, liegt aber in der Regel höher als bei der Smash-Abwehr.

Der Schlagarm wird etwa in Schulterhöhe zurückgenommen und erfährt eine Außendehnung. Das Handgelenk wird zum Handrücken hin gebeugt. Der Schlägerkopf zeigt deutlich rückwärts.

Mit einer schnellkräftigen Vorwärtsbewegung des Arms wird der Schlag eingeleitet. Die Vorspannung der Muskulatur »entlädt« sich durch die Einwärtsdrehung von

Ober- und Unterarm und durch die Streckung des Handgelenks. Der Ball wird peitschenartig neben dem Körper getroffen.

Der Ausschwung erfolgt wie bei der Vorhandabwehr diagonal vor dem Körper.

Rückhand-Drive

Auch der Rückhand-Drive entspricht weitgehend der Rückhandabwehr; bei ihm steht etwas mehr Zeit zur Vorbereitung des Schlags zur Verfügung.

Beim Rückhand-Drive wird der Oberarm etwas, der Unterarm stark zurückgenommen. Diese Rückführrung geht einher mit einer Einwärtsdrehung des Arms. Das Handgelenk wird Richtung Handrücken gebeugt und bleibt während der gesamten Schlagausführung in dieser Position.

Der Schlag beginnt mit einer Vorwärtsbewegung des Oberarms und einer Streckbewegung des Ellbogens. Gleichzeitig erfolgt in Ober- und Unterarm eine Außendrehung, die dazu beiträgt, daß das Ellbogengelenk nicht vollständig gestreckt

Luan Jin schlägt einen Rückhand-Drive.

wird, sondern einen leichten Winkel beibehält. Die Drehung erfolgt so schnellkräftig, daß der Ball den Schlägerkopf explosiv verläßt. Der Ausschwung setzt sich bis zur Beendigung der Drehbewegung fort. Danach wird der Schläger wieder in die Ausgangsposition zurückgenommen.

Kurzer Aufschlag

Die Beherrschung des kurzen Aufschlags ist insbesondere in den Doppeldisziplinen von eminenter Wichtigkeit und oftmals spielentscheidend. Ohne Beherrschung mindestens einer der Varianten des kurzen Aufschlags wird man nie zu einem leistungsstarken Doppelspieler werden können.

Der kurze Aufschlag dient dazu, den Ball so flach und präzis ins Spiel zu bringen, daß der Gegner bereits mit dem ersten Schlag gezwungen ist, den Ball unterhalb der Netzkante anzunehmen und zu heben.

Um seinem Gegenüber nicht die Möglichkeit zu geben, sich auf den kurzen Aufschlag einzustellen und den Ball dann sehr aggressiv schon im Bereich der Netzkante anzunehmen, sollte man in der Lage sein, den Plazierungsort zu wechseln; ein variantenreicher, guter Aufschlag verunsichert jeden Gegner.

Der »Standardaufschlag« jedoch muß mindestens »bombensicher« sein und soll in der Nähe der Mittellinie auf oder kurz hinter der vorderen Aufschlaglinie landen.

Die Plazierung des Aufschlags in der Mitte bietet die beste Ausgangsposition für die folgenden Ballwechsel. Wenn man den Aufschlag zur Außenlinie spielt, öffnet man dem Gegner das Feld für gefährliche parallele Schläge entlang der Außenlinie. Dieser Zielort sollte deshalb den Varianten, nicht aber dem Standardaufschlag vorbehalten bleiben.

Der kurze Aufschlag kann mit der Vorhand oder der Rückhand ausgeführt werden. Jede der beiden Arten hat in der Lernphase Vor- und Nachteile. Erfahrungsgemäß ist vom Ballgefühl her der Rückhandaufschlag für den Anfänger leichter zu erlernen. Schwieriger wird es dann aber für ihn sein, daraus Varianten oder den Swip-Aufschlag (vergleiche das folgende Kapitel) zu entwickeln. Der Vorhandaufschlag besitzt die genau umgekehrten Vor- und Nachteile.

Kurzer Vorhandaufschlag

Hinsichtlich der Fußstellung ähnelt der kurze Vorhandaufschlag dem hohen Aufschlag. Das Gewicht lastet zunächst hauptsächlich auf dem rechten Fuß, der fast parallel zum Netz steht. Der linke Fuß zeigt etwa zum rechten Netzpfosten, während die linke Schulter in Schlagrichtung deutet.

Doppelweltmeister Steen Fladberg (Dänemark) beim kurzen Vorhandaufschlag; dahinter sein Partner Jesper Helledie.

Die Ball- und Schlägerführung erfolgt sehr eng am Körper, um den Schlag wegen der notwendigen Präzision gut kontrollieren zu können. Die linke Hand faßt den Ball an der Basis zwischen Daumen und Zeigefinger und hält ihn leicht seitwärts vor den Körper. Der rechte Ellbogen liegt fast am Körper an. Der Unterarm wird seitwärts fast rechtwinklig dazu angehoben. Das Handgelenk ist leicht in Richtung Handrücken gebeugt. Zur besseren Kontrolle des Schlags kann der Schlägergriff weiter vorn am Übergang zum Schaft gefaßt werden.

Damit liegt der Treffpunkt noch dichter am Körper.
Die Schlagausführung selbst soll in einer besonders harmonischen und vor allem stereotypen Bewegung ablaufen.
Der Schlagarm wird zunächst ohne eigene Bewegung durch leichte Drehung des Rumpfs in Schlagrichtung gebracht. Der Oberkörper kommt dadurch frontal zum Netz. Kurz vor dem Treffen des Balls erfolgt die für alle Vorhandschläge typische, diesmal nur leichte Einwärtsdrehung des Arms und eine ebenso leichte Streckung des

Handgelenks. Dieser Impuls (Rumpfdrehung, leichte Dreh-Streck-Bewegung) reicht für die Durchführung des kurzen Aufschlags aus.

Das Gewicht verlagert sich bei der Ausführung auf das vordere linke Bein.

Der Ball wird im Gegensatz zum hohen Aufschlag etwas *nach* der Einleitung der Schlagbewegung fallen gelassen.

● Fehlerquellen

Ein häufig auftretender Fehler, der zu einem unkontrollierten und unsicheren Aufschlag führt, liegt darin, den Ball vor dem Aufschlag zu werfen oder sogar hochzuwerfen, anstatt ihn sehr ruhig und ohne weiteres Zutun aus der Hand gleiten zu lassen.

Ein zweiter häufiger Fehler – neben mangelnder Konzentration – ist eine labile und unruhige Körperhaltung, die einen in immer gleicher Weise ablaufenden kurzen Aufschlag nicht zuläßt.

Kurzer Rückhandaufschlag

Die Fußstellung beim kurzen Rückhandaufschlag spielt im Gegensatz zum Vorhandaufschlag keine große Rolle. Man kann es in das Belieben eines jeden stellen, ob er das rechte oder das linke Bein nach vorn stellt. Wichtig ist nur, daß das Gewicht auf dem vorderen Bein liegt und damit eine stabile Haltung gewährleistet ist.

Die Stellung sollte neben der Mittellinie und sehr nahe an der vorderen Aufschlaglinie sein.

Mit der linken Hand wird der Ball an der dem Körper am nächsten liegenden Feder zwischen Daumen und Zeigefinger gefaßt und mit ausgestrecktem Arm schräg vor den Körper gehalten.

Der rechte Ellbogen wird stark angehoben. Der Unterarm zeigt fast rechtwinklig und senkrecht nach unten. Der Schlägergriff ist wie beim Rückhandschlag gefaßt; das heißt, der Daumen liegt hinter der breiten Seite des Griffs. Der Schlägerkopf liegt schon in Höhe des Treffpunkts hinter dem Ball. Den Neigungswinkel zwischen Ball und Schläger könnte man mit »5 vor 1« umschreiben.

Den kurzen Rückhandaufschlag könnte man aus dieser Haltung heraus fast ohne Ausholbewegung ausführen. Da er im Ansatz aber nicht vom Swip-Aufschlag unterscheidbar sein darf, sollte der Schlägerkopf wie zu einer Ausholbewegung leicht an oder etwas neben den Körper zurückgenommen werden.

Die Schlagbewegung selbst wird ohne Bewegung des Körpers durch eine nicht sehr schnellkräftige Streckung im Ellbogengelenk und eine leichte Außendrehung des Unterarms vollzogen.

Der Plazierungsort des Balls kann durch Veränderung des Winkels,

*Der chine-
sische Spitzen-
spieler
He Schenquan
konzentriert
sich auf den
kurzen Rück-
handaufschlag.*

unter dem der Schlägerkopf auf den Ball trifft, bewußt variiert werden. Der Ball wird erst unmittelbar vor dem Treffen von der Hand freigegeben und damit fast aus der Hand gespielt.

● Fehlerquellen
Während der Schlagausführung werden der linke Arm und der Schlagarm unbewußt angehoben. Der Aufschlagende gerät dadurch mit den Aufschlagregeln in Konflikt.

Zur besonderen Beachtung

● Vor jedem kurzen Aufschlag muß man sich ausreichend konzentrieren.
● Der kurze Aufschlag soll in einer stets gleichmäßigen Weise gespielt werden. Dies muß bei *jedem* Training geübt werden.

Swip-Aufschlag

Darunter versteht man diejenige Aufschlagvariante, die im Ansatz einem kurzen Aufschlag gleicht, dann aber als harter, flacher Aufschlag im Bereich der hinteren Aufschlaglinie endet.

Im Einzel kommt der Swip selten vor; im Doppel oder Mixed ist er dagegen eine häufig praktizierte Variante zum kurzen Aufschlag.

Sinn des Swip ist es, dem Gegner den Anschein eines kurzen Aufschlags zu vermitteln und ihn zu verleiten, sich bereits nach vorn zu orientieren. Mit dem nachfolgenden harten Aufschlag soll er dann bereits »verladen« oder zu einem Fehlschlag provoziert werden.

Zielpunkte des Swip sind zum einen die Rückhandecken des Gegners, wobei der Ball diesen im Kopf-Schulter-Bereich der Rückhandseite passieren soll. Ein Swip kann aber auch sehr wirkungsvoll auf die weite Vorhandseite gespielt werden, wenn die Vorhandseite nicht von der Mittellinie, sondern von der Außenlinie begrenzt wird; falls der

Gegner Rechtshänder ist, also bei einem Aufschlag von rechts nach links.

Diese Variante sollte vor allem die Dame im Mixed beherrschen, da sie dadurch sofort diagonal zum möglichen Angriffsschlag steht.

Vorhand-Swip

In der Ausführung muß der Swip bis kurz vor dem Treffpunkt der Bewegung des kurzen Vorhandaufschlags entsprechen, um den Täuschungseffekt auch tatsächlich zu erzielen.

Die Härte des Schlags wird dann erreicht durch eine kurze, aber sehr schnellkräftige Einwärtsdrehung des Arms und eine schnelle Streckung des Handgelenks.

Im Fall des Vorhand-Swip kommt es durch die schnellkräftige Bewegung zu einem diagonalen Ausschwung zur linken Schulter.

Rückhand-Swip

Wie bereits beim kurzen Rückhandaufschlag dargelegt wurde, dürfen sich wegen der beabsichtigten Täuschung keine Unterschiede bis kurz vor dem Schlag ergeben.

Der harte Schlag selbst erfolgt wie bei der weiten Smash-Abwehr durch eine sehr schnellkräftige Außendrehung des Unterarms in Verbindung mit der bei der Rückhand typischen Streckung im Ellbo-

gengelenk. Der Schlag wird durch den Druck des Daumens auf die breite Seite des Schlägergriffs unterstützt.

Der Ausschwung erfolgt vor dem Körper bis zur Beendigung der Drehbewegung des Arms.

Aufschlagannahme

Wegen ihrer besonderen und im Doppel und Mixed oft spielentscheidenden Bedeutung wird der Annahme des kurzen Aufschlags ein eigenes Kapitel gewidmet. Bei der Betrachtung muß zwischen männlichen und weiblichen Spielern differenziert werden.

Herren

Bei den Herren befindet sich die Annahmeposition an der vorderen Aufschlaglinie oder sehr kurz dahinter.

Ziel dieser aggressiven Position ist es, den mit einem kurzen Aufschlag eingeleiteten Angriff des Gegners nicht zur Entfaltung kommen zu lassen, sondern den Aufschlag bereits so frühzeitig und damit so hoch im Bereich der Netzkante zu erreichen, daß man selbst den Ball zumindest flach, wenn nicht gar abwärts spielen kann.

Bei dieser Stellung muß auch die Möglichkeit eines Swip-Aufschlags in die Überlegung einbezogen werden.

Das Gewicht soll deshalb auf beiden Füßen gleichmäßig ausbalanciert sein. Der vordere linke und der hintere rechte Fuß zeigen mit den Fußspitzen zum rechten Netzpfosten. Dadurch ist eine schnellkräftige Abdrückbewegung sowohl nach vorn wie auch nach hinten möglich.

Beide Arme werden so weit angehoben, daß sich die Hände ungefähr in Schulterhöhe und der Schlägerkopf etwas über Kopfhöhe befinden.

Die rechte Schulter ist leicht zurückgenommen. Nach einem kurzen Aufschlag kommt es aus Zeitmangel zu keiner Ausholbewegung wie bei den übrigen Schlägen. Der Return wird mit einem blitzschnellen Abdrücken des rechten Beins eingeleitet und mit einer sehr schnellen Streckung des rechten Arms im Ellbogen- und im Handgelenk geschlagen.

Der Zielort richtet sich nach der Höhe der Annahme und den Fähigkeiten des Gegners. Generell sollte aber der Körper des Aufschlagenden der gegnerischen Partei oder der Bereich zwischen Einzel- und Doppelseitenlinie gewählt werden. Kann der Ball nicht ausreichend hoch angenommen werden, so sollte als Alternative ein stark angeschnittener Netz-Drop gespielt werden, möglichst jedoch kein Unterhand-Clear.

*Doppelwelt-
meister
Steen Fladberg
in vorbild-
licher Haltung
bei der Auf-
schlagannahme.*

Bei einem Swip erfolgt der schnellkräftige Beinabdruck nach hinten.
Die Antwort auf diesen Aufschlag
sollte ein Smash oder ein Drop sein,
die beide meistens im Sprung
rückwärts geschlagen werden.

Damen

Bei den Damen liegt die Annahmeposition weiter von der vorderen
Aufschlaglinie entfernt. Dies liegt
zum einen daran, daß bei ihnen im

Doppel der Angriff nicht absolute Priorität genießt. Zum anderen sind sie aufgrund allgemein geringerer Körpergröße und wegen ihrer weniger ausgeprägten Schnellkraft in den Beinen nicht in der Lage, einen Swip-Aufschlag im Sprung rückwärts optimal zu erreichen.

Durch diese veränderte Position wird der Aufschlag in der Regel etwas tiefer angenommen. Als Zielpunkt kommt dadurch der Körper des aufschlagenden Gegners zumeist nicht mehr in Betracht.

Generell ist der Ball zwischen die beiden Seitenlinien zu plazieren oder aber ein Netz-Drop nach außen zu wählen. Wenn auch im Damendoppel der Angriff nicht den gleichen Stellenwert wie beim männlichen Pendant besitzt, sollte ein kurzer Aufschlag dennoch nicht als Clear zurückgespielt werden.

Zur besonderen Beachtung

● Bei jeder Art der Aufschlagannahme muß man sich voll auf den Ball konzentrieren und diesen präzise fixieren.

● Der Schläger des Gegners ist genau zu beobachten, da man daraus oftmals Schlüsse auf den bevorstehenden Aufschlag ziehen kann.

● Falsch ist es, den Gegner nur sozusagen global anzuschauen, da man dadurch zu wenige Informationen erhält und anfällig für zulässige Körpertäuschungen wird.

Rückhandschlagarten

Allgemeines

Die Rückhandschläge unterscheiden sich in einigen Punkten wesentlich von den Vorhandschlägen. Diese Unterschiede sind in einigen Schlägen (Aufschläge, Drive, Abwehr) schon ein wenig angeklungen. Sie sollen zum besseren Verständnis nun genau herausgearbeitet werden.

Drehbewegungen des Arms

Bei den Vorhandschlagarten wird die Drehung und damit die Vorspannung der am Schlag beteiligten Armmuskulatur durch eine Außendrehung von Ober- und Unterarm erreicht.

Der schnellkräftige Schlag erfolgt durch eine sehr schnelle Einwärtsdrehung des Arms, verbunden mit einer Streckbewegung im Ellbogen- und im Handgelenk. Durch die Drehbewegung im Arm kommt es nie zu einer vollständigen Streckung im Ellbogen. Eine leichte Beugung bleibt erhalten.

Bei den Rückhandschlagarten verläuft die Dehnungsphase genau umgekehrt. Die Vorspannung wird durch eine Einwärtsdrehung des Ober- und Unterarms erzeugt.

Der Schlag selbst erhält seine Härte durch eine mehr oder weniger explosive Außendrehung (Daumen vom Körper weg) des Arms unter besonderer Betonung des Unterarms.

Die Streckbewegung des Ellbogens spielt bis auf wenige Ausnahmen (Aufschlag) für die direkte Beschleunigung des Schlägers keine große Rolle, obwohl sie für den Bewegungsablauf notwendig ist.

Stellung und Bewegung des Handgelenks

Bei der Vorhand wird das Handgelenk während der Aushol- und der Dehnungsphase mehr oder weniger stark in Richtung Handrücken und etwas zum Daumen hin gebeugt. In der Schlagausführung wird diese Beugung aufgelöst, und es kommt zu einer zusätzlichen Streckbewegung im Handgelenk. Anders verhält es sich dagegen bei den Rückhandschlägen. Die Beugung vor der Schlagphase verläuft zwar genauso wie bei den Vorhandschlägen. Dieses Abknicken wird aber während der gesamten Schlagausführung beibehalten und nicht verändert. Zur Unterstützung der Schlagbewegung liegt lediglich der Daumen hinter der breiten Seite des Schlägergriffs.

Zur besonderen Beachtung

Die früher gültige Lehrmeinung, daß vor dem Rückhandschlag das Handgelenk in Richtung Handfläche gebeugt und im Schlag ganz schnell in die entgegengesetzte Richtung gekippt werden müsse, ist falsch und wird von keinem guten Spieler auf nationaler und internationaler Ebene mehr praktiziert. Mit einem solchen »runden« Handgelenk wird man nie eine gute Rückhand spielen können.

Taktische Besonderheiten

Infolge des insgesamt ungewohnten Bewegungsablaufs sind die Rückhandschläge schwieriger zu erlernen als die Vorhandschläge. Gerade im Anfängerbereich und auf niedrigem Leistungsniveau wird die Rückhandseite meist ein Schwachpunkt des Gegners sein, die es auszunutzen gilt.

Es ist aber sicherlich falsch, dies zur generellen Regel zu machen. Oftmals erweist sich die weite Vorhand als wesentlich besseres Ziel. Viele Spieler sind in der Lage, durch nicht gerade »lehrbuchhafte« Hilfsschläge ihre Schwäche auf der Rückhandseite bis zu einem gewissen Grad auszugleichen oder ihr Spiel »links vom Kopf« zu perfektionieren.

Diese Spieler sind dann auf der Rückhandseite, auf der zu spielen sie dauernd gezwungen sind, oft unberechenbarer und gefährlicher als auf der weiten Vorhandseite.

Neben der Schwierigkeit der technischen Beherrschung hat die Rückhand einen weiteren gravierenden Nachteil, der bei den Schlägen links vom Kopf schon angesprochen · wurde. Während der Schlagausführung verliert man den Blickkontakt zum Gegner und kann

*Luan Jin bereitet mit zum Handrücken gebeugtem Handgelenk den Rück-
handschlag vor.*

dessen Absicht nicht mehr erkennen. Aus diesem Grund ist ein Vorhandschlag dem Rückhandschlag
vorzuziehen. Trotzdem muß letzte-
rer variantenreich beherrscht werden, denn auch durch noch so gute
Laufarbeit ist er nicht gänzlich zu
vermeiden.

Rückhand-Überhand-Clear

Beim Rückhand-Überhand-Clear unterscheidet man – wie bei den Vorhandschlagarten – 4 Phasen der Bewegung, die getrennt dargestellt und bei »Trockenübungen« auch isoliert geübt werden können, während der Schlagausführung aber natürlich reibungslos ineinander übergehen müssen.

Ausholphase
Aus der Grundstellung wandert – mit der Drehung des Körpers auf dem linken Fuß – der rechte Ellbogen in Brusthöhe dicht am Körper nach links. Der Unterarm bildet zum Oberarm einen rechten Winkel, und die Hand bleibt zunächst mit dem Schläger wegen dessen Trägheit (als Masse im physikalischen Sinn) etwas zurück. Das Handgelenk wird dabei in Richtung Handrücken gebeugt.

Dehnungsphase
Die Dehnungsphase beginnt mit einer starken Einwärtsdrehung des Arms. Dadurch wandert der Schlägerkopf in einer kreisförmigen Bewegung an der linken Schulter vorbei, bis er steil nach unten auf den linken Oberschenkel zeigt.
Das Handgelenk bleibt außen gebeugt. Man kann in dieser Phase auf den eigenen Handrücken blicken. Die dem Daumen gegenüberliegende Handseite (Kante des kleinen Fingers) zeigt nach oben.
Das Gewicht ruht auf dem linken Bein. Der rechte Ellbogen zeigt in Richtung des ankommenden Balls.

Schlagphase
Mit sehr schnellem Anheben des Oberarms in Verbindung mit einer Streckung des ganzen – bisher leicht gebeugten – Körpers beginnt die Schlagphase.

Technisch saubere Ausführung ist für einen Rückhand-Clear unabdingbare Voraussetzung.

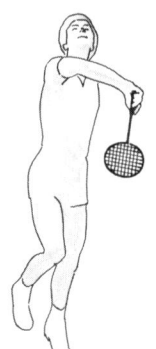

Der Ellbogen wird ebenfalls fast gestreckt, und die Kleinfingerkante des Schlagarms schnellt zum Ball. Kurz vor dem Treffen des Balls vollziehen Ober- und vor allem Unterarm eine sehr schnellkräftige Außendrehung.
Dadurch wird der Schlägerkopf stark beschleunigt und in Schlagrichtung gedreht. Unterstützt wird diese Beschleunigung durch den Daumen, der hinter der breiten Seite des Schlägerkopfs liegt. Gleichzeitig mit dem Schlag oder unmittelbar danach wird das Gewicht auf dem rechten Bein abgefangen.

Ausschwungphase
Die Drehbewegung des Arms setzt sich bis zur anatomisch vorgegebenen Grenze fort. Der Körper wird durch einen kräftigen Beinabdruck des rechten Beins wieder in Richtung Feldmitte in Bewegung gesetzt. Der Schläger kehrt in die Ausgangsposition zurück.

● Fehlerquellen
Oftmals wird durch eine reißende Armbewegung die Drehung in Ober- und Unterarm ersetzt. Dies erkennt man vor allem an der Ausschwungphase. Dieser Fehler liegt dann vor, wenn der Ausschwung des Schlägers nach Beendigung der Drehbewegung nicht in Schulter- oder sogar Kopfhöhe, sondern unterhalb der Hüfte endet.
Ein weiterer Fehler, der manchmal mit dem zuvor beschriebenen Hand in Hand geht, liegt in der bereits geschilderten falschen Haltung des Handgelenks. Diesen technischen Fehler erkennt man an der runden Form des Handgelenks vor der Schlagausführung. Die Beugung besteht dann zur Handfläche hin. Diese beiden Fehler gehen oftmals einher mit Schmerzen im Ellbogen-

gelenk, da die Außendrehung, die sonst eine völlige (Über-)Streckung verhindert, entfällt. Bei technisch korrekter Ausführung kann man selbst in intensivem Training die Rückhand schmerzfrei schlagen. Ein dritter, insbesondere von Anfängern häufig gemachter »Schnitzer« besteht darin, daß der Spieler die notwendige Körperdrehung nur halbherzig ausführt; er vollführt dann auf dem linken Bein keine Drehung um etwa 180°. Der Schlagarm wird dadurch in seiner Bewegungsfreiheit erheblich eingeschränkt, und die Effektivität des Schlages bleibt gering.

Zur besonderen Beachtung

● Das Handgelenk muß während der gesamten Schlagausführung in Richtung Handrücken gebeugt bleiben.

● Der Rückhandschlag bezieht seine Energie hauptsächlich aus einer sehr schnellkräftigen Außendrehung von Ober- und Unterarm.

● Nach Möglichkeit soll der Rückhandschlag nur subsidiär, das heißt nur dann eingesetzt werden, wenn kein Vorhandschlag mehr sinnvoll oder gar möglich ist.

Lauftechnik

Beim Lauf aus der zentralen Position in die Rückhandecke beginnt man mit einem Schritt des linken Beins. Dadurch wird sofort der Körper in Schlagrichtung gedreht. Mit einem Sidestep wird das rechte Bein herangezogen; es folgt ein weiterer Schritt mit dem linken Bein. Gleichzeitig hiermit wird eine Drehung des Körpers auf dem linken Fuß ausgeführt, so daß die rechte Schulter in Ballrichtung zeigt. Mit dem Rückhandschlag oder unmittelbar danach wird der beschleunigte Körper durch einen Ausfallschritt des rechten Beins abgefangen. Die Fußspitze zeigt ungefähr in die Rückhandecke.

Sofort anschließend wird der Körper mit dem rechten Bein abgedrückt, auf dem linken Fuß erfolgt wiederum eine Drehung zum Netz, und der Spieler läuft zur Feldmitte zurück.

Rückhand-Smash

In der technischen Ausführung unterscheidet sich der Rückhand-Smash weder im Schlag noch in der Laufarbeit vom Clear.
Wie beim Vorhand-Smash muß allerdings der Treffpunkt des Balls so gewählt werden, daß der Schlägerkopf den Ball von schräg oben treffen kann.
Wegen des notwendigen optimalen Timings und des schwierigen Bewegungsablaufs dürfte der Rückhand-Smash wohl der schwierigste Schlag im Badminton sein.
Bis auf wenige Ausnahmen (zum Beispiel Europameister Jens-Peter

Ausschwung-phase bei Han Jian, dem chine-sischen Welt-klassespieler.

Nierhoff) ist der Rückhand-Smash selbst bei den meisten Spitzenspielern deutlich schwächer als der Vorhand-Smash.

Rückhand-Drop

Im Bewegungsablauf unterscheidet sich der Rückhand-Drop durch die aktive Bremsung des Schlags kurz vor dem Treffen des Balls.
Die Richtung des Drop wird bestimmt durch die Stellung des Schlägerkopfs, die man bei der Ausführung des Schlags bewußt variieren kann.
Da man bei der Rückhand den Gegner aus dem Blickfeld verliert, sollte

man mit dem Rückhand-Drop möglichst beide Ecken gut anspielen können. Ansonsten werden erfahrene und schnelle Gegner frühzeitig auf die »Schokoladenseite« spekulieren.
Die Lauftechnik entspricht beim Rückhand-Drop der des Clear.

Rückhand-Unterhand-Clear

Der Rückhand-Unterhand-Clear unterscheidet sich vom Rückhand-Drive oder von der Rückhandabwehr im wesentlichen durch einen schwungvolleren Armeinsatz und eine weniger schnellkräftige Außendrehung des Unterarms.
Dies liegt im wesentlichen daran, daß bei den Unterhandschlägen etwas mehr Zeit zur Verfügung steht *und* daß der nachfolgende Schlag bereits während des Laufs zum Ball eingeleitet wird.

Ausholphase
Beim Lauf zur Schlagposition wird der Oberarm dicht an den Körper herangeführt. Der Unterarm bildet mit ihm vor dem Körper ungefähr einen rechten Winkel. Das Handgelenk wird zum Handrücken hin gebeugt. Der Schläger zeigt fast senkrecht nach oben.

Dehnungsphase
Mit dem letzten Schritt wird der Oberarm in Richtung Ball bewegt. Dabei vollführen Ober- und Unterarm eine Einwärtsdrehung. Der Schlägerkopf wandert kreisförmig an der linken Körperseite vorbei nach unten und erreicht seinen tiefsten Punkt.

Schlagphase
Es schließt sich mit der Streckung des Arms im Ellbogengelenk und einer Außendrehung von Ober- und Unterarm die Schlagphase an. Im Gegensatz zu allen übrigen Rückhandschlägen wird beim Rückhand-Unterhand-Clear die Beugung des Handrückens nicht beibehalten. Die Streckbewegung erfaßt vielmehr den gesamten Arm.

Ausschwungphase
Der Ausschwung erfolgt wegen der schwunghaften Armbewegung vorwärts-aufwärts. Gleichzeitig drückt sich der rechte Fuß zur Feldmitte hin ab.

Lauftechnik

Die Lauftechnik für alle Unterhandschläge im Netzbereich wurde schon ausführlich im Abschnitt »Vorhand-Unterhand-Clear« dargestellt. Diese Ausführungen gelten auch für den Rückhand-Unterhand-Clear.

Geballte Kraft von Luan Jin vor dem folgenden Rückhand-Unterhandschlag.

Spiel am Netz

Einführung

Bei weitgehender Ausgeglichenheit der beiden Gegner kommt bisweilen dem Netzspiel spielentscheidende Bedeutung zu. Mehr als bei allen anderen Schlägen ist beim Netzspiel der Grad des Ballgefühls des einzelnen Spielers und damit das von ihm erreichbare Maß an Genauigkeit der entscheidende Maßstab für die mögliche Leistungssteigerung. Deshalb muß das Netzspiel kontinuierlich trainiert und verbessert werden.

Häufig sieht man, daß sich Spieler für einen Netzroller entschuldigen. Dafür besteht eigentlich kein Anlaß, ist doch der Netzroller der denkbar genaueste Schlag am Netz. Man bittet ja auch nicht für einen Smash, der genau auf die Außenlinie trifft, um Verzeihung ...

Im wesentlichen unterscheidet man 3 Formen des Netzspiels: »Töten« am Netz, Stechen oder Schieben und schließlich Unterhand-Drop am Netz.

»Töten« am Netz

Dank des martialischen Ausdrucks ist die Erläuterung des Schlags recht einfach. Man versteht darunter die aggressive Annahme des Balls im Bereich der Netzkante mit dem Ziel, diesen Ball so hart und steil abwärts oder aber auf den Kör-per des Gegners zu schlagen, daß er von diesem nicht mehr retourniert werden kann.

Der Ball kann nur dann so gespielt werden, wenn der Treffpunkt oberhalb der Netzkante liegt.

In der Regel entwickelt sich die aggressive Ballannahme aus 3 Spielsituationen heraus. Einmal kann ein Ball erfolgreich »getötet« werden, wenn man dem eigenen guten Smash oder – im Doppel – dem des Partners nachsetzt und die kurze Abwehr des Gegners abfängt.

Eine zweite häufig sich ergebende Möglichkeit besteht darin, daß der Gegner nach einem Drop seinerseits einen Unterhand-Netzdrop anzubringen versucht.

Drittens kann man nach einem eigenen kurzen Aufschlag den Ball an der Netzkante aggressiv annehmen, wenn der Gegner mit einem kurzen Return versucht, in den Angriff zu kommen.

Die Schlagausführung erfolgt auf der Vorhand- wie auf der Rückhandseite in der Regel ohne Schwungschleife, da ansonsten die Gefahr zu groß wäre, das Netz zu berühren und damit einen Fehler zu begehen. Vielmehr wird der Schlag durch eine sehr schnelle, sozusagen wischende Bewegung ganz dicht an der Kante parallel zum Netz ausgeführt.

Einige fortgeschrittene Spieler verändern dazu die Schlägerhaltung, um diese den Bedürfnissen des zum Netz parallelen Schlages anzupassen.

Der englische Spitzenspieler Nick Yates versucht, einen Ball an der Netzkante zu »töten«.

Da über die Durchführung dieses Schlags blitzschnell aus der Situation heraus entschieden werden muß, geht er oft einher mit einem schnellkräftigen Sprung vorwärts, der mit dem rechten Fuß in Netznähe abgefangen wird.

Stechen oder Schieben

Auch bei dieser Art der Ballannahme entsprechen die verwendeten Begriffe in etwa dem Ablauf des Geschehens. Die Variante des Stechens oder Schiebens wird dann benötigt, wenn der Ball nur noch unterhalb der Netzkante erreicht wird, der Treffpunkt aber noch recht hoch und dicht am Netz liegt. In der Regel wird diese Ballannahme als Antwort auf einen gegnerischen Drop gewählt, den man frühzeitig erreicht.

In der Ausführung bestehen zwischen Vorhand- und Rückhandseite keine Unterschiede. Der Ball wird mit einer stechenden oder schiebenden Bewegung angenommen. Die geht von einer schnellen Strekkung des Ellbogen- und des Hand-

Luan Jin erreicht den Ball optimal im Bereich der Netzkante.

gelenks aus. Der Arm befindet sich dabei etwa in Brusthöhe. Die Neigung des Schlägerkopfs richtet sich nach der Härte des ankommenden Balls und vor allem nach der Entfernung zum Netz.

In unmittelbarer Netznähe befindet sich die Bespannung in etwa paralleler Stellung zum Boden. Nahe am Netz ist die schnelle Vorwärtsstreckung des Arms meistens nicht un-

bedingt erforderlich, um den Ball über die Netzkante zurückzuspielen. Dazu reicht der Impuls, den der ankommende Ball mitbringt, fast immer aus. Er springt beinahe von selbst von der Besaitung über das Netz zurück.

Abgesehen von der normalerweise gegebenen Zeitknappheit dient die schnelle Armstreckung auch dazu, dem Ball einen Drall mit auf den

Weg zu geben. Mit der schiebenden oder stechenden Bewegung wird er nämlich ins Trudeln und damit in eine instabile Lage gebracht, die dem Gegner eine kontrollierte Annahme erschwert. Der Effekt ähnelt dem, den der inzwischen verbotene sogenannte Sidek-Aufschlag erzielte.

Unabhängig davon, ob der Ball mit der Vor- oder der Rückhand geschlagen wird, verläuft die Bewegung immer parallel mit einem Ausfallschritt rechts.

Es hat sich in der Praxis herausgestellt, daß der »gestochene« Ball mit der Rückhand von den meisten Spielern besser getimt und dosiert werden kann als mit der Vorhand.

Deshalb sei empfohlen, diesen Ball auch vor dem Körper – also in der Mitte des Feldes – ebenfalls mit der Rückhand zu spielen. Neben dem eher erreichbaren Ballgefühl gewährleisten die anatomischen Bedingungen einen harmonischeren Bewegungsablauf.

Unterhand-Netzdrop

Mit dem Unterhand-Netzdrop werden alle Bälle, die man nur sehr tief

Einzelweltmeisterin Li Lingwei nutzt ihre Reichweite beim Unterhand-Netzdrop voll aus.

unterhalb der Netzkante erreichen kann, als kurze Bälle dicht hinter das Netz zurückgespielt.

Diese Art der Annahme kommt häufig nach einem schnellen Drop des Gegners mit einer weiteren Flugbahn oder nach einem wirkungsvoll getäuschten Drop in Betracht. Hinsichtlich des Bewegungsablaufs entspricht der Unterhand-Netzdrop ungefähr dem Unterhand-Clear. Insgesamt läuft die Bewegung nur etwas langsamer ab. In diesem Fall würde man den Unterhand-Netzdrop sehr weich spielen.

Falls der Ball getäuscht gespielt werden soll, entspricht er dem Unterhand-Clear mit einer aktiven Bremsung unmittelbar vor dem Ballkontakt. Verbunden ist der Netzdrop mit einem oftmals sehr weiten Ausfallschritt des rechten Beins.

Grundsätzliches zum Netzspiel

Jeder Spieler steuert nach dem Erkennen des gegnerischen Schlags seine Bewegung in Richtung auf das beabsichtigte Zusammentreffen zwischen dem ankommenden Ball und dem eigenen Schlägerkopf. Da der Anfänger häufig Bälle im Netzbereich sehr tief annimmt, obwohl diese höher erreichbar wären, setzt sich dieses Verhaltensmuster fest und wird bei gesteigerter Spielstärke zu einem Handicap. Das unbewußte Verhalten, welches ein dauerhaftes zu tiefes Ansteuern des gedachten Treffpunkts nach sich zieht, muß aufgegeben werden!

Viele Bälle sind bei ausreichender, gerade darauf gerichteter Konzentration viel höher erreichbar, als die Spieler sie tatsächlich annehmen. Ziel eines jeden Spielers muß es aber sein, Bälle so frühzeitig wie möglich zu nehmen, um sie für den Gegner unerreichbar zu machen. Die bewußt hohe Ballannahme im Bereich der Netzkante muß deshalb systematisch trainiert werden.

Zur besonderen Beachtung

● Der Oberkörper soll beim Netzspiel – selbst bei der Annahme von sehr tiefen Bällen – so aufrecht wie nur möglich bleiben.

● Die individuelle Reichweite ist vollständig auszunutzen. Bei zu dichter Stellung des Körpers zum Ball wird die Bewegungsfreiheit des Schlagarms stark eingeengt. Außerdem legt man zu weite Laufwege zurück.

● Alle Bälle sind so hoch wie möglich anzunehmen. Dies verstärkt den Druck auf den Gegner in hohem Maße.

Schläge aus dem Sprung

In der Bundesrepublik Deutschland leider noch wenig üblich, bei den derzeit führenden Badmintonnationen hingegen Elemente der Standardtechnik sind Schläge, die etwa aus der Feldhälfte heraus oder ein wenig dahinter im Sprung auf der Vorhand- *und* auf der Rückhandseite geschlagen werden.

Mit diesen Schlägen werden vor allem parallele Angriffs-Clears oder flache Unterhand-Clears des Gegners, die als Passierbälle gedacht sind, abgefangen und sehr schnell

Die chinesische Weltklassespielerin Zhang Ailing erreicht einen Angriffs-Clear im Sprung.

ins gegnerische Feld zurückgebracht. Durch diese Art der Schlagausführung muß man selbst nicht dem Ball hinterherlaufen und gerät so nicht in eine schwierige Spielsituation. Andererseits beschleunigt man den Ballwechsel für den Gegner enorm, da der von ihm erwartete Vorteil nicht eintritt, der Ball vielmehr wesentlich schneller in seine Hälfte zurückkehrt.

Als Schlagausführung sind fast alle Schläge (Clear, Smash, Drop) möglich. Auf der Rückhandseite wird der Ball links vom Kopf gespielt, wie es bei den Schlagarten dargestellt ist.

Lauftechnik

Wesentlich bei den im Sprung zu erreichenden Bällen ist die Beinarbeit. Da die Bälle schnell an der Reichweite vorbei oder kurz über sie hinweg fliegen sollen, sind mehrere Schritte nicht möglich. Auf der Vorhandseite macht aus der Grundstellung heraus das rechte Bein einen mittelgroßen schnellen Schritt nach rechts, und der Körper wird zum Sprung von beiden Beinen sehr schnellkräftig abgedrückt. Die Hauptbelastung liegt dabei auf dem rechten Bein.

Der Sprung erfolgt – je nach Treffpunkt – nach der Seite oder auch etwas nach hinten zur Außenlinie. Die Landung nach dem Schlag geschieht auf beiden Füßen.

Aus dieser stabilen Haltung heraus kann der Körper schnell wieder durch Abdruck mit dem rechten Bein zur Feldmitte bewegt werden. Auf der Rückhandseite ist der Bewegungsablauf seitenverkehrt gleich. Das linke Bein macht einen Seitwärtsschritt, bevor der beidbeinige Absprung erfolgt. Der jeweilige Schlag wird links vom Kopf gespielt. Die Landung entspricht dem Ablauf auf der Vorhandseite.

Zur besonderen Beachtung

● Die Schläge aus dem Sprung sollten häufiger geübt und riskiert werden.
● Dabei ist vor allem auf einen schnellkräftigen Absprung und eine stabile Körperhaltung zu achten.
● Die Landung erfolgt beidfüßig.

Getäuschte Schläge (Finten)

Es wurde bereits mehrfach dargelegt, daß es für ein erfolgreiches Spiel notwendig ist, den Gegner bis zur Schlagausführung über die eigene Absicht im unklaren zu lassen. Ein Mittel dazu ist die Fähigkeit, alle Schläge im Ansatz identisch auszuführen und erst mit dem Treffen des Balls die eigene Intention ersichtlich werden zu lassen. Wenn das gelingt, hat man schon einen großen Schritt vorwärts ge-

tan. Doch dieses technische Können ist noch keine Täuschung! Es ist damit lediglich erreicht, daß der Gegner *spät* reagieren kann. Eine Täuschung besteht aber darin, daß der Gegner *falsch* reagiert.

Gegen ein schnelles und laufstarkes Gegenüber wird man ab einem gewissen Niveau ohne getäuschte Schläge keinen Erfolg haben.

Man kann grundsätzlich 2 Arten von Täuschungen unterscheiden. Die eine besteht darin, daß man einen Schlag hinsichtlich des gesamten Bewegungsablaufs »normal« ausführt, durch Veränderung der Stellung des Schlägerkopfs beim Zusammentreffen mit dem Ball sich aber eine andere Flugbahn ergibt, als dem Bewegungsablauf eigentlich entspricht.

Die andere Art der Täuschung unterscheidet sich dadurch von der ersten, daß die Schlagbewegung unmittelbar vor dem Treffen des Balls blitzschnell geändert wird. Dem geht meistens eine überbetonte Ausholbewegung voran, die einen anderen Schlag vermuten läßt.

Geschnittene Drops

Zu der ersten Art der Täuschungsmanöver zählen die geschnittenen

Vorbildliche Ausholbewegung von Steen Fladberg (hinten), die noch alle Schlagmöglichkeiten offenläßt.

Drops auf der Vor- und Rückhandseite.

Die Schlagausführung entspricht im wesentlichen der des Smash. Der gesamte Bewegungsablauf läßt den Gegner einen solchen erwarten. Unmittelbar vor dem Treffen des Balls wird der Schlägerkopf so weit schräg gestellt, daß er nicht die gesamte Schlagkraft auf den Ball überträgt, sondern daß der an sich harte Schlag den Ball nur streift. Wichtig ist, daß kein Bremsen des Schlägers erfolgt.

Die geringere Kraftübertragung bewirkt, daß der Ball erheblich geringer als beim Smash beschleunigt wird und wie ein schneller Drop in der rechten oder linken Feldecke landet. Durch die Schrägstellung des Schlägers ergibt sich eine diagonale Flugbahn. Dies bedeutet, daß auf der Vorhand- oder auf der Rückhandseite ein Parallel-Smash angedeutet wird.

Auf der Rückhandseite sieht es für den Gegner dann so aus, als ob ein Vorhand-Smash links vom Kopf gespielt würde.

Sonstige Finten

In die zweite Kategorie fallen die meisten Täuschungsmanöver.

Ohne *alle* Finten erfassen zu können, werden im nachfolgenden die wesentlichen dargestellt.

Ausholbewegung Clear – Durchführung Drop

Bei dieser Täuschung wird ein Clear auf die gegnerische Grundlinie dadurch angedeutet, daß man die Ausholbewegung besonders durch den eigenen Körpereinsatz betont. Dies verleitet den Gegner dazu, sein Gewicht bereits nach rückwärts zu verlagern. Der nachfolgende Drop – oft mit einer wischenden Bewegung und leichten Schrägstellung des Schlägers verbunden – erwischt ihn dann »auf dem falschen Fuß«.

Diese Finte kann mit Vorhand und Rückhand gespielt werden.

Ausholbewegung Smash – Durchführung Drop

Die eine Möglichkeit dieser Finte ergibt sich aus der entsprechenden Anwendung des zuvor Ausgeführten. Der Körper wird bewußt und betont hinter den Ball genommen und ganz intensiv auf einen harten Smash vorbereitet. Der Gegner soll unwillkürlich eine breite Abwehrstellung einnehmen. Bei dem dann folgenden Drop wird er bei gelungener Täuschung Mühe haben, schnell genug nach vorn zu kommen.

Eine zweite Möglichkeit ergibt sich, wenn ein Spieler den Smash häufiger im Sprung schlägt. Er kann zur Überraschung des Gegners wie zum Smash hochspringen, dann aber einen schnellen Drop folgen lassen. Der Effekt ist der gleiche wie zuvor.

*Ausholbewegung Drop –
Durchführung Clear*

Bei dieser Art der Finte wird der Oberarm schon sehr frühzeitig zum Schlag angehoben; der Körpereinsatz ist nur gering. Gerade das frühzeitige Heben des Oberarms vermittelt dem Gegner das Gefühl, daß kein harter oder weiter Schlag mehr folgen werde.

Durch eine sehr schnellkräftige Streck-/Drehbewegung des Unterarms erfolgt dann in buchstäblich letzter Sekunde der peitschenartige Clear. Der Gegner gerät in große Schwierigkeiten, wenn er – wie vom täuschenden Spieler beabsichtigt – sein Gewicht bereits nach vorn verlagert hat.

Die zu diesem Schlag notwendige Schnellkraft in der Unterarmmuskulatur kann man in Simultanübungen mit Kurzhanteln trainieren.

*Ausholbewegung Smash –
Durchführung Clear*

Ähnlich wie beim Drop wird auch beim Clear, der in solchen Situationen stets ein Angriffs-Clear ist, ein Smash angetäuscht – möglichst im Sprung. Der nachfolgende Schlag aber wird durch entsprechende Stellung des Schlägerkopfes ein plazierter Angriffs-Clear.

Den bisher vorgestellten 4 Varianten war gemeinsam, daß sie alle aus dem Rückraum oder gar von der Grundlinie als Überhandbälle gespielt wurden. Es gibt ebenso einige Finten im Netzbereich, die als Seithand- oder als Unterhandbälle ausgeführt werden.

*Ausholbewegung Netz-Drop –
Durchführung Unterhand-Clear*

Wenn man einen gegnerischen Drop im Netzkantenbereich recht-

Hier hat Han Jian noch die Möglichkeit, zwischen einem Netz-Drop und einem Unterhand-Clear zu wählen.

zeitig erlaufen kann, kann man den Arm wie zum Stechen oder Schieben an den Ball heranführen. Der Gegner wird sich dann zwangsläufig zum Netz hin orientieren müssen, da er einen ins Trudeln versetzten Netz-Drop zu gewärtigen hat. Mit einer blitzschnellen und sehr kurzen Schwungschleife wird der Ball indes auf die Grundlinie gespielt.

Ausholbewegung Unterhand-Clear – Durchführung Netz-Drop

Der Ablauf ist genau umgekehrt wie beim zuvor geschilderten Täuschungsmanöver. Die Ausholbewegung deutet in übertriebener Weise auf einen Unterhand-Clear hin, damit der Gegner sich bereits rückwärts orientiert. Durch Abbremsen der Schlagbewegung wird aber mit der Vor- oder der Rückhand ein Unterhand-Netz-Drop ausgeführt.

Ausholbewegung paralleler Netz-Drop – Durchführung diagonaler Netz-Drop

Eine technisch recht schwierige Finte, die nicht von sehr vielen Spielern beherrscht wird, ist die Antäuschung eines parallelen und Durchführung eines diagonalen Netz-Drop.
Voraussetzung für ihre Realisierung ist, daß man den Drop des Gegners frühzeitig erreicht und ein wenig näher zum Ball postiert ist, als es mit ausgestrecktem Arm notwendig wäre.

Die Täuschung besteht aus einer schiebenden oder stechenden Bewegung, die einen trudelnden Netz-Drop erwarten läßt. Unmittelbar vor dem Treffen des Balls wird ohne Änderung der Stellung des Handgelenks der Ellbogen schnell nach vorn-unten gestoßen. Ober- und Unterarm bilden dadurch fast einen rechten Winkel, und der vorher nahezu waagerecht gehaltene Schläger richtet sich auf.
Der Ball wird auf diese Weise nicht zentral unter dem Kork, sondern mehr seitwärts getroffen. Er fliegt deshalb diagonal über das Netz in die andere Ecke des Felds.
Die Finten am Netz können sämtlich mit der Vor- und mit der Rückhand gespielt werden.
Gerade das Training der getäuschten Schläge muß bereits im Jugendbereich in den Vereinen verbessert werden. Einer der Gründe für die Zweitklassigkeit der deutschen Badmintonspitze liegt in der Vernachlässigung dieser Komponente der technischen Fertigkeiten.

Stellungsspiel

Im Gegensatz zur Lauftechnik, die in Abhängigkeit von dem jeweiligen Schlag erläutert wurde, wird dem Stellungsspiel ein eigenes Kapitel gewidmet. Dies zeigt schon, daß Stellungsspiel und Lauftechnik grundsätzlich unterschieden werden müssen.
Das Stellungsspiel, soweit es von der zentralen Position in der Feldmitte abweicht, hat nur bedingt Ein-

fluß auf die Lauftechnik, mit der man einen Ball erreichen kann. Diese dient dazu, einen Ball ökonomisch und schnell zu erreichen. Darüber hinaus sorgt sie für einen guten Stand zum Schlag und für eine ausreichende Bewegungsfreiheit bei der Schlagausführung.

Das Stellungsspiel hingegen schafft erst die Voraussetzung für den optimalen Einsatz der Lauftechnik. Es orientiert sich nicht nach dem nachfolgenden Schlag wie die Lauftechnik, sondern nach dem Plazierungsort und der Qualität des vorausgegangenen Schlags.

Grundsätzlich muß jeder Spieler nach jedem Ballkontakt in die zentrale Position in der Feldmitte zurückkehren, damit für ihn die Wege in alle Feldecken wieder gleich weit sind. Es haben sich jedoch in der Praxis einige Ausnahmen von diesem Grundsatz herausgebildet, die zum Teil von den äußeren Gegebenheiten, teils aber auch von taktischen Erwägungen vorgegeben werden.

In recht flachen Hallen kann man die zentrale Position etwas weiter hinten, in hohen Hallen dagegen etwas weiter vorn einnehmen. Dies hängt damit zusammen, daß in flachen Hallen der Clear notwendigerweise fast immer zum Angriffs-Clear wird und ein Befreiungsschlag hinter dem Kopf die Gefahr der Deckenberührung mit sich bringt. In hohen Hallen kann man sich noch mit einem Clear deutlich hinter dem Körper sehr gut befreien.

2 weitere Hauptformen der Veränderung der zentralen Position sollen herausgestellt werden.

Erwartung eines gegnerischen Angriffsschlags

Wenn man dem Gegner die Möglichkeit eines Angriffsschlags bietet, muß man seine Position wegen der Schnelligkeit des Balls danach einrichten.

Bei einem Clear in die Feldmitte des Gegners – wie zum Beispiel bei einem hohen Aufschlag – bleibt die zentrale Position bestehen. Bei einem Clear auf die Außenlinie des gegnerischen Felds muß man in die Überlegung mit einbeziehen, daß der parallele Drop oder Smash schneller ankommt als der gleich geschlagene diagonale Ball, da der Flugweg kürzer ist. Der Standort wird also von der Feldmitte etwas in die Richtung der parallelen Außenlinie verlagert.

Man begibt sich ungefähr auf die Mittellinie der Smash-Möglichkeiten des Gegners und nimmt dabei bewußt in Kauf, daß der Laufweg zum diagonalen Drop oder Clear damit weiter wird.

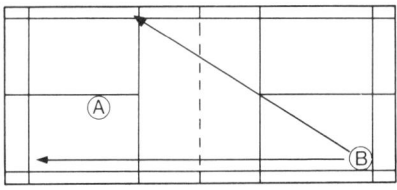

Angriffsmöglichkeit für B und variierte Position von A.

Eigener gut plazierter Drop

Bei einem eigenen Drop, der dicht hinter das Netz fällt und vom Gegner nur noch sehr tief erreicht werden kann, verläßt man ebenfalls die Mittelposition.
Man rückt dem Ball nach, da vor allem die Gefahr, überspielt zu werden, sehr gering wird. Dies gilt besonders für flache Hallen. Der Gegner muß schon sehr hoch unter die Decke spielen, um auf die Grundlinie zu kommen. Diesen Ball kann man dann trotz größeren Laufwegs noch relativ leicht erreichen.
Durch das Nachrücken in Ballrichtung bietet sich aber die Möglichkeit, einen Netz-Drop des Gegners im Sprung zu erreichen und entweder zu »töten« oder ihn aber für diesen unerreichbar flach und schnell auf die Grundlinie oder den Körper zu spielen.

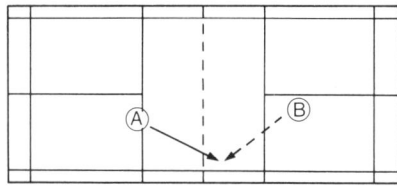

A rückt nach gutem Drop näher ans Netz, wenn B den Ball unter der Netzkante erreicht.

Hinweise zur Methodik des Techniktrainings

Am Beispiel des Überkopf-Clear als einem der zuerst zu erlernenden Schläge soll die Vorgehensweise beim Training der technischen Fertigkeiten erläutert werden. Einzelne Schlagübungen ergeben sich aus dem entsprechenden Kapitel.
Vorausgesetzt, die dem Clear vorausgehenden Lernschritte Schlägerhaltung, Gewöhnungsübungen, Grundstellung und hoher Aufschlag sind bereits vollzogen, wird folgende schrittweise Hinführung zum Clear empfohlen, die auf alle Schlagarten angewendet werden kann.

● *Vorstellung des Lernziels*
Mit *kurzen* Worten soll dem Anfänger erläutert werden, was man unter dem Clear – insbesondere dem Überkopf-Clear – versteht und von wo er wohin gespielt werden soll.

● *Demonstration*
Zusammen mit einem fortgeschrittenen Spieler wird der Clear kurz demonstriert und damit für die Lernenden visuell anschaulich gemacht.

● *Zerlegung der Bewegung und Trockenübung*
Die Bewegung insgesamt ist zu komplex, als daß sie in einem Zug vermittelt werden könnte. Sie wird deshalb sinnvollerweise in die Pha-

sen zerlegt, die der Schlagbeschreibung entsprechen.

Zunächst wird die Ausholphase erläutert und langsam vorgeführt. Danach übt die Gruppe diesen Teil als »Trockenübung«: nur mit Schläger, aber ohne Ball.

Der Trainer gibt Anleitungen, korrigiert und kontrolliert. Dies wiederholt sich nach und nach mit sämtlichen Phasen einer Bewegung, bis sie insgesamt als Trockenübung von allen Teilnehmern beherrscht wird.

● *Pendelball*

Wenn es in der Halle möglich ist, werden eine ausreichende Anzahl selbst hergestellter kleiner Pendelbälle aus Styropor in unterschiedlicher Höhe (für alle Körpergrößen) aufgehängt, so daß jeder Übende ohne die Timingprobleme, die der fliegende Ball mit sich bringt, den Schlag aus dem Stand üben kann.

● *Zuwerfen des Balls*

Nach den Übungen mit dem Pendelball (beziehungsweise statt dessen) wird der Clear abseits vom Feld an der Hallenwand geübt.

Ein Partner wirft den Ball möglichst hoch dem anderen Partner zu, der seinerseits versucht, den Ball als Clear gegen die Wand zu spielen. Der Zuwerfende kann sein Gesicht mit dem eigenen Schläger schützen oder sich nach dem Wurf zur Seite wenden.

Diese Übung unter vereinfachten Bedingungen soll helfen, den Be-

wegungsablauf mit den Timingproblemen (Höhe der Annahme, Treffpunkt, räumlich-zeitliche Abfolge) in Einklang zu bringen.

● *Zuspielen des Balls*

In dieser Phase kann man den Clear – entweder auf dem Feld oder anderswo – unter ebenfalls vereinfachten Bedingungen – das heißt zum Beispiel mit verkürzten Abständen zwischen den Partnern – üben lassen. Dies ist der letzte Schritt vor der spielgerechten Übung.

● *Spielgerechte Übung*

Der Clear wird auf dem Feld in unterschiedlichen Variationen anhand von Schlag- und Komplexübungen trainiert und verbessert.

Man wird diese Reihenfolge nicht ohne Unterbrechung durchgehen können. Bei einer Anfängergruppe ist es erforderlich, beim methodischen Vorwärtsschreiten zur Wiederholung des Gelernten und zum Abbau von Fehlern vorangegangene Schritte zu wiederholen.

Zur besonderen Beachtung

● Die verbalen Erläuterungen müssen kurz und präzise sein.
● Die Trockenübung muß langsam *und* in Spielgeschwindigkeit ausgeführt werden, damit sich keine falsche Schnelligkeitsvorstellung bei den Übenden festsetzt.

● Gute Beispiele kann man loben. Schlechte Leistungen dürfen indes keinesfalls aus der Gruppe herausgehoben und individualisiert werden. Fehler sind global anzusprechen und zu verbessern – oder im Einzelgespräch.

● Für Techniktraining braucht man Geduld. Notfalls muß man eher einen Schritt rückwärts als vorwärts gehen.

Chinesische Spitzenspielerinnen trainieren unter Anleitung ihres Trainers.

Taktik

Allgemeines

Einfach ausgedrückt bedeutet Taktik »so zu spielen, daß der Gegner ständig Probleme bekommt«. Das erreicht man durch optimales Einsetzen der erworbenen technischen und konditionellen Fähigkeiten.
Es ist von größter Bedeutung, daß die Taktikschulung immer auf das jeweilige technische Niveau abgestimmt ist, so daß die Spieler stets die Möglichkeit haben, die gestellte Aufgabe zu lösen. Technik- und Taktikschulung müssen daher als eine Einheit gesehen werden.
Taktiktraining muß sowohl theoretisch als auch praktisch geschult werden. Zuerst kommt die theoretische Erklärung, dann folgt die praktische Übung.
Badminton ist eine Sportart, bei der das taktische Verhalten der Spieler einen sehr stark leistungsbestimmenden Faktor darstellt. Daher wollen wir hier – so praktisch wie möglich – auf einige Grundprinzipien der Taktik eingehen.
Um eine »taktische Marschroute« festlegen zu können, müssen folgende Faktoren berücksichtigt werden:

- äußere Bedingungen (zum Beispiel Beschaffenheit der Halle, Schiedsrichter, Zuschauer usw.)
- eigene Stärken und Schwächen
- Stärken und Schwächen des Gegners.

Es sollte stets das Ziel sein, durch die eigenen Stärken zu Punkten zu kommen und die Schwachpunkte des Gegners so zu nutzen, daß dieser seinerseits Fehler produziert.
Es gibt unabhängig von der jeweiligen Spielstärke oder Disziplin einige sehr wichtige taktische Merksätze, die immer beachtet werden sollten.

● *Nutze die eigenen Stärken*
Man soll stets die eigenen Stärken gegen die gegnerischen Schwächen ausspielen.

● *Sicher spielen!*
Dies bedeutet nicht, defensiv zu spielen, sondern vielmehr derart, daß man, ohne eigene Fehler zu machen, das Spiel beherrscht.

● *Probleme für den Gegner schaffen!*
Es muß immer das Ziel sein, nicht nur den Ball irgendwie in das gegnerische Feld zu schlagen, sondern ihm mit jedem Schlag Schwierigkeiten zu bereiten.

Jiang Guoliang kämpft mit letztem Einsatz um jeden Ball.

● *Kämpfen!*
Dies ist einer der wesentlichsten Merksätze! *Kein* Ballwechsel darf aufgegeben werden. Erst wenn der Ball über das Netz ins Feld des Gegners geschlagen wird, kann dieser Fehler begehen. Zudem entnervt es einen Gegner nicht selten, wenn alles retourniert wird.

● *Konzentration*
Man soll immer auf das Spiel (und auf nichts anderes!) konzentriert sein.

● *Erfolgreiche Taktik nie ändern!*
Solange man mit einer taktischen Linie Erfolg hat, soll man konsequent so weiterspielen. Man muß umgekehrt während der Partie immer in der Lage sein, eine schlechte Marschroute umzustellen.

● *Schnell am Ball sein!*
Es muß stets versucht werden, den Ball sowohl an der Grundlinie als auch am Netz so früh wie möglich zu nehmen. Hierdurch gerät der Gegner in Zeitnot.

● *Vorhand statt Rückhand!*
Auf der Rückhandseite sollte versucht werden, so oft wie möglich den Ball zu umlaufen, um Vorhand statt Rückhand zu schlagen. Man hat den Gegner dann immer im Auge und normalerweise mehr Variationsmöglichkeiten bei den Schlägen.

Einzeltaktik

Bei den nachfolgenden taktischen Erläuterungen werden diese Zeichen verwendet:

————————> Ballweg
– – – – – –> Laufweg
A, B, C, D   Spieler
H   Herr
D   Dame

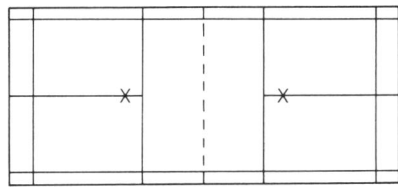

Das Spielcenter (×) ist diejenige Stelle auf dem Spielfeld, auf die der Spieler sich nach jedem Schlag zurückorientieren sollte, um immer den kürzesten Weg zum Ball zu haben. Das Spielcenter sollte sich in der Nähe der Spielfeldmitte befinden. Man muß stets versuchen, den

Gegner aus dem Center zu treiben und selbst rechtzeitig dort stehen.

Aufschlag

Im Einzel sollten in der Regel lange Aufschläge geschlagen werden, um den Gegner nach hinten zu treiben. Nur als Abwechslung und Überraschung sind kurze Aufschläge empfehlenswert. Die Gefahr bei Kurzaufschlägen besteht darin, daß der aufschlagende Spieler sehr schnell nach hinten überspielt werden kann.
Die langen Aufschläge sollten so oft wie möglich in der Spielfeldmitte plaziert werden. Dadurch deckt der aufschlagende Spieler das Spielfeld besser ab als bei Aufschlägen in die Ecken. Aber auch hier sollte man manchmal durch räumlich variierte Aufschläge für Überraschungen sorgen.

Annahme

Wichtig ist, daß der annehmende Spieler immer seine Rückhandseite bei der Annahme abdeckt.

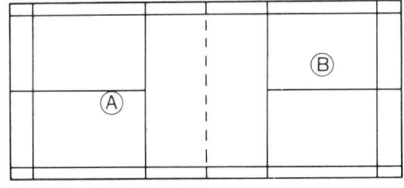

Aufschlag (A) und Aufschlagannahme (B) von rechts nach links.

83

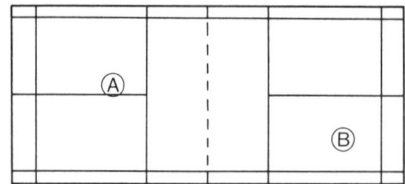

Aufschlag (A) und Aufschlagannahme (B) von links nach rechts.

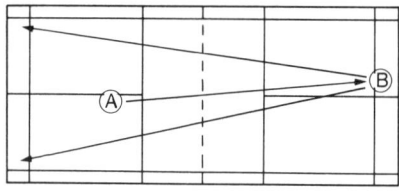

Aufschlag (A) in die Feldmitte und Annahme (B).

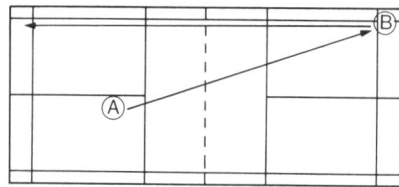

Aufschlag (A) in die Feldecke und Annahme (B) mit gefährlichem Return.

Zielbereiche der verschiedenen Schläge

Um den Gegner unter Druck zu setzen, muß man versuchen, die Bälle immer in der Nähe der Seitenlinien zu plazieren. Dann hat der Gegner stets weitere Strecken zu laufen.

Eine Ausnahme gibt es aber: Wenn man selbst in Zeitnot gerät, sollte man einen Clear von hinten oder vorne so hoch und weit wie möglich in die Mitte spielen, um Zeit zu gewinnen und um das Spielfeld – genau wie bei den langen Aufschlägen – besser abdecken zu können.

Ein wichtiger taktischer Faktor im Einzel ist auch, daß man im »richtigen« Moment die »richtigen« Stellen des Feldes anspielt. Man sollte immer versuchen, so zu spielen, daß der Gegner im Spielcenter die Laufrichtung ändern muß. Er sollte so selten wie möglich die Möglichkeit haben, durch das Spielcenter zu laufen.

Beim Lauf diagonal durch das Feld über das Spielcenter ist der Weg zwar weiter, doch läßt sich diese Strecke schneller zurücklegen, da die Bewegung nicht gebremst und die Richtung nicht geändert werden muß.

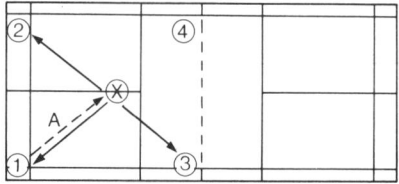

Bei Schlägen in die Ecken 2 und 3 oder zurück nach 1 muß der Spieler (A) seinen Lauf bremsen – nach 4 nicht!

Allgemeine taktische Merksätze für Einzel

● *Spiele den Ball nicht in die Reichweite des Gegners – auch in der Abwehr nicht!*

● *Nutze die Länge und Breite des Spielfelds aus!*
Variiere das Spiel mit langen Clear-bällen und kurzen Dropbällen! Es sollte häufiger parallel als diagonal gespielt werden. Bei diagonal geschlagenen Bällen muß man sehr gut aufpassen, daß man nicht die eigene Spielfeldhälfte für den Gegner »öffnet«.

● *Nutze auch die kleinste Chance zum Punktgewinn!*
Das Ziel muß sein, den Ball sofort zu »töten«, wenn es möglich ist. Wenn der Gegner ausgespielt ist und er zu kurze Clearbälle oder am Netz zu hohe Bälle schlägt, ist »Töten« die Devise.

Zusatzmerkmale für Fortgeschrittene und Spitzenspieler

● *Aufschläge variieren*
Außer 2 sicheren Aufschlägcn sollte man einige Varianten beherr-schen. Es sollte hier in Länge, Höhe *und* Breite variiert werden.

● *Smash auch aus dem Grund-linienbereich einsetzen*
Der Schmetterball sollte auch aus dem Grundlinienbereich geschla-

gen werden – oft als »vorbereiten-der« Schlag, um danach den Ball-wechsel zu beenden.

● *Tempo variieren*
Das eigene Tempo soll man auf jeden Fall halten können. Aber als Überraschung in harten Spielen sollte man manchmal langsamer oder schneller spielen, um den Gegner dadurch aus dem Rhyth-mus zu bringen.

● *Finten einsetzen*
Versuche, mit Finten den Gegnern Probleme zu bereiten! Zu beachten ist hier, daß man die getäuschten Schläge optimal beherrscht und sie nur als Überraschungseffekte ein-setzt. Sonst wirken sie eher negativ als positiv, da der Gegner sich dar-auf einzustellen vermag.

● *Schnell aus der Abwehr kommen*
Schon der erste Abwehrball sollte so geschlagen werden, daß man danach wieder das Spiel bestim-men kann.

● *Risiko nicht scheuen*
Es ist manchmal ratsam, gegen bessere Gegner auf Risiko zu spie-len, aber nur bei eigenem Auf-schlag, da man dann höchstens diesen verliert.

*Nick Yates
(England)
schlägt einen
geschnittenen
Drop.*

Unterschiede
Dameneinzel – Herreneinzel

Da Frauen von Natur aus in aller Regel körperlich etwas schwächer sind als Männer, muß daran auch bei den taktischen Überlegungen gedacht werden.

Dameneinzel unterscheidet sich vom Herreneinzel vor allem in folgenden Punkten:

● *Es werden fast ausschließlich lange Aufschläge geschlagen*
Das Spielfeld wirkt aufgrund der körperlichen Unterschiede sozusa-

gen »größer« für die Damen als für die Herren. Deswegen ist es von erheblicher Bedeutung, daß die Größe des Spielfeldes voll ausgenutzt wird.

- *Es wird viel Clear und Drop gespielt*

So läßt sich auch hier die Größe des Feldes ausnutzen. Man schmettert nur dann, wenn eine »Vorlage« von der Gegnerin geschlagen wird.

Doppeltaktik

Einführung

Das Doppel unterscheidet sich – wie etwa auch beim Tennis – vom Einzel dadurch, daß sich 4 Spieler auf dem Spielfeld befinden statt 2. Das Spielfeld ist auch etwas breiter. Aber da eine Doppelpaarung eben aus 2 Spielern besteht, hat jeder der

Stefan Karlsson (Schweden), zusammen mit seinem Landsmann Thomas Kihlström (hinten) Europameister 1982 im Herrendoppel und Gewinner der All England Championships 1983, geht sehr aggressiv ans Netz.

beiden natürlich ein kleineres Gebiet abzudecken als im Einzel. Ein wesentlicher Unterschied liegt darin, daß im Doppel schneller und aggressiver gespielt wird als im Einzel; das ist natürlich auch deswegen möglich, weil sich 2 Spieler in jeder Spielfeldhälfte befinden.

Wichtig in den Doppeldisziplinen ist, daß man ein »Team« bildet. Die Zusammenarbeit innerhalb des Teams muß optimal funktionieren, damit man erfolgreich spielen kann. Man muß in jeder Situation positiv zueinander eingestellt sein und immer miteinander kooperieren.

Beide Spieler sollten vor allem auch – in jeder Spielphase – wissen, welchen Teil des Feldes sie abzudecken haben.

Aufschlag – Annahme

Die wichtigsten Phasen des Doppelspiels sind Aufschlag und Annahme. Da das Aufschlagfeld im Doppel kürzer ist als im Einzel, kann der annehmende Spieler sehr aggressiv in der Annahme sein. Eine gute Beherrschung des Aufschlags ist daher unerläßliche Vorausset-

Aufschlag von Mike Tredgett (England) auf Jiang Guoliang.

zung dafür, überhaupt Punkte erzielen zu können.

Man sollte im Doppel fast ausschließlich kurze Aufschläge schlagen, um den Gegner zu zwingen, hoch zu spielen, und um selbst in den Angriff zu kommen. Der kurze Aufschlag sollte meistens in der Mitte plaziert werden, um – genau wie im Einzel – das Spielfeld so gut wie möglich abzudecken.

Man sollte aber auch gelegentlich mit diagonal geschlagenen Kurzaufschlägen und mit verschiedenen Swip-Aufschlägen variieren können, um den Gegner unsicher zu machen – er ist dann auch selten aggressiv in der Annahme.

Die aufschlagende Paarung steht beim Aufschlag ziemlich dicht hintereinander, um das Feld optimal abzudecken. Der annehmende Spieler ist so nahe wie möglich an der vorderen Aufschlaglinie postiert, sein Partner ein bißchen hinter ihm auf der Mittellinie des Felds. Auch im Doppel ist es wichtig, daß der annehmende Spieler seine Rückhandseite gut abdeckt.

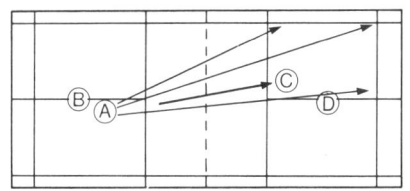

Aufschlag von rechts (A) und Annahme von links (C).

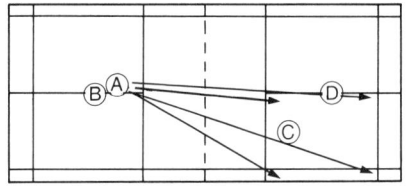

Aufschläge von links (A) und Annahme von rechts (C).

Bei der Annahme sollte versucht werden, den Ball möglichst früh zu erreichen – man sollte eine aggressive Stellung einnehmen (siehe auch Kapitel »Aufschlagannahme«).

Folgende Annahmemöglichkeiten bieten sich an:

● Rush – den Ball »töten«, auf den aufschlagenden Spieler oder dessen Partner zielen oder sofort herunter auf den Boden schlagen.

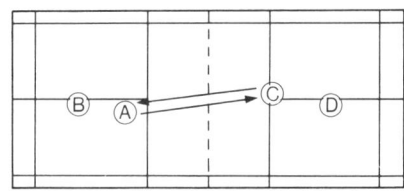

Kurzer Aufschlag von A und Rush-Annahme von C.

● Netz-Drop (gerade oder diagonal) – um den Gegner zu zwingen, hoch zu spielen.

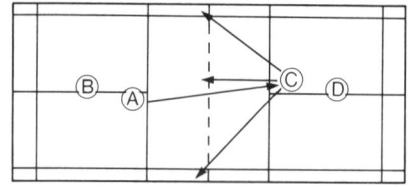

Kurzer Aufschlag von A und mögliche Netz-Drops von C.

- Die sogenannten »Mixedpunkte« zwischen den beiden Gegnern anspielen, weil hier oft Mißverständnisse auftreten und beide nicht wissen, wer den Ball nehmen soll.

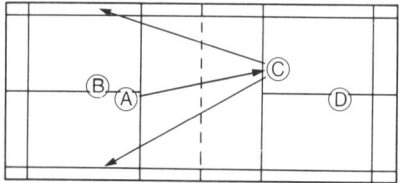

Kurzer Aufschlag von A und Anspielen der Mixedpunkte durch C.

- Im Notfall einen Unterhand-Clear einsetzen, der hoch und weit geschlagen wird, um Zeit zur Abwehrvorbereitung zu gewinnen.

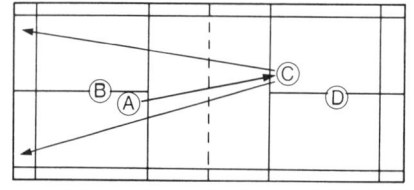

Kurzer Aufschlag von A und Unterhand-Clear von C.

- Bei Swip-Aufschlägen sollte immer versucht werden, durch Schmetter- oder Drop-Bälle in die Mitte oder auf die Seitenlinien in den Angriff zu kommen.

Angriff – Abwehr

Im Doppel ist es von besonderer Bedeutung, daß man sowohl im Angriff als auch in der Abwehr nach bestimmten Systemen spielt.
Im Angriff wird immer hintereinander gespielt: Der eine Spieler macht von hinten »Druck« mit Schmetter- und Drop-Bällen; der andere ist für den Netzbereich zuständig.
Dort soll er sehr aufmerksam und konzentriert schlechte Abwehrbälle oder Netz-Drops der Gegner verwandeln. In der Abwehr hingegen wird Seite an Seite gespielt, um hierdurch das Spielfeld am besten abdecken zu können. Hier ist jeder Spieler für eine Spielfeldhälfte zuständig.

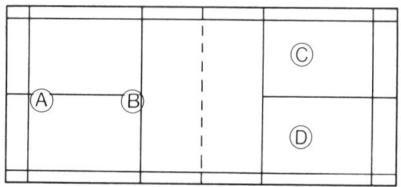

Normale Angriffs- (A, B) und Abwehrstellung (C, D).

Im Angriff sollte versucht werden, durch viele Schmetterbälle – im

Wechsel mit gut plazierten Drop-Bällen – den Gegner zu schlechten Abwehrbällen zu veranlassen, die dann »getötet« werden können. Zielpunkte für die angreifende Seite sind die Seitenlinien und vor allem die Mitte des Spielfelds, weil es hier nicht selten zu Mißverständnissen kommt und dadurch schlecht abgewehrt wird. Hier muß der Netzspieler sehr aktiv sein.

Er muß seinen Schläger immer hoch vor sich halten, um bei schlechten Returns schnell zu-schlagen zu können. Um den Schläger schnell einsatzbereit zu haben, muß dieser nach jedem Schlag ständig in Brusthöhe vor den Körper gehalten werden. Neben den genannten Zielbereichen sollte man stets versuchen, einen der beiden Abwehrspieler anzuschmettern, wenn er sich in Bewegung befindet (dadurch kann er ja seine Abwehr nicht gut vorbereiten).

In der Abwehrphase sollte man versuchen, so schnell wie möglich wieder zurück in den Angriff zu

Beim Angriff von Steen Fladberg hält sein Partner Jesper Helledie den Schläger über den Kopf.

kommen. Das wird erreicht durch kurze und flache Abwehrbälle, die in die Nähe der Seitenlinien geschlagen werden. Kurze und flache Abwehrbälle dürfen nie in der Mitte des Feldes landen. Wenn hoch abgewehrt wird, muß sowohl die Länge als auch die Breite des Spielfelds ausgenutzt werden.

Der hintere Spieler übernimmt dann einen Teil des vorderen Felds seiner Seite, um die kurz geschlagenen Bälle hier zu nehmen. Es kann auch passieren, daß die beiden Angriffsspieler die Positionen wechseln, um bei diagonal geschlagenen Abwehrbällen weiterhin im Angriff bleiben zu können.

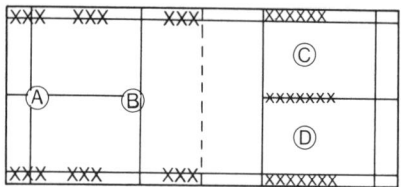

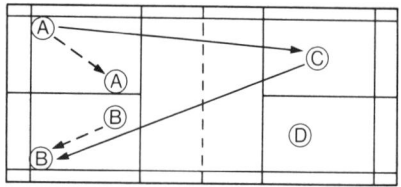

Plazierung der Abwehrschläge (links) und der Angriffsschläge (rechts).

Positionswechsel von A und B nach Angriff von A und diagonaler Abwehr von C.

Beim Angriff aus einer der beiden Ecken heraus übernimmt der Netzspieler nicht nur den Netzbereich, sondern auch einen Teil des hinteren Felds auf seiner Seite, um die diagonal geschlagenen Abwehrbälle weiterhin offensiv zurückspielen zu können.

Für die Abwehrseite gilt bei einem Angriff aus einer der beiden Ecken, daß der zum Ball diagonal stehende Spieler ein bißchen nach vorn rückt, um den diagonal geschlagenen Angriffsball früher annehmen und ihn aggressiv und flach zurückspielen zu können.

Unterschiede bei Damen- und Herrendoppel

Wegen der bei der Einzeltaktik erwähnten körperlichen Unterschiede gibt es im Damendoppel einige spezifische Faktoren, die zu beachten sind:

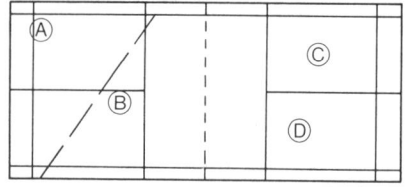

Stellung und Zuständigkeitsbereich beim Angriff aus der Ecke (links) und modifizierte Abwehrstellung.

● In erhöhtem Maße sollten im Damendoppel Swip-Aufschläge

geschlagen werden, um die Größe des Feldes und die geringere Schnellkraft der Gegnerinnen auszunutzen.

● Bei der Annahme sollte die Dame ein bißchen weiter zurückstehen, als es im Herrendoppel der Fall ist, um bei einem Swip-Aufschlag nicht überspielt zu werden.

● Im Angriff sollte nicht soviel geschmettert werden wie im Herrendoppel. Mit gut plazierten Drop-Bällen – vor allem in die Mitte – kann das Spiel aufgebaut werden. Danach werden schlechte Abwehrbälle mit aggressiven Schlägen am Netz oder mit Schmetterbällen verwandelt.

● Clears dürfen im Damendoppel geschlagen werden. Wenn sie als Überraschung schnell und gut plaziert kommen, sind sie sehr effektiv.

Sun Ai Hwang / Hang Sak Kang greifen mit einem Drop in die Mitte gegen Nora Perry / Jane Webster, die Vizeweltmeister im Damendoppel 1983 aus England, an.

Mixedtaktik

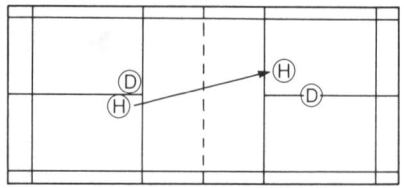

Einführung

Im Mixed spielt eine Dame mit einem Herrn »Doppel« zusammen. Mixed ist mit Sicherheit die »schwierigste« Disziplin im Badminton, spielen hier doch 2 Spieler zusammen, die körperlich sehr unterschiedliche Voraussetzungen mitbringen.

Angesichts dieser ungleichen Ausgangsbedingungen wird bei eigenem Angriff immer angestrebt, die Dame vorn und den Herrn hinten zu postieren, um einen optimalen Angriff halten zu können.

Anhand der folgenden Diagramme werden die Besonderheiten der Mixedtaktik gezeigt und erklärt.

Aufschlag – Annahme

Wenn der Herr aufschlägt (und Rechtshänder ist), steht die Dame immer links vor ihm.

Wenn der Spieler den Aufschlag annimmt, sollte die Dame ein bißchen hinter ihm stehen, so daß sie, wenn er aggresssiv annimmt, den lang geschlagenen Ball des Gegners nehmen kann. Danach soll sie versuchen, sofort wieder zum Netz zu kommen.

Kurzer Aufschlag von links (H) und Aufschlagannahme durch den Herrn (rechts).

Wenn der Herr den Aufschlag der Dame annimmt, sollte er aggressiv agieren, weil dann in der Regel ungenaue Aufschläge von der Dame kommen, die er oft »töten« kann.

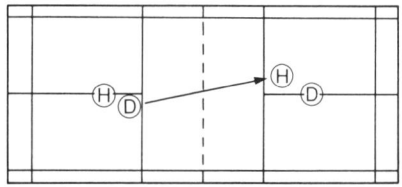

Kurzer Aufschlag durch die Dame (links) und Annahme durch den Herrn (H).

Aufschlag und Annahme werden ähnlich wie im Doppel gespielt, mit der Ausnahme, daß auf die Dame mehr Swip-Aufschläge geschlagen werden sollten als auf den Herrn. Damit soll die Dame nach hinten gezwungen und der Herr ans Netz gelockt werden.

Die Swip-Aufschläge sollten in der Regel in die Nähe der Seitenlinie geschlagen werden, so daß die Dame einen langen Weg zum Ball hat.

*Mike Tredgett /
Nora Perry
(England) –
erfolgreichstes
Mixed-Doppel
aller Zeiten –
bei der Auf-
schlagannahme
durch den
Herrn.*

Bei einem Swip-Aufschlag des Herrn bewegen sich die beiden Spieler der aufschlagenden Paarung so, daß die Dame diagonal zum Ball kommt und ihr Partner parallel. Der Ball hat bei einem diagonal geschlagenen Schmetterball eine längere Flugbahn, verliert an Geschwindigkeit und kann somit einfacher von der Dame zurückgeschlagen werden.

Sie bleibt also in der Abwehr nicht vorn am Netz, sondern steht seitlich vom Herrn und ein bißchen weiter vorn, um in der Abwehr die Bälle so hoch wie möglich annehmen zu können. Sie sollte eher versuchen, die Angriffsbälle »in der Hocke« zu

nehmen als im Unterhandbereich, weil sie in der Hocke offensivere Abwehrbälle schlagen kann.

Drop-Ball schlagen und sich selbst nach vorn orientieren.

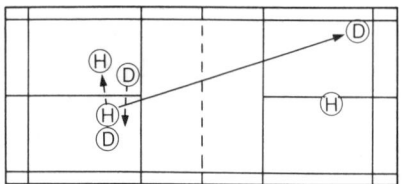

Swip-Aufschlag von links (H) auf die gegnerische Dame und Positionswechsel mit der eigenen Dame.

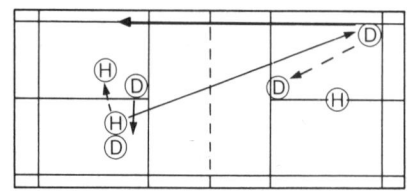

Swip-Aufschlag von links (H) und gerader Angriff von rechts (D).

Bei einem Swip-Aufschlag sollte die annehmende Dame entweder einen geraden Schmetter- oder einen

Möglich ist auch ein diagonaler Clear. In diesem Fall ist der Clear nicht defensiv, weil die aufschlagende Paarung meistens überrascht wird und der Herr einen sehr

Li Lingwei (vorn rechts) steht in der Abwehr diagonal zu dem angreifenden Mike Tredgett.

weiten Weg zum Ball hat. Die annehmende Paarung soll sich nach dem Clear auf Abwehrposition hin orientieren, aber bereit sein, sofort in Angriffsstellung zu gehen, wenn der Return auf den Clear defensiv ausfällt.

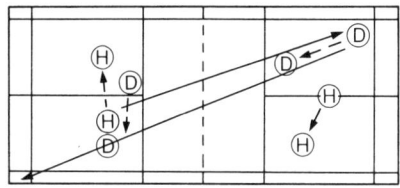

Swip-Aufschlag von links (H) und diagonaler Clear von rechts (D).

»Schiebespiel«

Das sogenannte Schiebespiel ist typisch für eine Mixedpartie. Hier muß man viel Geduld haben. Die Bälle fliegen in solch einer niedrigen Höhe, daß es kaum möglich ist, aus dieser Situation anzugreifen.

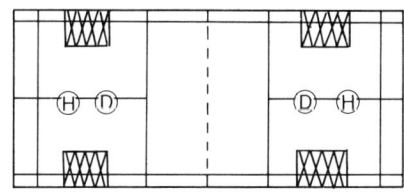

Die sogenannten Mixedpunkte.

Zielpunkte sind die Mixedpunkte zwischen Herr und Dame. Diese Punkte werden deswegen angespielt, weil es hier oft zu Mißverständnissen bei der Ballannahme kommt.

Der Herr übernimmt beim Schiebespiel auch die Drop-Bälle, die in der Nähe des Netzpfostens auf seine Seite kommen. Die Dame orientiert sich ein wenig diagonal zum Herrn, um die eventuell diagonal geschlagenen flachen Bälle zu nehmen.

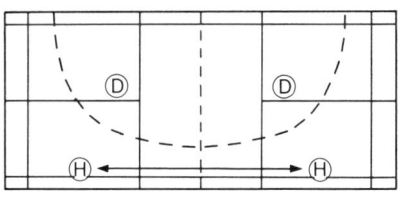

Zuständigkeitsbereiche von Damen und Herren beim Schiebespiel.

Wenn die Dame beim Schiebespiel hingegen den gesamten Netzbereich übernimmt, öffnet sich das Feld ganz auf der einen Seite, und der dahin geschlagene Ball ist kaum zu erreichen.

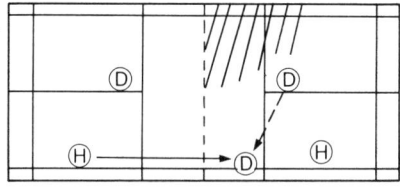

Fehler der rechten Dame beim Schiebespiel: Ihre ganze rechte Seite öffnet sich.

Angriff – Abwehr

Im Angriff übernimmt die Dame den ganzen Netzbereich, um bei allen kurzen Abwehrbällen den Druck auf den Gegner aufrecht erhalten zu können.
Bei Angriffsbällen aus einer der beiden Ecken orientiert sie sich genau wie beim Schiebespiel etwas diagonal zum Herrn, um auch hier die diagonal und flach geschlagenen Abwehrbälle aggressiv annehmen zu können.
Die abwehrende Paarung verhält sich genau wie beim Swip-Aufschlag.

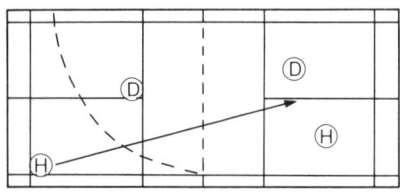

Angriff aus der Ecke von links und Zuständigkeitsbereiche von Dame und Herr.

Wenn in der Abwehr hoch gespielt werden muß, sollte die Dame versuchen, so oft wie möglich diagonal, und der Herr, möglichst häufig parallel zu schlagen, um sich nicht viel bewegen zu müssen. Wenn es aber für die Dame besser sein sollte, einen parallelen Clear zu schlagen, wechselt man anschließend so die Position, daß die Dame wieder diagonal und der Herr parallel zum Ball kommt.

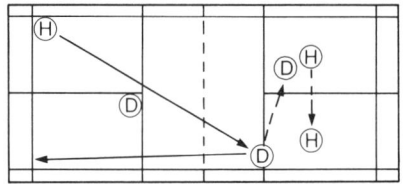

Angriff von links, Unterhand-Clear von rechts (D) und Positionswechsel.

Zusammenfassung zur Mixedtaktik

● Es muß zwischen der Dame und dem Herrn stets voller Respekt und beiderseitiges Vertrauen herrschen. Hier müssen sich die Herren darüber im klaren sein, daß die Dame ein Mitspieler ist und nichts anderes.
● Die Dame soll sich in fast allen Spielphasen diagonal zum Ball orientieren.
● Mixed ist gewissermaßen ein Geduldsspiel, bei dem diejenigen siegen, die die größte Gelassenheit und Ruhe haben.

Nora Perry (England) und Thomas Kihlström (Schweden), die Mixed-Welt-meister 1983.

Training

Allgemeines

Auf den nachfolgenden Seiten werden alle Komponenten, die im Trainingsprozeß eines Badmintonspielers berücksichtigt werden müssen, dargestellt und erläutert. Daneben werden zahlreiche Trainingshinweise gegeben. Am Ende dieses Kapitels befindet sich ein umfangreicher Übungsvorrat für Schlag- und Komplexübungen, der den Einstieg in ein systematisches Training erleichtern soll.

Da sich das Buch vorrangig an Spieler aller Leistungsebenen wendet, kommen zwangsläufig die Bereiche Trainingssteuerung und Trainingskontrolle, die hauptsächlich für Trainer von erheblicher Bedeutung sind, zu kurz. Der Rahmen und die Absicht dieses Buches würden bei Einbeziehung dieser Themen gesprengt.

Ebenso wird bei der Beschreibung der konditionellen Komponente auf die genaue Beschreibung der medizinischen Grundlagen und Erkenntnisse bewußt verzichtet. Statt dessen liegt das Schwergewicht auf Hinweisen zur Durchführung des Konditionstrainings und auf den Trainingsinhalten.

Die Fotos und Zeichnungen dieses Kapitels dienen der Demonstration und stellen keine Normen dar, die von jedermann erfüllt werden müßten.

Aufwärmen

Sobald eine physische »Anstrengung« beginnt, erfolgt eine Umverteilung des Bluts im Körper. Im Ruhezustand ist die Durchblutung der Muskulatur relativ gering; wenn aber der Muskel zu arbeiten anfängt, wird die Durchblutung intensiver, und wenn alle Blutgefäße sich geöffnet haben, kann der Muskel optimal arbeiten. Die Muskeln werden durch erhöhte Durchblutung aufgewärmt, die durch aktive Bewegungen erreicht wird. Durch Arbeit steigern sich der Energieumsatz und die Temperatur in der Muskulatur. Das führt zu einer besseren Nerv-Muskel-Funktion – das heißt zu einer verbesserten Koordination.

Mit einer stufenweise gesteigerten Aufwärmung verringert sich das Verletzungsrisiko deutlich, und das Leistungsvermögen wächst (im Winter muß ein kalter Motor erst langsam »warmgefahren« werden, um danach optimal zu laufen). Außerdem wird dadurch eine gewisse psychologische Vorbereitung erreicht.

Das Aufwärmen sollte mit langsamem Laufen anfangen, das stufenweise von 5 auf 10 Minuten gesteigert wird. Während des Laufens können auch kleine Übungen – wie Schrittlänge verändern, Knie nach oben ziehen, Fersen an das Gesäß schlagen – ausgeführt werden. Statt des Einlaufens kann auch alternativ Seilspringen durchgeführt werden.
Danach werden Stretching-Übungen ausgeführt (siehe den folgenden Abschnitt), um die Muskeln auszudehnen und beweglicher zu

machen. Beim Aufwärmen sollen solche Übungen für den ganzen Körper ausgeführt werden, aber nicht in den gleichen Intervallen wie beim normalen Stretching. Die Intervalle betragen 5–6 Sekunden, weil der Muskel sonst »müde« wird. Die gleiche Übung wird stets zweimal hintereinander ausgeführt.
Statt der Stretching-Übungen kann man auch gymnastische Übungen an das Laufen anschließen. Dabei ist der ganze Körper »durchzuarbeiten«.
Es folgt nach Möglichkeit »Schat-

Solch extreme Belastungen kann Einzelweltmeister Li Lingwei nur eingehen, wenn die Muskulatur voll aufgewärmt ist.

tenbadminton«, das – eben ohne Ball, aber auf dem Feld – bei voller Konzentration der eigenen Stimulierung und der geistigen Einstellung auf das bevorstehende Spiel dient. Zum Abschluß der Aufwärmphase schlägt man sich ein, um Schlagsicherheit zu gewinnen. Neben allen Grundschlagarten sollte man auch Spezialschläge und die Aufschläge durchspielen.

Das Aufwärmen sollte insgesamt etwa 20 Minuten dauern. Alle Übungen sind dabei ruhig und konzentriert durchzuführen.

Der Aufwärmeffekt verringert sich schon nach 10 Minuten; es ist deswegen von besonderer Bedeutung, daß man die Pause zwischen Aufwärmen und Spiel nicht darüber hinaus ausdehnt.

Jeder Spieler – gleich, in welcher Klasse – sollte sich ein eigenes Aufwärmprogramm erstellen und immer danach vorgehen. Ohne ein solches Programm wird das Aufwärmen immer etwas unterschiedlich ausfallen und nie ein optimales Ergebnis haben. Von daher sollte Aufwärmen geradezu ein »Ritual« werden, ohne das man nie zu spielen anfängt.

Stretching

So lautet der Name einer neuen wissenschaftlichen Methodik für einfaches, effektives Beweglichkeitstraining.

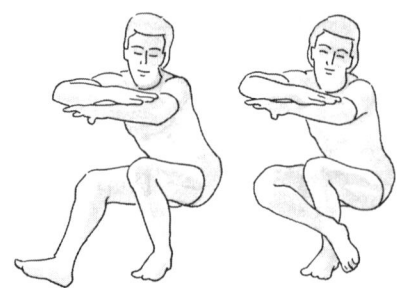

Beweglichkeit – eine wichtige Voraussetzung für jeden Spieler.

Im Sport – auch im Badminton – kam Beweglichkeitstraining immer, wenn überhaupt, an dritter Stelle. Viel stärker hat man sich auf Konditions- und Krafttraining konzentriert. Aber um den Körper in bester Verfassung zu halten, sind alle 3 Momente gleich wichtig: Kraft, Kondition und Beweglichkeit.

Stretching ersetzt die konventionellen Wipp- und Dehnübungen, die mehr oder weniger wirkungslos und in manchen Fällen sogar schädlich sind. Es gibt verschiedene Stretching-Methoden. Wir empfehlen davon die sogenannte »Anspannen - Entspannen - Ausdehnen - Methode«, die aus 3 Phasen besteht:

Anspannen
Den Muskel (beziehungsweise die Muskelgruppe) gegen Widerstand und größtmögliche Kraft anspannen, ohne den Muskel zu verkürzen (statische/isometrische Anspannung). 10–30 Sekunden halten.

Entspannen
2–3 Sekunden den Muskel (beziehungsweise die Muskelgruppe) entspannen.

Ausdehnen
Den Muskel (beziehungsweise die Muskelgruppe) so weit wie möglich weich ausdehnen und dann genausolange wie beim Anspannen (10–30 Sekunden) halten.
Diese Methode ist die schonendste und bringt gleichzeitig eine erstaunlich schnelle und effektive Steigerung der Beweglichkeit. Die Stretching-Übungen sind einfach zu lernen, und man kann sie ohne Geräte das ganze Jahr über betreiben. Sie sind auch so gestaltet, daß jeder sie ausführen kann.
Stretching-Übungen sollten in jedem Training enthalten sein: beim Aufwärmen vorher und Entspannen nachher.
Die weichen, harmonischen Übungen tragen auch zur psychischen Entspannung bei. Dies macht das Training noch effektiver.
Stretching ist aber nicht nur für die Steigerung der Beweglichkeit nützlich. Zusätzlich hat sich gezeigt, daß es auch Verletzungen vorbeugt. Es besteht ein Zusammenhang zwischen verkürzter, strammer Muskulatur und der Entstehung von Verletzungen. Wenn Stretching nach der beschriebenen Methode ausgeführt wird, verringert sich das Risiko für Verletzungen in Form von Muskelfaserrissen, Muskelentzündungen, Zerrungen usw. erheblich.

Einige Tips zum Stretching-Training

- Man sollte an den Muskel denken, der gedehnt wird.
- Man soll ruhig und rhythmisch atmen und nie den Atem anhalten.
- Man soll während des Stretching so entspannt wie möglich sein, weil die Muskeln sich dann am besten ausdehnen lassen.
- Wenn man die Intensität des Trainings steigern will, sollte man wie folgt vorgehen: Die gleiche Übung für den gleichen Teil des Körpers wird zweimal hintereinander ausgeführt. Bei der Wiederholung versucht man, weiter zu dehnen als beim ersten Mal.
- Wenn die Rückseite der Beinmuskulatur unterschiedlich ausgebildet ist, sollte man nicht Übungen für beide Beine gleichzeitig ausführen, sondern Übungen für jeweils *ein* Bein auswählen.
- Man sollte versuchen, den Kopf während des Stretching immer gerade zu halten, um den Rükken zu schonen.
- Wenn man bei Übungen kniet, sollen die Zehen immer nach hinten zeigen; andernfalls können die Knie falsch belastet werden.
- Man soll bei Verletzungen der Muskeln, Bänder usw. auf Stretching-Training verzichten. Im-

mer zuerst mit dem Arzt sprechen!

● Die Bilder zeigen nur die verschiedenen Stellungen beim Stretching. Sie sind kein Maßstab dafür, wie weit man die Muskulatur ausdehnen soll.

● Man soll beim Stretching nie wippen. Gerade das Halten der Übung führt zu der gewünschten Ausdehnung der Muskulatur.

● Wenn mehrere Personen zusammen trainieren, sollten sie keineswegs untereinander vergleichen, wie weit der eine oder andere dehnen kann. Am besten ist jeder nur auf sich selbst konzentriert.

● Man soll Stretching regelmäßig und gezielt trainieren, das heißt mindestens 3 Stretching-Einheiten pro Woche, um ein gutes Ergebnis zu erreichen. Es schadet aber nicht, wenn man jeden Tag Stretching betreibt.

● Man sollte erst 6–8 Stretching-Übungen »richtig« lernen und damit einige Wochen arbeiten. Erst danach ist es sinnvoll, neue Übungen dazuzulernen. Dann erst nämlich kennt man jede Übung so gut, daß sie optimal ausgeführt werden kann.

● Man soll sich vor dem Stretching-Programm durch Laufen, Sprünge, Hopserlauf in ruhigem Tempo 5–10 Minuten aufwärmen. Dadurch fördert man die Durchblutung der Muskulatur. Alternativ dazu kann man sich durch Seilspringen auf der Stelle aufwärmen.

Übungsvorrat

In den nachfolgenden Skizzen sind eine Reihe von Stretchübungen zusammengestellt. Zwischen den beiden Teilen Anspannen und Ausdehnen soll – wie erklärt – eine Entspannungspause von 2 bis 5 Sekunden eingelegt werden. Wenn man sich in die Zeichnungen hineinversetzt, kann man leicht spüren, welcher Muskel (beziehungsweise welche Muskelgruppe) gedehnt wird.

In welcher Reihenfolge die Übungen ausgeführt werden, kann jeder selbst entscheiden. Wichtig ist allein, daß sämtliche Muskelgruppen des Körpers regelmäßig gedehnt werden.

Dehnung der Rumpfmuskulatur (Übungen 1–4) und Oberschenkelmuskulatur (5).

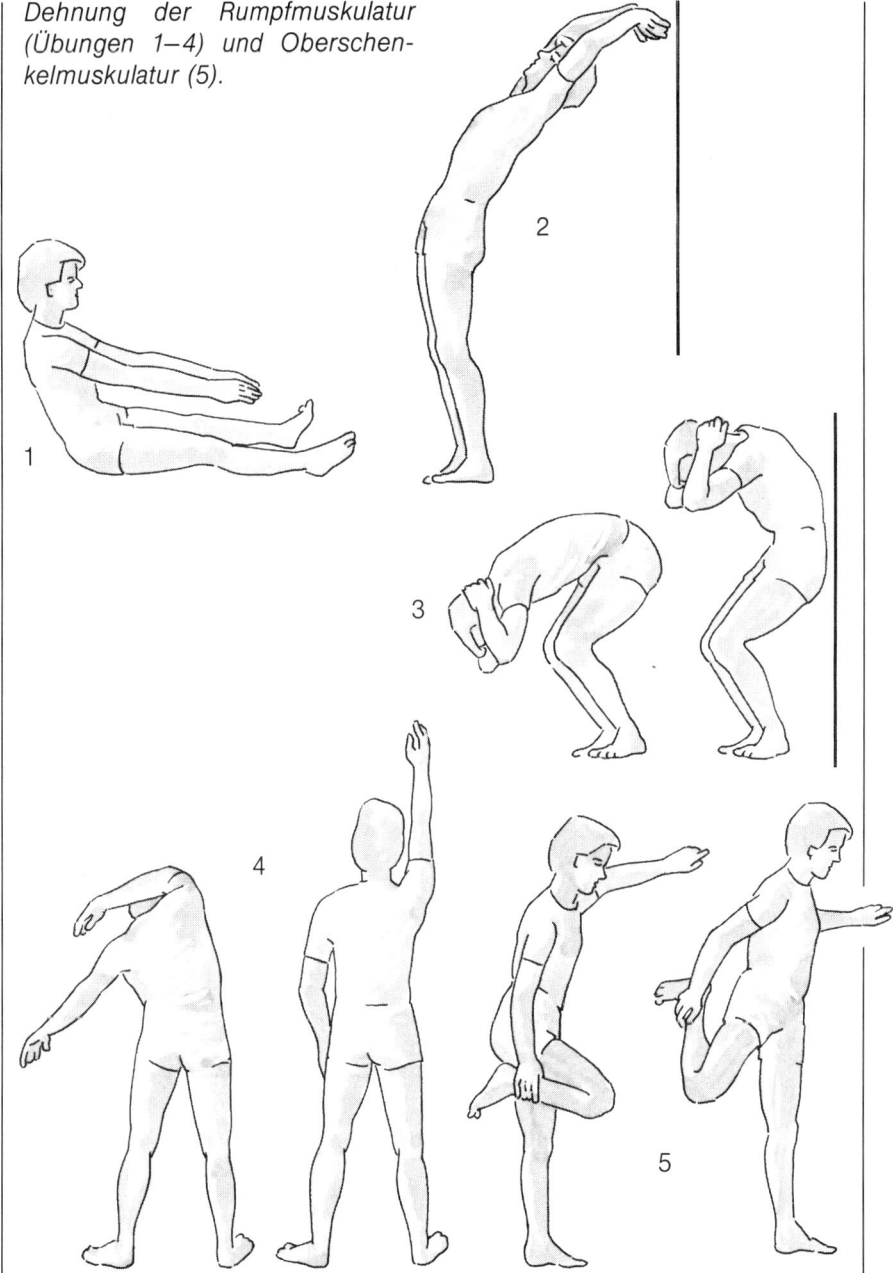

Beweglichkeitsübungen für die Beinmuskulatur (6–10).

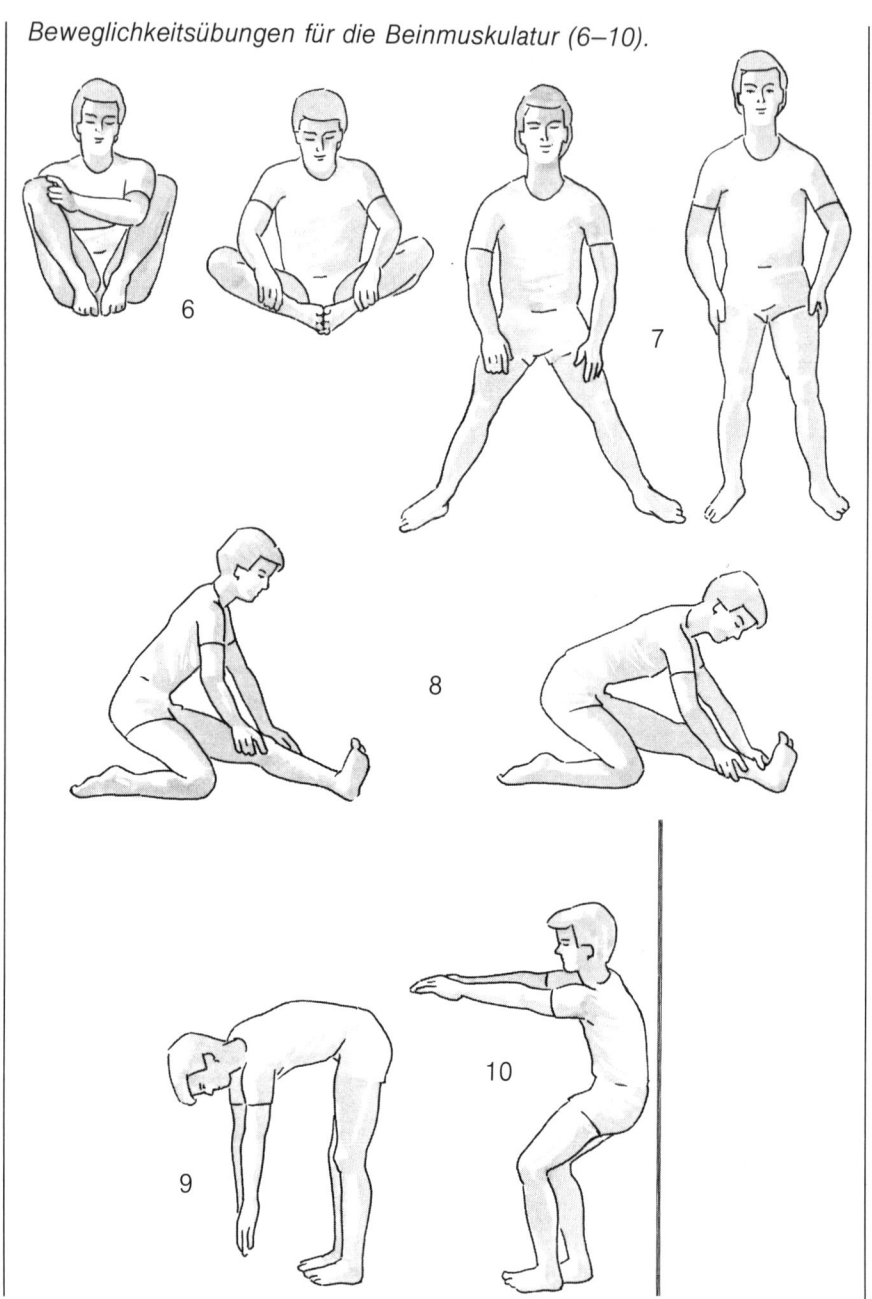

Dehnung der Wadenmuskulatur (11 und 12).

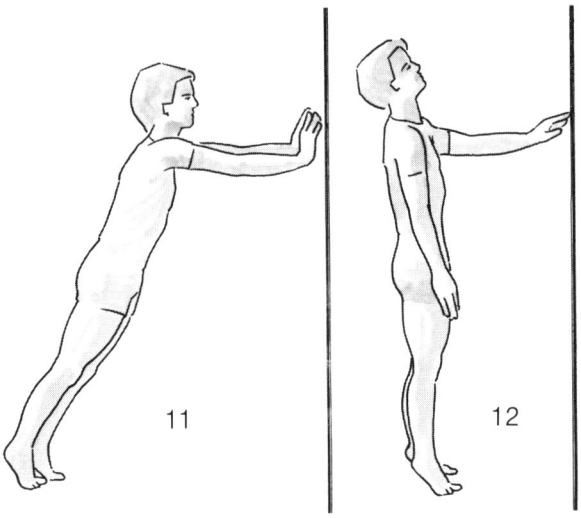

Dehnung der Achillessehne (13) und der Wadenmuskulatur (14). Ausgangsstellung für beide Übungen in der Mitte.

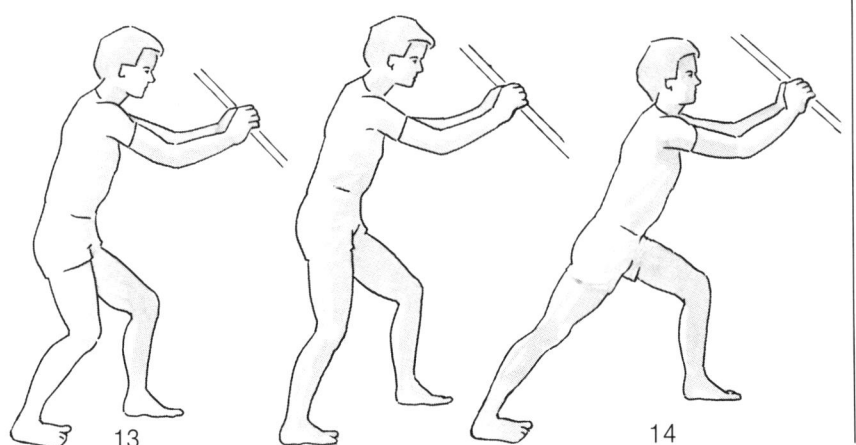

Dehnung der Schultergürtel- und Brustmuskulatur (15–18).

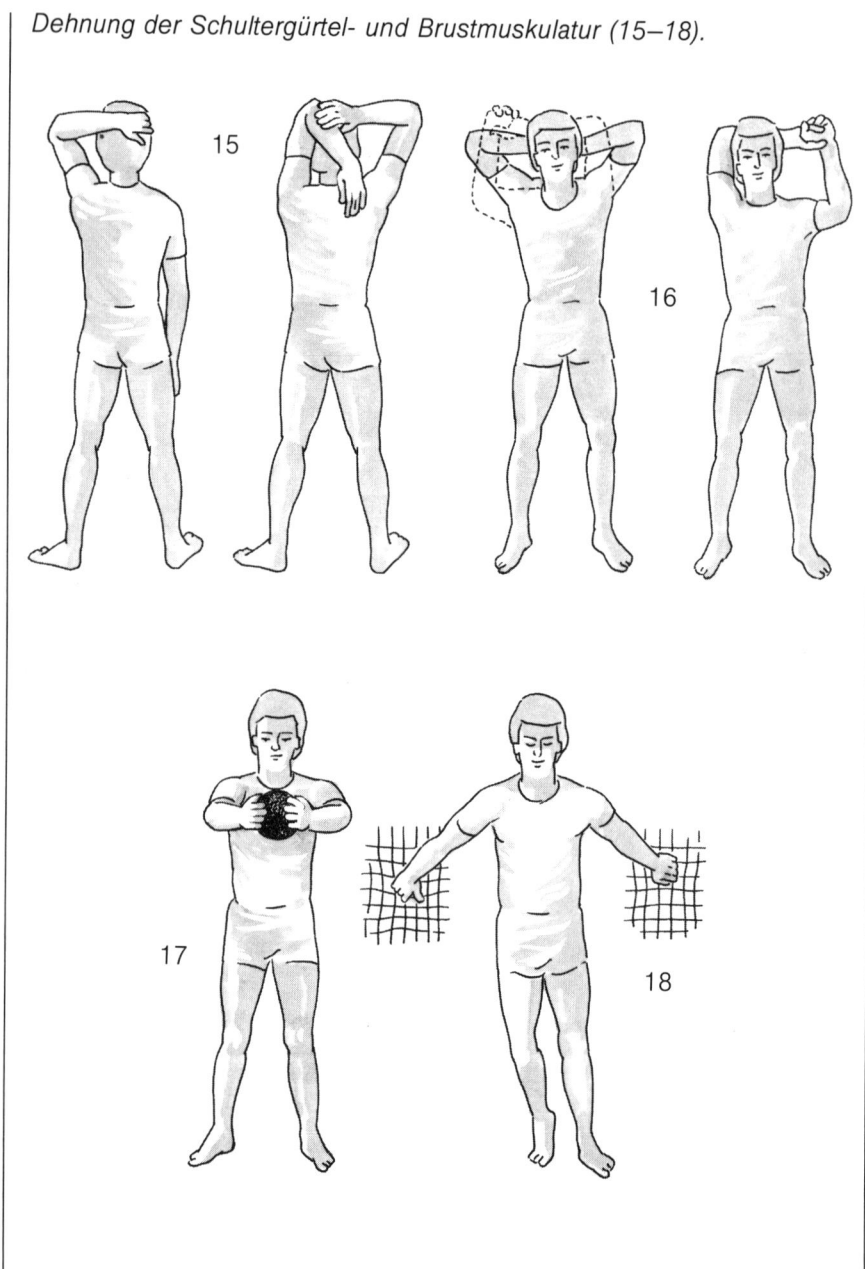

Dehnung der Armmuskulatur (19–22).

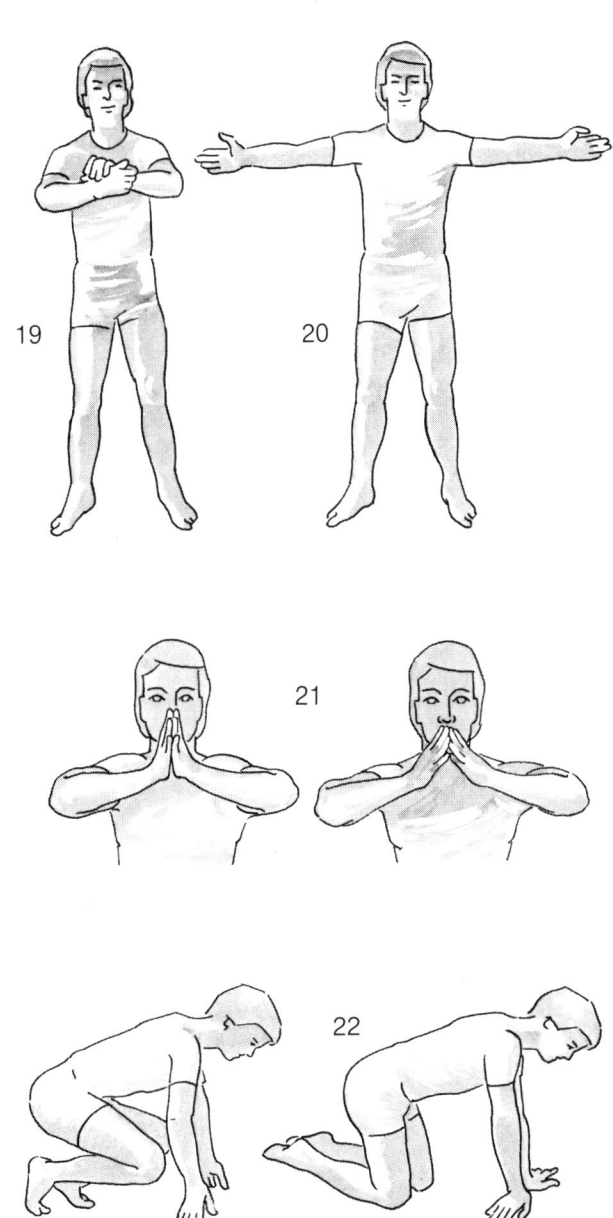

Entspannen

Genauso wichtig wie das vorangehende Aufwärmen sind die regenerativen Maßnahmen nach dem Spiel wie zum Beispiel Massage, Stretching und Sauna. Sie »entwärmen« den Körper und sind für die Verkürzung der Zeit zur optimalen Regeneration sehr wichtig. Danach fühlt man sich normalerweise auch sehr entspannt und locker:
Wir möchten hier eine Methode dazu anbieten. Es sind »Partnerentspannungsübungen«, bei denen man – wie der Name schon sagt – immer mit einem Partner arbeitet. Diese Übungen werden nach hartem Training oder einem anstrengenden Wettkampf durchgeführt. Man wird sich danach ganz wohl und entspannt fühlen, aber man ist am nächsten Tag wieder fit.
Folgendes ist bei den Entspannungsübungen zu beachten:

● Der ruhende Spieler soll wirklich ruhen und nichts während der Übungen tun.
● Er soll sehr bequem liegen, nach Möglichkeit auf einer Matte.
● Er soll warm angezogen sein, um die »gespeicherte« Wärme nur langsam abzugeben.
● Der aktive Partner soll sehr langsam und behutsam vorgehen.
● Die beiden Spieler sollen während der Ausführung nicht miteinander sprechen.
● Die Übungen sollen in solch einer Reihenfolge durchgeführt werden, daß der ruhende Spieler sich von Übung zu Übung so wenig wie möglich oder – noch besser – gar nicht bewegen muß.
● 4 Übungen pro Einheit sind ausreichend. Sie werden alle nacheinander von dem Spieler ausgeführt, bevor man sich abwechselt.

Mit leichten schüttelnden Bewegungen wird bei den nachfolgenden Übungen die Muskulatur des liegenden Partners entspannt.

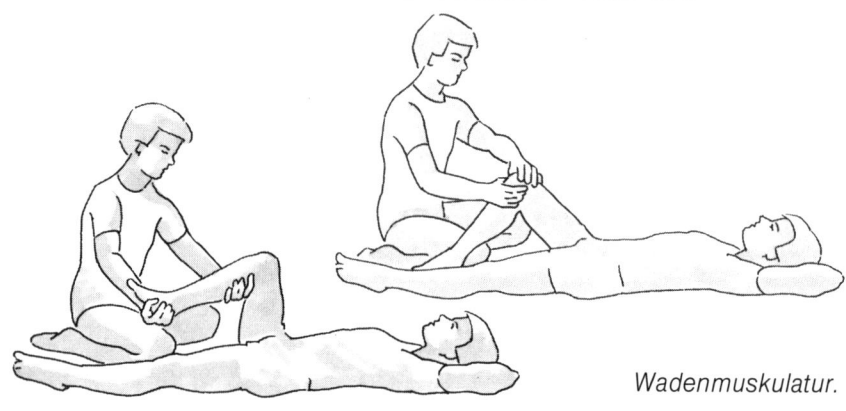

Wadenmuskulatur.

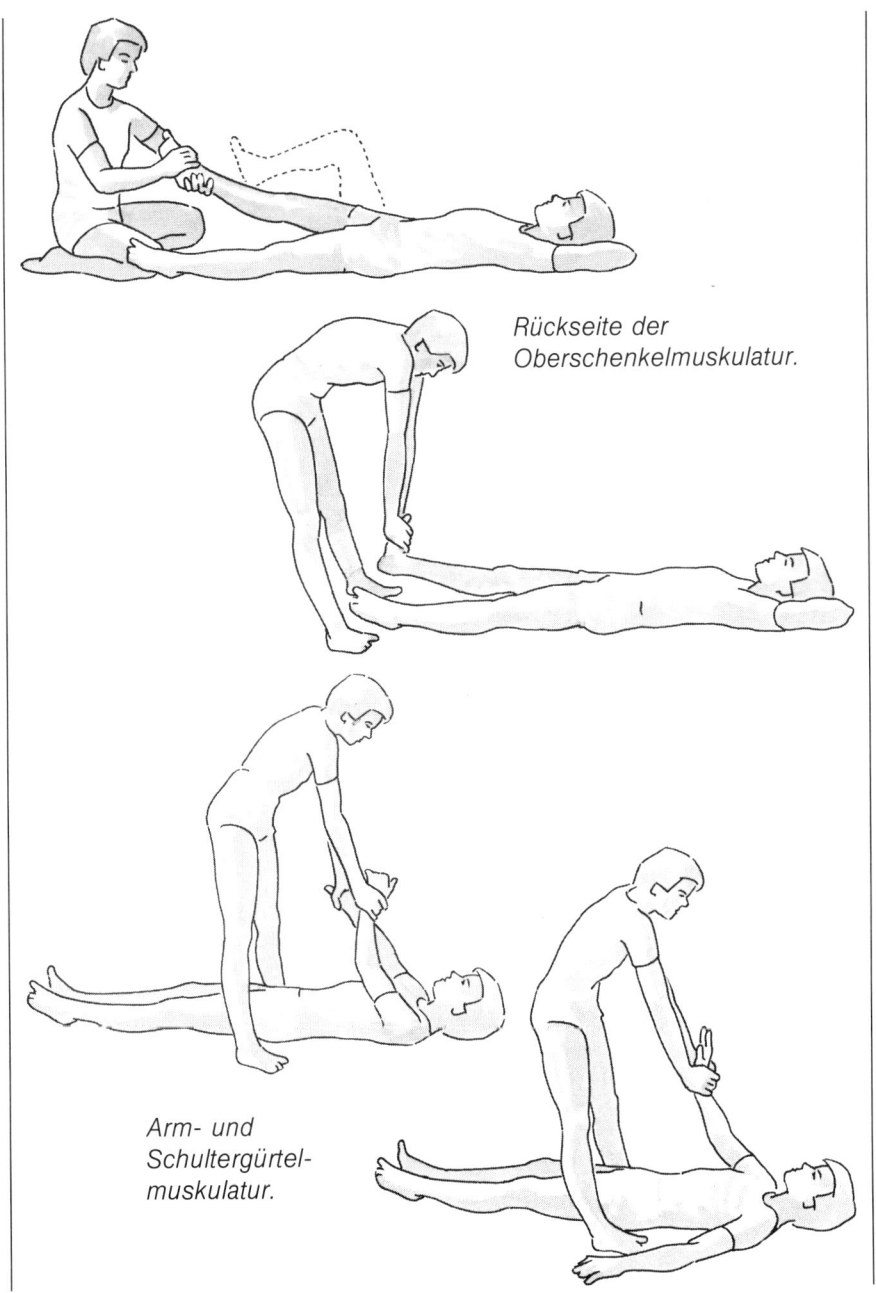

Rückseite der
Oberschenkelmuskulatur.

Arm- und
Schultergürtel-
muskulatur.

111

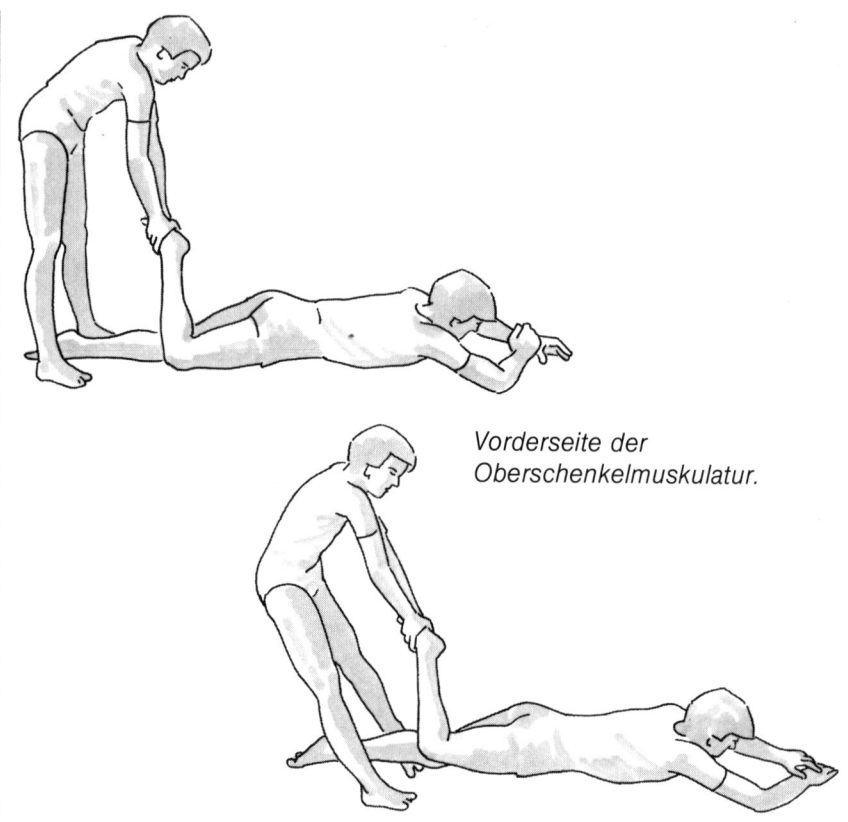

*Vorderseite der
Oberschenkelmuskulatur.*

Ausdauer

Vom Begriff her umfaßt Ausdauer alle Bereiche des Lebens, in denen eine bestimmte Arbeit unter Aufrechterhaltung der Leistung über einen relativ langen Zeitraum ausgeführt wird. Dies gilt für die körperliche Tätigkeit ebenso wie für die geistige, so daß man vereinfacht Ausdauer als Widerstandsfähigkeit gegen Ermüdung bezeichnen kann. Für den Sportler ist demnach Ausdauer die Fähigkeit, eine beliebige mit Belastung verbundene Aktivität eine längere Zeit auszuführen, bei der viele Muskelgruppen in Anspruch genommen werden und die sportarztspezifischen Kriterien unterliegt.

Mit dieser Beschreibung ist zwar etwas zum Wesen, aber nichts über die Erscheinungsformen der Ausdauer ausgesagt. Ungeachtet der möglichen Verwendung anderer Kriterien kann man die Ausdauer in aerobe Ausdauer und in anaerobe Ausdauer untergliedern.

Diese Art der Unterscheidung richtet sich nach der Art der Bereitstellung der Energie für die zu erbringende Leistung.

Von *aerober Ausdauer* spricht man, wenn die körperliche Leistung durch Verbrennung von Glucose und Fettsäure erbracht werden kann. Dieser Prozeß erfolgt durch Zufuhr von Sauerstoff, so daß letztendlich der Grad der aeroben Ausdauer von der Leistungsfähigkeit des Herz-Kreislauf-Systems abhängig ist.

Diese Dependenz ist jedoch nicht einseitig. Durch aerobes Ausdauertraining (siehe unten) wird das Herz-Kreislauf-System stabilisiert und verbessert.

Ab einer bestimmten Belastungsintensität reicht die Energie, die durch Verbrennung bereitgestellt wird, nicht mehr aus. Die benötigte Energie wird dann durch nichtoxidative Prozesse gewonnen, bei denen ab einer gewissen Dauer der Belastung Milchsäurerückstände entstehen. Diese Art der Energiegewinnung nennt man *anaerob,* die Leistungsfähigkeit in diesem Bereich anaerobe Ausdauer. Der Milchsäurerückstand (Laktat) kann nicht beliebig vermehrt werden. Ab einer gewissen Konzentration tritt ein rapider Leistungsabfall ein, und die Belastung muß schließlich abgebrochen werden. Bei einem untrainierten Sportler wird der entstandene Milchsäurerückstand nur ungenügend abgebaut. Die verbleibenden Reste führen zum Muskelkater. Dies kann auch bei einem durchtrainierten Sportler auftreten, wenn er eine ihm fremde Sportart ausübt und dabei sonst brachliegende Muskelgruppen belastet werden.

Beide Formen der Ausdauer sind für den Badmintonspieler von hoher Bedeutung. Da im Bereich der aeroben Ausdauer eine Belastung erheblich länger auszuhalten ist, muß ein Sportler bestrebt sein, möglichst viel Energie über Verbrennungsprozesse bereitstellen zu können, also über eine gute aerobe Ausdauer zu verfügen. Weil aber die Intensität der Ballwechsel andererseits die Belastung schnell in den anaeroben Bereich treibt, ist es ebenfalls wichtig, diese bei nicht ausreichender Sauerstoffzufuhr, d. h. unter Eingehung einer Sauerstoffschuld aushalten zu können.

Aerobe wie anaerobe Ausdauer müssen deshalb intensiv trainiert und gesteigert werden. Dies gilt vor allem für die erste Vorbereitungsperiode während der Sommermonate. Während der Wettkampfphase muß dann die erarbeitete Ausdauerfähigkeit nach Möglichkeit gehalten werden.

Erleichtert wird das Ausdauertraining dadurch, daß recht schnell und leicht kontrollierbar spürbare Verbesserungen zu erzielen sind. Andererseits kann sich zum Beispiel bei verletzungsbedingter Inaktivität die Ausdauer auch schnell wieder abbauen.

Trainingsformen zur Verbesserung der Ausdauerfähigkeit

Aerobe Ausdauer

Das beste Training zur Verbesserung der aeroben Ausdauer stellt der Waldlauf dar. Deshalb wird er von Sportlern fast aller Sportarten zumindest in der Vorbereitungsperiode betrieben.

Als Badmintonspieler sollte man im Sommertraining in den Monaten Juli und August etwa 2–3 Waldläufe pro Woche absolvieren und während der übrigen Zeit ganzjährig mindestens 1 Waldlauf.

Besonders geeignet ist dabei die Tempowechselmethode. Darunter versteht man eine durch die Geländeform vorgegebene oder bewußt herbeigeführte mehrfache Veränderung der Laufgeschwindigkeit.

Der Waldlauf sollte auf einer Standardstrecke an einem sonst trainingsfreien Tag gelaufen werden, damit eine dauernde Kontrolle der erzielten Zeit und die Beobachtung von Verbesserungen möglich werden. Die Dauer des Waldlaufs sollte nicht unter 30 Minuten betragen.

Damit sich die Beinmuskulatur nicht in »Langlaufmuskulatur« umwandelt, ist es günstig, wenn man die Waldläufe in 3x10-Minuten-Etappen unterteilt und dazwischen Schnellkraft- oder/und Sprungkraftübungen einbaut. Dadurch werden einerseits die beabsichtigten Anpassungsprozesse des Herz-Kreislauf-Systems erreicht und andererseits nachteilige Veränderungen der Muskulatur vermieden.

Um eine dauerhafte und optimale Steigerung der aeroben Ausdauer zu erzielen, muß ein Sportler an der Grenze seiner individuellen Leistungsfähigkeit mit einer Herzfrequenz von etwa 160–170 Schlägen pro Minute laufen. Nach einem harten Turnier kann der Waldlauf bei reduzierter Intensität auch zur Regeneration beitragen.

Weitere Trainingsmöglichkeiten für die aerobe Ausdauer sind im Freien Radfahren und Intervalltraining. Dabei sind Intervalle von 5 Minuten intensiven Laufens mit einer Pause von 3 Minuten empfehlenswert.

Normalerweise sind die Hallenzeiten, die den Badmintonspielern zur Verfügung stehen, zu gering bemessen, um sie noch für aerobes Ausdauertraining zu nutzen. Deshalb sollte der Waldlauf bevorzugt werden. Doch es gibt auch Trainingsmethoden, die in der Halle durchgeführt werden können. Dazu zählen Kurzintervalle von 10–15 Sekunden Belastung mit einer gleich langen Pause. Weiterhin kann auf dem Spielfeld ein Dauereinzel ausschließlich mit Clear- und Drop-Schlägen gespielt werden.

Anaerobe Ausdauer

Anaerobes Ausdauertraining kann ebenfalls im Freien *oder* in der Halle durchgeführt werden. Im Sommertraining wird man das Training drau-

*Chinesische
Weltklasse-
spieler beim
Ausdauer-
training trotz
widriger
Wetter-
verhältnisse.*

ßen bevorzugen. Während der Hauptwettkampfzeit wird es überwiegend in das Hallentraining miteinbezogen. Untersuchungen haben ergeben, daß bei Badminton häufig hohe Pulsfrequenzen erreicht werden, aber der Laktatanstieg (= Milchsäurebildung) relativ gering ist. Dies hängt damit zusammen, daß die Dauer der Belastung (= Ballwechsel) ungefähr der Dauer der Pause dazwischen entspricht.

Entsprechend sollten die Trainingsmittel aufgebaut und gestaltet werden. Die Dauer der Belastung (z. B. bei Sprints) sollte der Dauer der Pause entsprechen und nicht zu

einem so starken Laktatanstieg führen, daß die Übung abgebrochen werden müßte.

In der Halle kann anaerobes Training spielgerechter mit intensiven Schlag- und Laufübungen oder auch in der Form des schon erwähnten Schatten-Badminton – das heißt also ohne Ball – durchgeführt werden.

Weiterhin eignen sich Circuits (Zirkeltraining), die gleichzeitig beim Training der Schnellkraft oder der Kraftausdauer Verwendung finden. Daraus erkennt man bereits, daß anaerobes Training häufig mit in das Training anderer Komponenten einfließt.

Wird aerobes Ausdauertraining oder Kraftausdauer am Trainingsabend zusammen mit allen übrigen Komponenten wie Technik, Schnelligkeit, Spieltraining oder Schnellkraft trainiert, so muß das Ausdauertraining immer am Ende der Trainingseinheit liegen!

Zur besonderen Beachtung

● Aerobes Ausdauertraining ist ganzjährig erforderlich und kann optimal mit Waldläufen, die als Trainingseinheit insgesamt mindestens 30 Minuten dauern, bestritten werden.

● Aerobes Training schafft für jeden Sportler die Voraussetzung für Dauerleistungen durch die gezielte Verbesserung des Herz-Kreislauf-Systems, wenn die Belastung an der individuellen Leistungsgrenze bei ungefähr 160–170 Schlägen pro Minute angesiedelt ist.

● Aerobes Training erleichtert die Bewältigung der Milchsäurerückstände, die bei sehr hohen kurzzeitigen Belastungen auftreten.

● Das Training für die *an*aerobe Ausdauer kann in Übungen zur Verbesserung anderer Komponenten sinnvoll eingebaut werden. Die Pulsfrequenz liegt bei dieser Belastungsform in der Regel bei über 170 Schlägen pro Minute.

Kraft

Zur Durchführung von sportlichen Leistungen braucht jeder Sportler ein gewisses Maß an Kraft. Dabei fallen deutliche Unterschiede ins Auge, wenn man beispielsweise einen Gewichtheber einem Tischtennisspieler gegenüberstellt. Dieser Vergleich veranschaulicht recht plastisch, daß das benötigte Maß an Kraft sportartspezifisch sehr unterschiedlich ausfällt. Weiterhin ist jeweils zu untersuchen, welche Form der Kraft benötigt wird, denn die Kraft wird – je nach ihrer Haupterscheinungsform – in Maximalkraft, Schnellkraft und Kraftausdauer untergliedert. Die meisten Sportarten erfordern keine Maximalkraft, sondern Schnellkraft oder Kraftausdauer oder – in den jeweils verschiedenen Abstufungen – beides. Dies gilt

Die Bein-
muskulatur von
Luan Jin zeigt
deutlich das
intensive Kraft-
und Schnell-
krafttraining.

auch für Badminton. Der in dieser Disziplin Aktive benötigt sicherlich keine Maximalkraft, wohl aber Schnellkraft und Kraftausdauer. Diese Erkenntnis allein reicht jedoch noch nicht aus. Um tatsächlich für die eigene Sportart ein optimales Krafttraining zu absolvieren, ist es notwendig zu wissen, welche Muskelgruppen besonders belastet und damit trainiert werden müssen.

Bei der Rumpfmuskulatur eines Badmintonspielers werden in der Regel keine hohen Kraftanteile vorausgesetzt. Zwar belastet die Ausholbewegung die Bauchmuskulatur, doch bleibt der Kraftanteil im Vergleich zu Kraftsportarten gering.

Die Ausnahme davon macht nur der Schmetterschlag (Smash), der eine ausgeprägtere Bauchmuskulatur erfordert, wenn er mit der notwendigen Härte geschlagen werden soll. Die Armmuskulatur des Spielers wird ebenfalls nicht überdurchschnittlich beansprucht. Entscheidend für die Schläge sind vielmehr die Technik und nicht minder die Rotationsgeschwindigkeit in den Gelenken.

Auch hier gibt es eine Ausnahme: die Unterarmmuskulatur des Schlagarms, die bei Rückhandschlägen stärker beansprucht wird und deshalb besser ausgebildet sein sollte.

Die Hauptkraftanteile eines Badmintonspielers liegen eindeutig in der Bein- und speziell in der Oberschenkelmuskulatur. Der Spieler muß sein Körpergewicht über kurze Distanzen ununterbrochen beschleunigen und abbremsen. Die damit verbundene Belastung ist auch im Vergleich zu vielen anderen Sportarten sehr hoch. Zahlreiche Schläge werden zudem erst im Sprung erreicht (siehe auch den Abschnitt »Sprungkraft«). In das »Kraftfeld« der Oberschenkelmuskulatur fließen aufgrund der sportartspezifischen Belastung sowohl die Schnellkraft (Explosivkraft) als auch die Kraftausdauer ein.

Diese beiden Kraftformen müssen deshalb systematisch trainiert und verbessert werden. Die Maximalkraft wird sich dabei ganz von selbst

auch etwas verbessern. Durch gezieltes Krafttraining lassen sich ähnlich wie beim Ausdauertraining schnell kontrollierbare Verbesserungen erzielen.

Trainingsformen zur Verbesserung der badmintonspezifischen Kraftanteile

Schnellkraft

Ziel der Schnellkraft ist vor allem die Beschleunigung des eigenen Gewichts. Diese Bewegungen verlaufen äußerst dynamisch und hängen weitgehend von der Fähigkeit der beteiligten Muskulatur zur Kontraktion, zum Zusammenziehen ab.

Aufgrund dieser Merkmale kann die Schnellkraft am besten durch ein Zirkeltraining (Circuit- oder Kreistraining) trainiert werden. Die Übungen sollten dabei ungefähr eine Belastung von 60% der Maximalkraft erreichen und schnellstmöglich mit vielen Wiederholungen durchgeführt werden. Wegen der speziellen Anforderungen unserer Sportart sollte die Betonung auf der Bein- und der Bauchmuskulatur liegen. Daneben ist es ratsam, allgemeinkräftigende Übungen für andere Muskelgruppen – wie Schultergürtel oder Rücken – einzubeziehen.

Die Zeit pro Übung sollte in einem Schnellkraftzirkel nur bei 15 bis maximal 25 Sekunden liegen. Längere

Zeiten gehen zu Lasten der Geschwindigkeit und dienen eher der Kraftausdauer.

Neben dem Zirkeltraining ist auch das Sprinttraining oder ein intervallartig aufgebautes Schlagtraining der Verbesserung der Schnellkraft der Beinmuskulatur förderlich. Als besondere Form der Schnellkraft wird die Sprungkraft eigens behandelt (im nachfolgenden Kapitel).

Kraftausdauer

Ziel der Kraftausdauer ist naturgemäß, den schnellkräftigen Bewegungsablauf über ein Spiel hin oder oftmals während eines ganzen Turniers ohne Ermüdung längerfristig aufrechterhalten zu können.

Die Kraftausdauer kann nachhaltig dadurch gesteigert werden, daß man im Trainingsprozeß höhere Belastungen schafft, als sie im Wettkampf auftreten. Dazu zählen das Spielen mit einer Gewichtsweste ebenso wie ein Einzelspiel auf dem Doppelfeld oder auch Schlagübungen unter erschwerten Bedingungen, z. B. Clear mit zwei Bällen, Schlagübungen mit zu langsamen Bällen, Schlagübungen zwei gegen einen.

Weiterhin kann Kraftausdauer sehr gut im Freien trainiert werden.

Als Trainingsinhalte bieten sich Sprints bergauf, Treppenläufe, Ausdauerläufe am Sandstrand oder auf sonstigen Sandböden und schließlich Skipping (Sprint auf der Stelle) auf Weichmatten an. Allen

diesen Übungsformen ist gemeinsam, daß sie vorrangig die Kraftausdauer der Beinmuskulatur verbessern.

Für *alle* Muskelgruppen bietet sich wiederum der Circuit an. Mit den gleichen Übungen wie für die Schnellkraft kann auch die Kraftausdauer trainiert werden, wenn man die Belastungszeiten ändert. Jede Übung sollte mindestens 30 Sekunden (eher länger) durchgeführt werden. Es ist auch ohne Zeitlimit sinnvoll, jede einzelne Übung bis zum Abbruch der Leistung durchzuführen, die Anzahl der Wiederholungen zu zählen und nach und nach zu erhöhen.

Zur besonderen Beachtung

● Ein Badmintonspieler benötigt vor allem Schnellkraft und Kraftausdauer, weniger dagegen Maximalkraft.

● Oberschenkel- und Bauchmuskulatur sind diejenigen Muskelgruppen, die hauptsächlich belastet werden und deshalb vorrangig trainiert werden müssen.

● Neben den anderen oben dargestellten Trainingsmethoden können beide Kraftformen im Zirkeltraining bei unterschiedlicher Belastungsdauer trainiert werden.

● Kraftausdauer sollte stets im Anschluß an die Schnellkraft und erst am Ende einer Trainingseinheit trainiert werden.

Übungen für Schnellkraft und Kraftausdauer.
Belastet werden die Bauchmuskulatur (Übun-
gen 1–3), die Rückenmuskulatur (4), die Ober-
schenkelmuskulatur (5–7) und die Schulter-
gürtel- und Armmuskulatur (8–11).

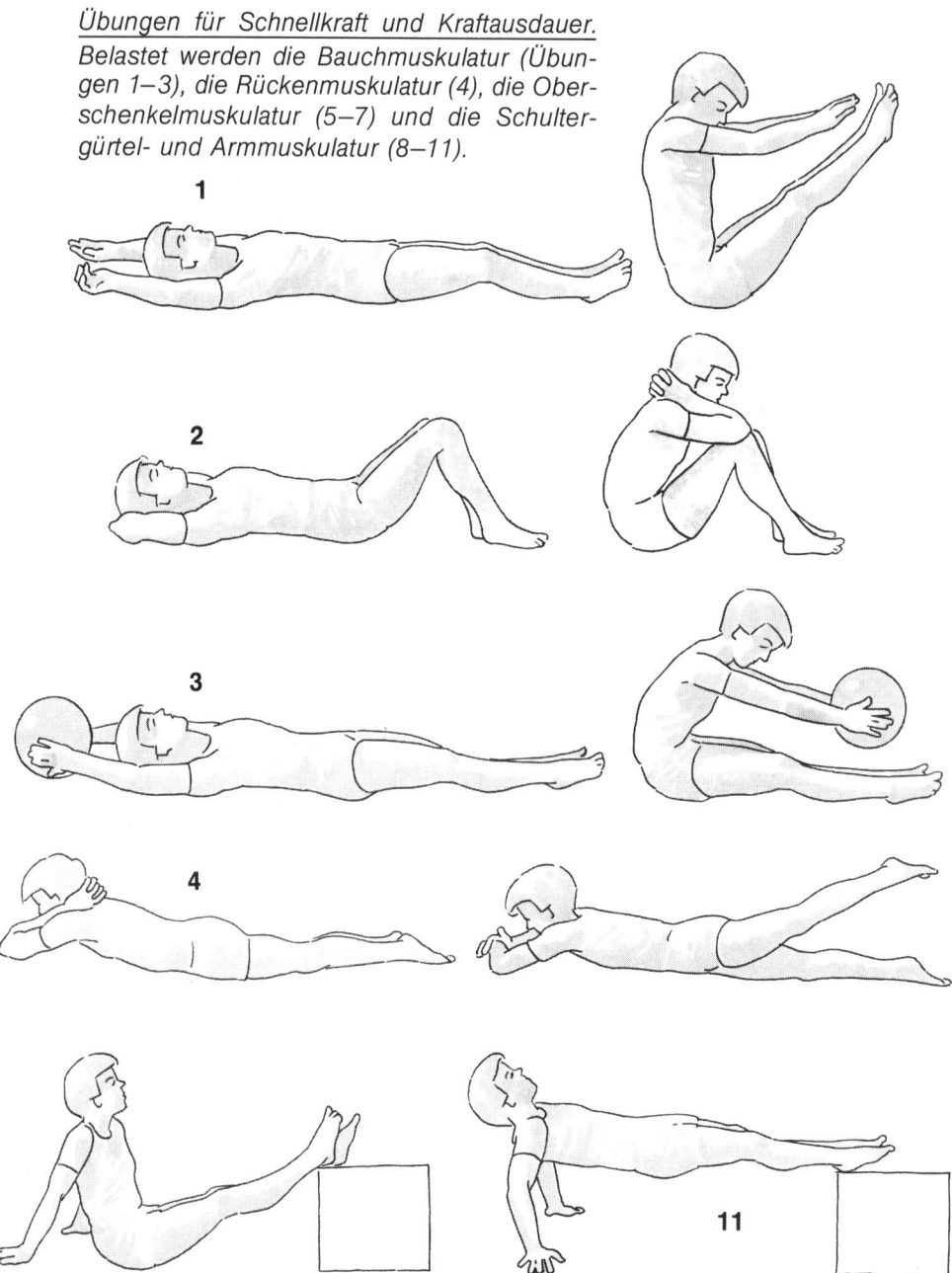

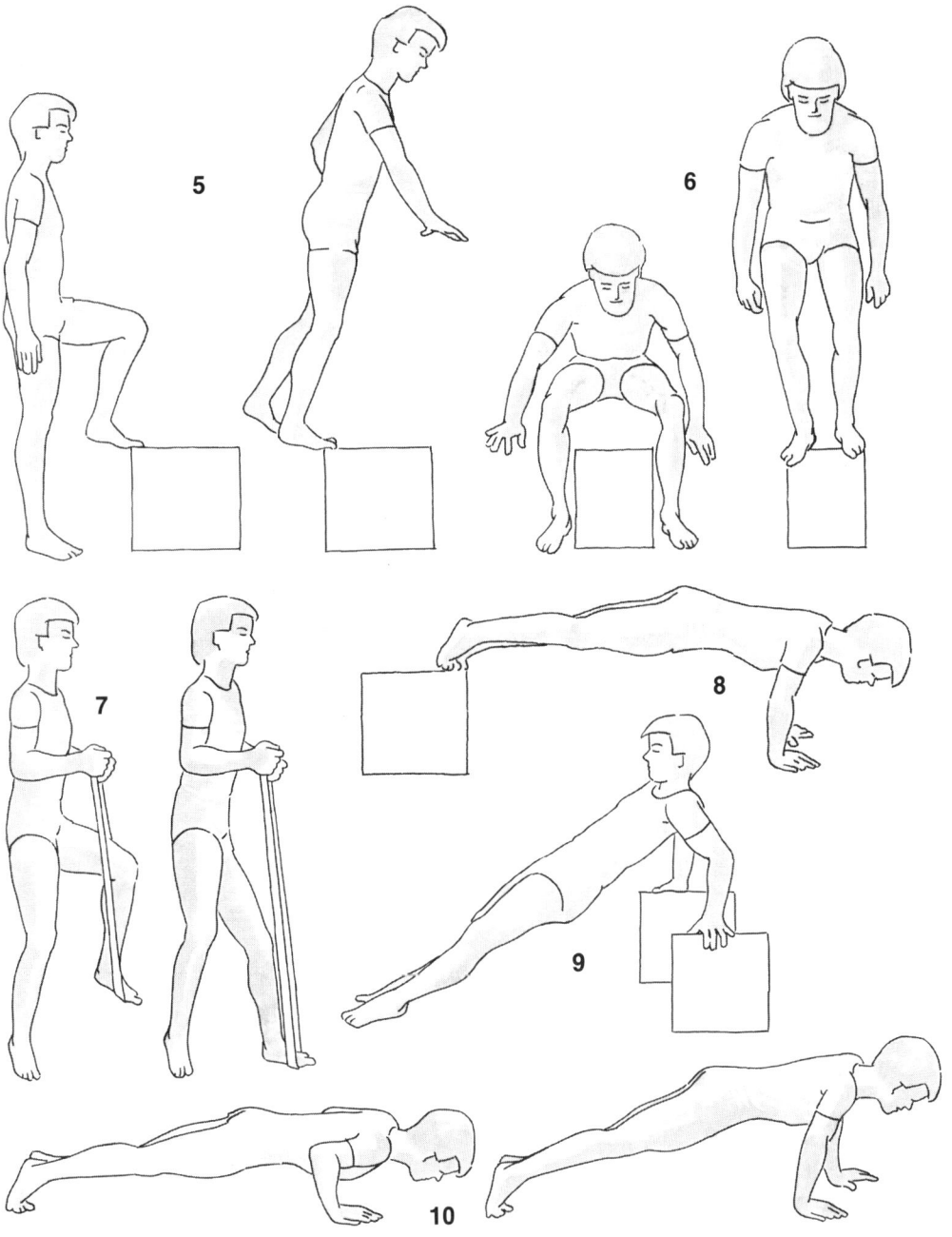

5

6

7

8

9

10

Sprungkraft

Da im Badminton – vor allem auf Hochleistungsebene – seit den letzten Jahren immer schneller gespielt und weil dabei immer häufiger gesprungen wird, ist es natürlich wichtig, daß man das Sprungmoment auch im Training hinlänglich berücksichtigt.

Im Sprungkrafttraining soll sowohl die allgemeine als auch die badmintonspezifische Sprungkraft trainiert werden.

Man muß sehr gut aufgewärmt sein, bevor man die Sprungkraft trainiert.

Oft werden erst gegen Ende einer Trainingseinheit entsprechende Übungen eingebaut.

Die Anzahl und Intensität von Sprüngen im Spiel ist sehr individuell. Man sollte langsam anfangen, um die Sprünge zu lernen und den Körper daran zu gewöhnen. Im weiteren Trainingsprozeß werden Schnelligkeit, Anzahl und Höhe der Sprünge gesteigert.

Im Nachfolgenden sind einige Übungen zusammengestellt. Sie dienen insbesondere der Steigerung der Schnellkraft in der Oberschenkelmuskulatur.

Mit gewaltiger Sprungkraft springt der Chinese He Schenquan dem Ball entgegen.

Sprungübungen zur Verbesserung der Sprungkraft.

Sprünge über Kästen.

Sprünge mit Gewichten.

Sprünge über Langbänke.

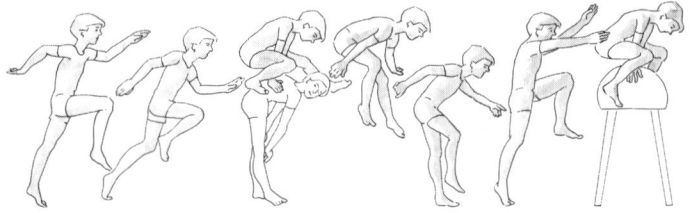

Bocksprünge über Partner und Geräte.

Sprünge über 1–2 Langbänke.

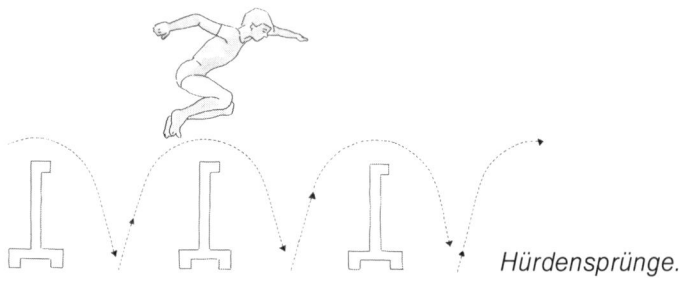

Hürdensprünge.

*Ausfallschritte als Trainings-
mittel.*

Schnelligkeit

Im Gegensatz zu den übrigen konditionellen Komponenten kann die Grundschnelligkeit eines Sportlers nicht erheblich verbessert werden. Nach neueren Untersuchungen sowjetischer Leichtathletikexperten soll die Ausbildung der Schnelligkeit, die sich leistungsbestimmend auf die reine Laufgeschwindigkeit auswirkt, bereits mit dem 12. Lebensjahr abgeschlossen sein.

Dies bedeutet jedoch nicht, daß die Schnelligkeit im Badminton nicht mehr trainiert zu werden bräuchte. Schnelligkeit äußert sich ja nicht nur in der Form der Laufgeschwindigkeit, sondern ist sportartspezifisch ausgeprägt. Konkret zeigt sie sich darin, ob ein Spieler sich leichtfüßig und schnell auf dem Feld bewegt und ob er eine hohe Schlaggeschwindigkeit erreicht.

In beiden Fällen wird diese Ausdrucksform der Schnelligkeit ganz stark von der Technik des Sportlers geprägt und bestimmt. Im ersteren Fall wird die Schnelligkeit des Spielers von der Lauftechnik abhängen. Trotz einer hohen Grundschnelligkeit kommt ein Sportler, der über eine schlechte Lauftechnik verfügt, recht spät an die Bälle. Auch die Schlaggeschwindigkeit hängt in hohem Maße von der Schlagtechnik ab.

Als weiterer Faktor neben der Verbesserung der technischen Bewegungsabläufe ist zu berücksichtigen, daß Schnelligkeit bis zu einem gewissen Grad angelernt ist. Die Bewegungen laufen nach einem bestimmten Geschwindigkeitsmuster ab, das veränderbar ist. Voraussetzungen dafür sind im Training die volle Konzentration auf den Faktor Schnelligkeit und ein ausgeruhtes Zentralnervensystem. Deshalb sollte Schnelligkeitstraining am Anfang einer Trainingseinheit – gleich nach dem Aufwärmen – stehen, damit noch keine Ermüdungserscheinungen eine Verlangsamung der Bewegungen nach sich ziehen.

Bei solch gezieltem Training kann das angelernte Schnelligkeitsmuster durchbrochen und durch ein neueres, »schnelleres« ersetzt werden. Die Verbesserungen erreichen jedoch nicht das Ausmaß, das bei Kraft- oder Ausdauertraining möglich ist.

Trainingsformen zur Steigerung der Schnelligkeit

Laufgeschwindigkeit

Zur Erhöhung der Laufgeschwindigkeit eignen sich Sprints über kurze Distanzen (bis etwa 20 Meter). Diese können in der Halle oder im Freien durchgeführt werden. Um die volle Konzentration auf die Geschwindigkeit der Bewegung zu erreichen, sollten sie in extensiver Intervallform – ausreichende Pausen zwischen den Sprints – absolviert werden.

Weitere Möglichkeiten sind Laufübungen auf dem Feld, bei denen neben der Geschwindigkeit auch auf richtige Lauftechnik über die Feldmitte geachtet werden sollte, und Schlagübungen unter ausdrücklicher Betonung der Laufgeschwindigkeit.

Schlaggeschwindigkeit

Neben der Verbesserung der Schlagtechnik, die oft eine Erhöhung der Schlaggeschwindigkeit durch verbesserten Arm- und Körpereinsatz nach sich zieht, können auch andere Hilfsmittel eingesetzt werden. Dazu zählt das Spielen mit unterschiedlich schnellen Bällen oder Schläger verschiedenen Gewichts. Bei schwereren Schlägern oder langsameren Bällen stimmt das Bewegungsmuster nicht mehr und muß zwangsläufig angepaßt werden. Weiterhin eignen sich Smash-Übungen – unter Vernachlässigung der Präzision – bei voller Konzentration auf die Schlaggeschwindigkeit.

Schneller als Luan Jin kann sich kaum ein Spieler auf dem Spielfeld bewegen.

Zur besonderen Beachtung

● Schnelligkeit ist nicht ange-
boren, sondern angelernt. Sie
kann deshalb in den sportartspezifischen Ausprägungsfor-
men (Lauf- und Schlaggeschwindigkeit) durch gezieltes Training
verbessert werden.
● Die volle Konzentration auf den
Bewegungsablauf erhöht die
Geschwindigkeit der Steue-
rungsimpulse und trägt so zu
schnelleren Abläufen bei.
● Schnelligkeitstraining soll nach
ausreichendem Aufwärmen (Gefahr einer Zerrung!) in aus-
geruhtem Zustand vor den übrigen Trainingsinhalten absolviert
werden.

Da die konditionellen Eigenschaften
beziehungsweise deren Training
den Körper unterschiedlich bela-
sten, sollte folgende Reihenfolge
bei der Gestaltung einer Trainingseinheit unbedingt beachtet werden:

● *Aufwärmen*
● *Reaktions- und Schnelligkeits-
übungen*
● *Technik- und Taktiktraining*
● *Spieltraining*
● *Schnellkraft- und Sprungkraft-
übungen*
● *Schnelligkeitsausdauer-
übungen*
● *Kraftausdauerübungen*
● *allgemeine Ausdauerübungen.*

Es werden sicherlich nie alle Elemente in *einer* Trainingseinheit vor-
kommen, doch die Reihenfolge der
darin enthaltenen Trainingsab-
schnitte sollte gewahrt werden.

Jahresplanung

Mit dieser Übersicht über die wesentlichen Stationen einer Saison
sollen für jeden Wettkampfsportler
Anhaltspunkte zur systematischen
Planung gegeben werden. Diese ist
zunächst unabhängig von dem
Niveau des Spielers. Die eigenen
Zielsetzungen fließen stärker in die
Intensität und die Ausgestaltung der
einzelnen Perioden ein.
Wie in allen übrigen Sportarten, läßt
sich in der Regel die eigene Leistung durch systematischen Trai-
ningsaufbau steigern. Neben der
Jahresplanung hilft auch eine Kontrolle der Ergebnisse während der
Saison. Dazu zählt auch die Über-
prüfung der konditionellen Belast-
barkeit. Am Ende einer Saison sollte
man selbstkritisch eine Bestands-
aufnahme durchführen.
Bei gravierenden Differenzen zwischen der eigenen Zielsetzung und
den erreichten Ergebnissen müssen entweder die eigenen Ziele
überprüft und in realistischer Weise
neu bestimmt werden, oder man hat
selbst zu wenig zur Erreichung
durchaus möglicher Ziele getan.
Dies kann dann durch die folgende
Jahresplanung und verstärkten
persönlichen Einsatz korrigiert
werden.

Erste Vorbereitungsperiode von Anfang Juni bis Mitte September

Etappe 1 (Juni)
Schwerpunkte sind Technik- und Taktiktraining durch Schlag- und Laufübungen, Komplexübungen, aufgabengebundenes Spieltraining und Sichbewußtmachen von Bewegungsabläufen.
Zu dieser Zeit sollen ohne Wettkampfdruck die individuelle Technik verbessert und Fehler beseitigt werden. Da gerade beim Techniktraining Geduld und Zeit erforderlich sind, eignet sich der Juni *nach* der Ruhepause und *vor* dem Konditionsaufbau am besten für diese Trainingsinhalte.

Etappe 2
(Anfang Juli bis Mitte September)
Haupttrainingsziele sind der Aufbau der konditionellen Grundlagen durch Kraftübungen (Schnell- und Sprungkraft, Kraftausdauer), Ausdauerübungen (Waldläufe, Intervalltraining) und Schnelligkeits- und Laufübungen (Sprints, Intervalle) sowie die Verbesserung der Laufgewandtheit. Ab Mitte August kommt die Stabilisierung von Technik und Taktik hinzu.
Gerade in den Sommermonaten wird die konditionelle Grundlage für die gesamte Saison gelegt, da später durch die dauernde Wettkampffolge Versäumnisse des Sommertrainings nicht aufgeholt werden können.

Erste Wettkampfperiode von Mitte September bis Mitte Dezember

Schwerpunkte
Ausprägung der Leistung zur Wettkampfform und Optimierung der Leistung bei den Hauptwettkämpfen durch intensive Spezial- und Komplexübungen, Schlagübungen und taktische Übungen, sowie Trainingseinheiten zur Erhaltung der konditionellen Basis. Hinzu kommen die Einbeziehung von Spieltraining (mit und ohne Aufgabenstellung) und die Teilnahme an Aufbauwettkämpfen.
Die Ausgestaltung und Intensität dieser Phase hängt wesentlich von der individuellen Zielsetzung und dem persönlichen Leistungsniveau ab.

Erste Übergangsperiode von Mitte bis Ende Dezember

In dieser Zeit sollte nach Möglichkeit eine Pause in puncto Badminton eingelegt werden. Im Rahmen einer aktiven (auch geistigen) Erholung erscheint eine Beschäftigung mit anderen Sportarten sinnvoll. Durch Kraft- und Ausdauertraining wird die konditionelle Grundlage erhalten.
Durch diese Phase soll der auftretende Leistungsknick gezielt abgefangen, soll neue Motivation für die nachfolgenden Wettkämpfe gewonnen werden.

Zweite Vorbereitungsperiode von Anfang Januar bis etwa zum 20. Januar

Die konditionellen Grundlagen sollen für die nachfolgenden Hauptwettkämpfe (Meisterschaften auf fast allen Ebenen) noch einmal durch intensives Training aller Komponenten (wie in der zweiten Etappe der ersten Vorbereitungsperiode) verbessert werden.

Zweite Wettkampfperiode von Ende Januar bis Ende April

Dieser Abschnitt entspricht in Inhalten und Zielsetzung der ersten Wettkampfperiode.

Zweite Übergangsperiode im Mai

Schwerpunkte
In dieser Zeit sollte eine aktive Erholung und Regeneration von den Wettkämpfen der vorausgegangenen Saison stattfinden. Geeignet sind nicht sportbezogene Hobbys, Betätigung in Ausgleichssportarten, Orts- und Klimawechsel und physiotherapeutische Maßnahmen. Badminton sollte während des »Wonnemonats« nur nach Lust und Laune gespielt werden.

Übungsvorrat

Der nachfolgende Übungsvorrat bietet eine Reihe von Schlag- und Laufübungen an, die in den Trainingsprozeß eingebaut werden können. Sie sind natürlich nur als Beispiele anzusehen, die von jedem Spieler durch eigene Ideen und Erfahrungen ergänzt werden können.

Die Schlagübungen sind zum einen ein Trainingsmittel für die Technik. Andererseits lassen sie sich – je nach Intensität und Ausgestaltung – gleichermaßen für das Konditions- oder das Taktiktraining verwenden. Wenn man Übungen mit langen Laufwegen zum Beispiel in Intervallform ausführt, werden auch Schnelligkeitsausdauer und Kraftausdauer – außer natürlich der technischen Ausführung der Schläge – trainiert.

Die Zusammenstellung der Übungen erfolgt unter dem Gesichtspunkt des Techniktrainings. Die Zuordnung zu den Oberbegriffen (zum Beispiel Clear-Übungen oder Drop-Übungen) zeigt an, welcher Schlag *hauptsächlich* mit der Übung trainiert werden soll. Da Badminton jedoch eine sehr komplexe Sportart ist, werden meistens gleichzeitig auch andere Faktoren verbessert. Wenn etwa vorrangiges Trainingsziel der Unterhand-Clear ist, so wird der Zuspielende zwangsläufig den Drop trainieren müssen.

Bei den nachfolgenden Diagrammen bezeichnen die Ziffern die Rei-

henfolge der Schläge. Die Position der Ziffer zeigt jeweils den Zielpunkt des dazugehörigen Schlages. Das Kreuz (×) markiert den Beginn der Schlagübung.

Clear-Übungen, Clear-Drop-Übungen und Clear-Drop-Unterhand-Clear-Übungen

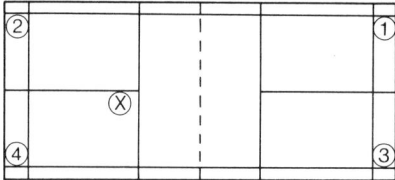

Hoher Aufschlag (1), Clear (2), diagonaler Clear (3), Clear (4), diagonaler Clear (1) usw.

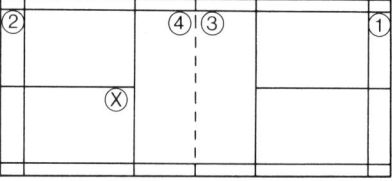

Hoher Aufschlag (1), Clear (2), Drop (3), Netz-Drop (4), Unterhand-Clear (1) usw.

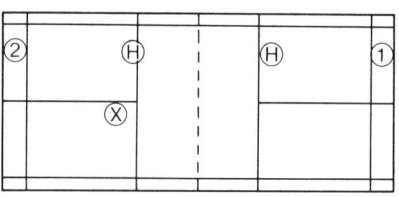

Hoher Aufschlag (1), Clear (2), Clear (1). Nach jedem Clear laufen die Spieler zur Hülle (H).

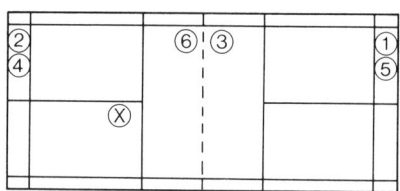

Hoher Aufschlag (1), Clear (2), Drop (3), Unterhand-Clear (4), Clear (5), Drop (6), Unterhand-Clear (1) usw.

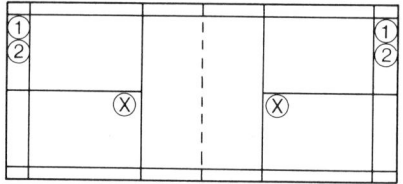

Beide Spieler spielen ununterbrochen Clear, mit 2 Bällen gleichzeitig.

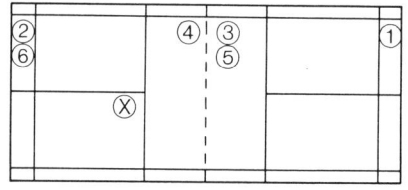

Aufschlag (1), Clear (2), Drop (3), Netz-Drop (4), Netz-Drop (5), Unterhand-Clear (6), Clear (1) usw.

130

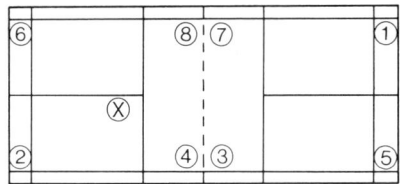 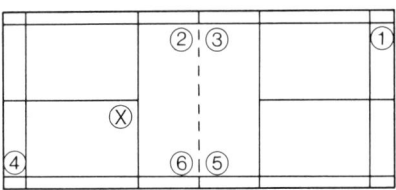

Aufschlag (1), Diagonal-Clear (2), Drop (3), Netz-Drop (4), Unterhand-Clear (5), Diagonal-Clear (6), Drop (7), Netz-Drop (8), Unterhand-Clear (1) usw.

Aufschlag (1), Drop (2), Netz-Drop (3), diagonaler Unterhand-Clear (4), Drop (5), Netz-Drop (6), diagonaler Unterhand-Clear (1) usw.

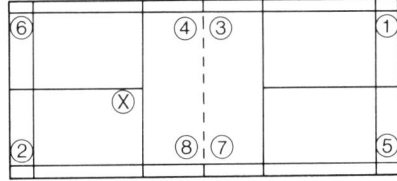 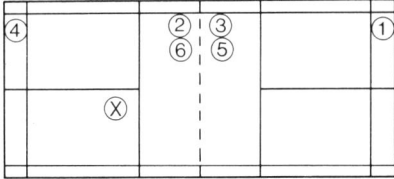

Aufschlag (1), diagonaler Clear (2), diagonaler Drop (3), Netz-Drop (4), diagonaler Unterhand-Clear (5), diagonaler Clear (6), diagonaler Drop (7), Netz-Drop (8), diagonaler Clear (1).

Aufschlag (1), Drop (2), Netz-Drop (3), Unterhand-Clear (4), Drop (5), Netz-Drop (6), Unterhand-Clear (1) usw.

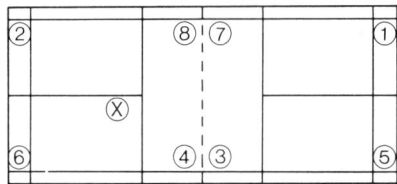 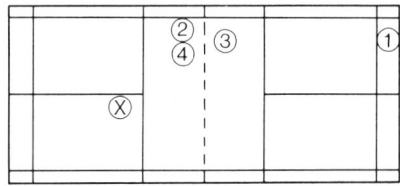

Aufschlag (1), Clear (2), diagonaler Drop (3), Netz-Drop (4), Unterhand-Clear (5), Clear (6), diagonaler Drop (7), Netz-Drop (8), Unterhand-Clear (1) usw.

Aufschlag (1), Drop (2), Netz-Drop (3), Netz-Drop (4), Unterhand-Clear (1) usw.

Smash-Übungen und »Töten am Netz«

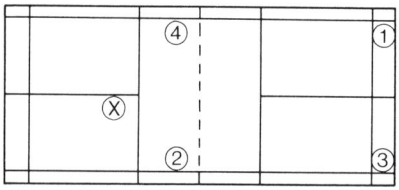

Aufschlag (1), diagonaler Drop (2), Unter-hand-Clear (3), Clear (4), diagonaler Drop (5), Unterhand-Clear (6), Clear (1) usw.

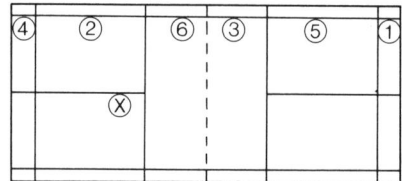

Aufschlag (1), Smash (2), kurze Abwehr (3), Unterhand-Clear (4), Smash (5), kurze Abwehr (6), Unterhand-Clear (1) usw.

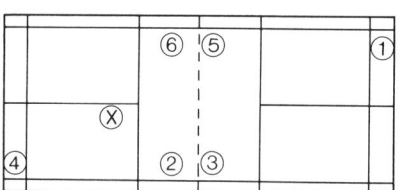

Aufschlag (1), diagonaler Drop (2), Unter-hand-Clear (3), diagonaler Drop (4), Unter-hand-Clear (1) usw.

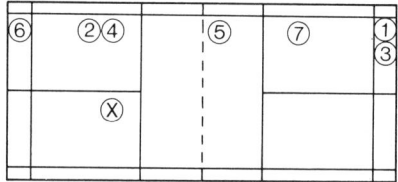

Aufschlag (1), Smash (2), hohe Abwehr (3), Smash (4), kurze Abwehr (5), Unterhand-Clear (6), Smash (7) usw.

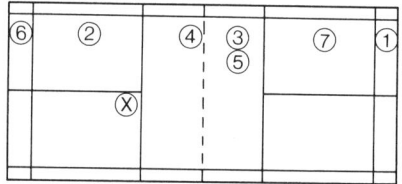

Aufschlag (1), diagonaler Drop (2), Netz-Drop (3), Unterhand-Clear (4), diagonaler Drop (5), Netz-Drop (6), Unterhand-Clear (1) usw.

Aufschlag (1), Smash (2), kurze Abwehr (3), Netz-Drop (4), Netz-Drop (5), Unterhand-Clear (6), Smash (7) usw.

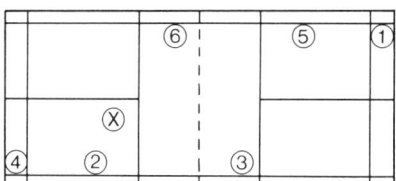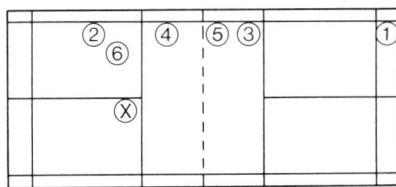

Aufschlag (1), diagonaler Smash (2), kurze Abwehr (3), Unterhand-Clear (4), diagonaler Smash (5), kurze Abwehr (6), Unterhand-Clear (1) usw.

Aufschlag (1), Smash (2), kurze Abwehr (3), Netz-Drop (4), Netz-Drop (5), »Töten« (6), Aufschlag (1), usw.

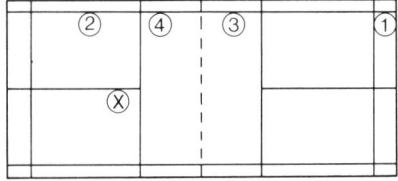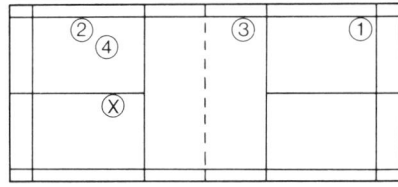

Aufschlag (1), Smash (2), kurze Abwehr (3), Netz-Drop (4), Unterhand-Clear (1) usw.

Swip-Aufschlag (1), Smash (2), kurze Abwehr (3), »Töten« (4), Swip-Aufschlag (1) usw.

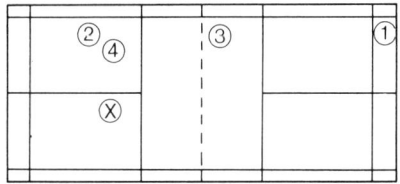

Aufschlag (1), Smash (2), kurze Abwehr (3), »Töten« (4), Aufschlag (1) usw.

»Ballmaschine«

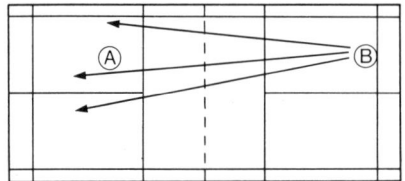

A spielt ununterbrochen 10 Aufschläge, B schmettert beliebig; jeder Durchgang dreimal.

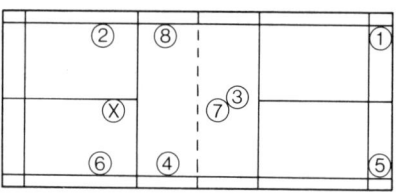

Aufschlag (1), Smash (2), kurze Abwehr in die Mitte (3), Netz-Drop nach außen (4), Clear (5), Smash (6), kurze Abwehr (7), Netz-Drop (8), Unterhand-Clear (1).

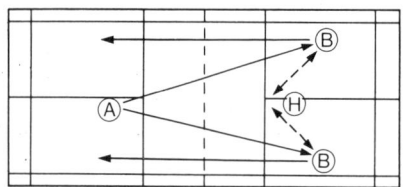

A spielt abwechselnd Bälle auf Vor- und Rückhandseite, B schmettert im Sprung und läuft vor Hindernis (H).

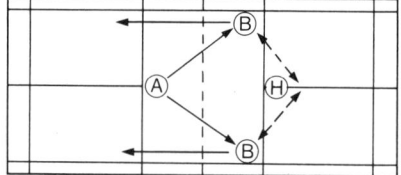

A wirft 10 Bälle abwechselnd rechts und links über das Netz, B »tötet« sie und läuft nach jedem Schlag hinter die auf dem Boden liegende Schlägerhülle (H).

Übungen für Schläge
»links vom Kopf« (lvK)

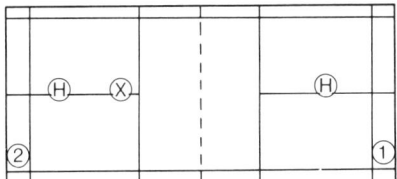

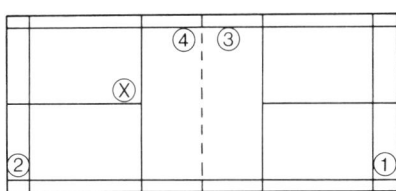

Aufschlag (1), Clear lvK (2), Clear (1) usw. Nach jedem Schlag eine dort deponierte Schlägerhülle (H) berühren.

Aufschlag (1), Clear lvK (2), diagonaler Drop (3), Netz-Drop (4), diagonaler Unterhand-Clear (1) usw.

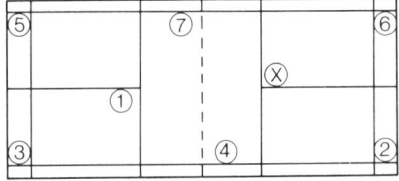

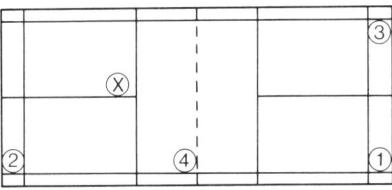

Aufschlag kurz (1), Unterhand-Clear (2), Clear lvK (3), Drop (4), diagonaler Unter-hand-Clear (5), Clear lvK (6), Drop (7), Unterhand-Clear (2) usw.

Aufschlag (1), Clear lvK (2), diagonaler Clear (3), diagonaler Drop (4), Unterhand-Clear (1) usw.

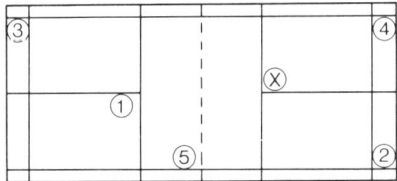

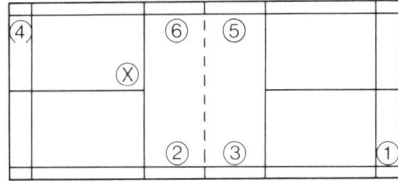

Kurzer Aufschlag (1), Unterhand-Clear (2), diagonaler Clear lvK (3), Clear lvK (4), diago-naler Drop (5), Unterhand-Clear (2).

Aufschlag (1), Drop lvK (2), Netz-Drop (3), diagonaler Unterhand-Clear (4), Drop lvK (5), Netz-Drop (6), diagonaler Unterhand-Clear (1).

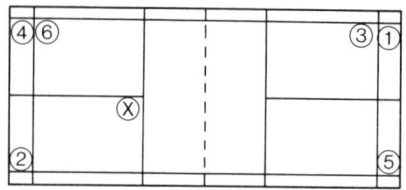

Aufschlag (1), diagonaler Clear (2), diagonaler Clear (3), Clear (4), diagonaler Clear lvK (5), diagonaler Clear lvK (6), Clear lvK (1) usw.

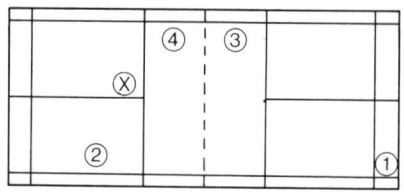

Aufschlag (1), Smash lvK (2), diagonale kurze Abwehr (3), Netz-Drop (4), diagonaler Unterhand-Clear (1).

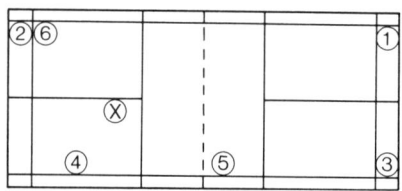

Aufschlag (1), Clear (2), diagonaler Clear (3), Smash lvK (4), kurze Abwehr (5), diagonaler Unterhand-Clear (6), Clear lvK (1) usw.

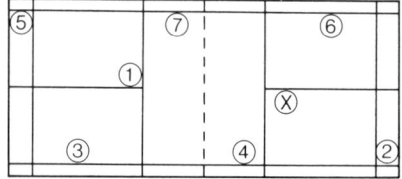

Kurzer Aufschlag (1), Unterhand-Clear (2), Smash lvK (3), kurze Abwehr (4), diagonaler Unterhand-Clear (5), Smash lvK (6), kurze Abwehr (7), diagonaler Unterhand-Clear (2).

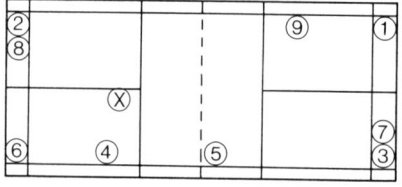

Aufschlag (1), Clear (2), diagonaler Clear (3), Smash lvK (4), kurze Abwehr (5), Unterhand-Clear (6), Clear (7), diagonaler Clear lvK (8), Smash lvK (9) usw.

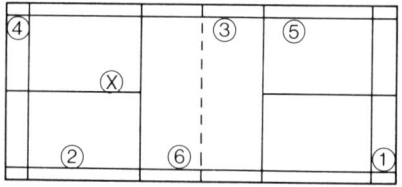

Aufschlag (1), Smash lvK (2), diagonale Abwehr (3), Unterhand-Clear (4), Smash lvK (5), diagonale Abwehr (6), Unterhand-Clear (1) usw.

Übungen für Rückhandschläge
(auch die vorangehenden Übungen lvK können für das Rückhandtraining genutzt werden)

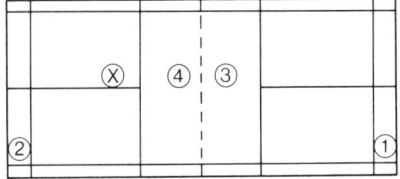 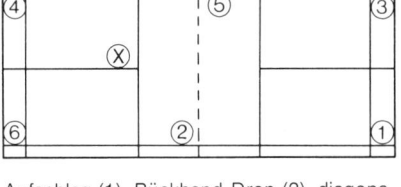

Aufschlag (1), Rückhand-Clear (2), Drop zur Mitte (3), Netz-Drop (4), Unterhand-Clear (1) usw.

Aufschlag (1), Rückhand-Drop (2), diagonaler Unterhand-Clear (3), Clear (4), Rückhand-Drop (5), diagonaler Unterhand-Clear (6), Clear (1), usw.

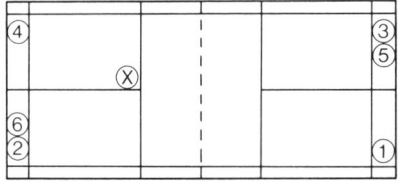 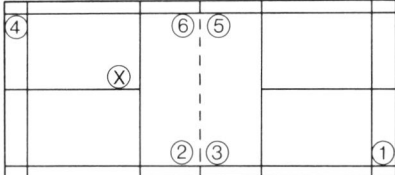

Aufschlag (1), Rückhand-Clear (2), diagonaler Clear (3), Clear (4), Rückhand-Clear (5), diagonaler Clear (6), Clear (1), usw.

Aufschlag (1), Rückhand-Drop (2), Netz-Drop (3), diagonaler Unterhand-Clear (4), Rückhand-Drop (5), Netz-Drop (6), diagonaler Clear (1) usw.

Komplexübungen für 3 bzw. 2 Personen pro Feld, von denen 1 intensiv belastet wird

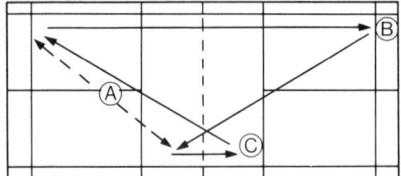

A spielt Rückhand-Clear, B diagonalen Drop, A Netz-Drop, C diagonalen Unterhand-Clear usw.

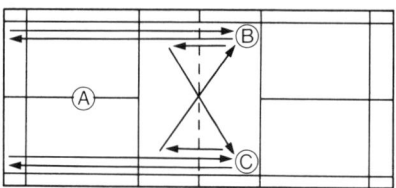

A spielt Rückhand-Drop, B Netz-Drop, A diagonalen Netz-Drop, C Unterhand-Clear, A Drop, C Netz-Drop, A diagonalen Netz-Drop, B Unterhand-Clear usw.

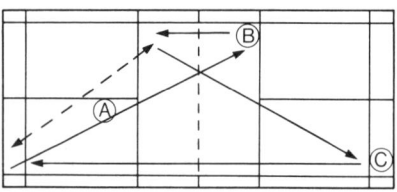

A spielt diagonalen Drop, B Netz-Drop, A diagonalen Unterhand-Clear, C Clear usw.

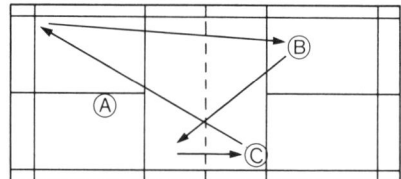

C spielt Aufschlag, A R- oder lvK-Smash, B diagonale Abwehr, A Netz-Drop, C diagonalen Unterhand-Clear usw.

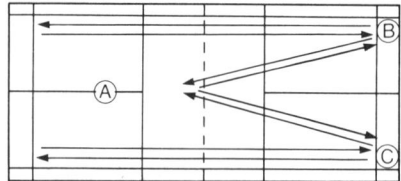

A spielt Rückhand-Clear, B Drop zur Mitte, A Unterhand-Clear, C Clear, A Clear, C Drop zur Mitte, A Unterhand-Clear, B Clear, A Rückhand-Clear usw.

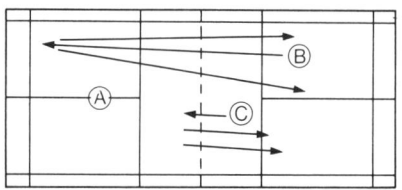

B spielt 10 Bälle hoch, A schmettert beliebig; dazwischen wirft C 10 Bälle, die A »tötet«.

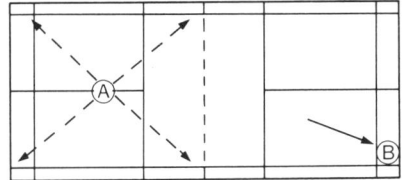

B spielt beliebig Clear und Drop, A spielt sämtliche Bälle als Clear zu B zurück.

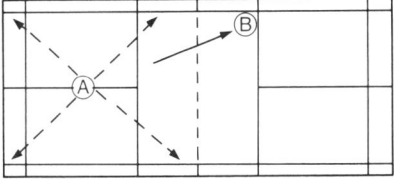

B spielt beliebig Clear und Drop, A spielt alle Bälle als Drop zu B zurück.

Die beiden letzten Übungen unterscheiden sich von den übrigen dadurch, daß der Zuspielende in seinen Schlägen variieren kann. Der »arbeitende« Spieler (A) muß sich – wie im Spiel – auf jede Situation neu einstellen.

Es ist wichtig, daß neben dem technischen Training mit festgelegten Schlagreihenfolgen auch spielgerechtere Übungen eingebaut werden. Dazu können die angegebenen Schlagübungen ebenfalls genutzt werden. Die trainierenden Spieler müssen nur vereinbaren, wer die festgelegte Reihenfolge durchbrechen kann. Nach dem

Chinesische Spieler üben aggressives Spiel am Netz.

Durchbrechen der Schlagfolge kann dann entweder frei weiter gespielt werden, oder der nachfolgende Schlag wird bereits vorher vereinbart.

Die Beispiele sind natürlich nicht erschöpfend. Jeder kann die Übungen in kreativer Weise weiter ausbauen. Je mehr Übungen einem zu Gebote stehen, um so abwechslungsreicher kann man das Training gestalten.

Training von Kindern und Jugendlichen

Kinder sind sehr aktiv und wollen sich viel bewegen. Sie laufen, springen, beschäftigen sich mit verschiedenen Spielen, mehr oder weniger organisiert schon vor dem Schulalter. Spontan fahren sie damit auch in den Schulpausen fort. In der Schule kommen sie in den meisten Fällen während des Sportunterrichts zum ersten Mal in Kontakt mit organisierten Sportaktivitäten. Immer mehr Kinder kommen in jungen Jahren in Trainingsstunden der verschiedenen Vereine. Auch im

Kindertraining soll Spaß machen!

Badminton ist es in den letzten Jahren häufiger geworden, daß die Kinder sehr früh anfangen zu spielen. Kinder entwickeln sich unterschiedlich schnell. Trotzdem kann man gewisse Entwicklungsphasen erkennen. Einen Überblick hierüber gibt folgende Aufstellung zur physischen Entwicklung eines Kindes.

2—6 Jahre:
Jungen und Mädchen entwickeln sich gleich schnell. Sie fangen an, die grobe Motorik zu beherrschen. Lebhaftigkeit und Beweglichkeit kennzeichnen diese Phase.

6—8 Jahre:
Das Nervensystem entwickelt sich langsamer als der übrige Körper. Das wird dadurch bemerkbar, daß es manchmal zu Mängeln in der Bewegungskoordination kommt.

8—11 Jahre:
Längen- und Gewichtszuwachs sind relativ gering. Das Nervensystem holt seinen Entwicklungsrückstand wieder auf. In dieser Phase ist es deshalb angebracht, verschiedene Bewegungen zu trainieren. Da das Nervensystem sich in einem Abschnitt intensiver Entwicklung befindet, sollte diese Phase viel Koordinationstraining beinhalten. Kein Unterschied braucht beim Training von Jungen und Mädchen gemacht zu werden.

11—13 Jahre:
Diese Phase wird von großem Längenzuwachs gekennzeichnet. Das bringt eine gewisse Verschlechterung der normalen Beweglichkeit mit sich. Gleichzeitig wachsen die inneren Organe. Diese Altersstufe ist deswegen sehr günstig, um allgemeine Kondition zu trainieren. Mädchen und Jungen können meistens auch in dieser Phase das gleiche Training durchführen.

13—15 Jahre:
Die Mädchen entwickeln sich schneller als die Jungen und erreichen zwar nicht absolut, wohl aber relativ einen größeren Kraftzuwachs und eine ausgeprägtere Verbesserung der Koordination. Für die Jungen setzt eine deutliche Steigerung der Kondition ein. Krafttraining kann vorsichtig begonnen werden.

15—20 Jahre:
Die Jungen erreichen die volle Entwicklung und die maximale Kraft ein bißchen später als die Mädchen. Die Jungen können länger und härter trainieren. Davon abgesehen können aber die Trainingsinhalte gleichartig sein.

Wir werden uns in erster Linie mit der Phase 8—11 Jahre befassen, da die Kinder meistens in diesem Alter Badminton zu spielen beginnen. Wie man in dieser Aufstellung sieht, ist es gerade in dieser Stufe angebracht, verschiedene Bewegungen zu trainieren. Das bedeutet Training

von Technik, also von Schlägen und Laufarbeit.
Man sollte also keinen Schwerpunkt auf die Konditionsarbeit legen, da es in dieser Phase nicht notwendig ist und Kinder sich ohnehin täglich sehr viel bewegen. Was man hingegen jetzt im Techniktraining verpaßt, ist sehr schwierig nachzuholen, da die Kinder in diesem Alter äußerst empfänglich dafür sind.
Man sollte aber sehr behutsam vorgehen und sich getrost Zeit lassen mit den verschiedenen Schlägen und Bewegungen. Wichtig ist, daß es den Kindern Spaß macht. Um Freude am Training bereiten zu können, braucht man ein umfangreiches Repertoire sinnvoller Übungen. Es sind nachfolgend einige davon zusammengestellt. Neben diesen Übungen sollte eine Trainingseinheit für Kinder natürlich auch »reines« Techniktraining beinhalten.
Empfehlenswert beim Kindertraining ist es, die Einheiten nicht zu lang werden zu lassen. 1 bis 1¼ Stunden sind genug; sonst können die Kinder die Motivation verlieren. Eher kurz und viel Spaß als lang und kein Spaß!
Die Einheiten sollten abwechslungsreich sein und aus Aufwärmen, Schlag- und Fußarbeitstraining, Spielübungen, Spielchen, Staffeln und Beweglichkeitstraining (Stretching) bestehen. Und wie gesagt – es soll Freude machen!

Übungen für Kindertraining (auch für ältere Jugendliche geeignet)

● Bälle vom Boden mit dem Schläger aufheben.
● Einen Ball auf dem Schläger tragen.
● Bälle im Stehen, Gehen, Laufen, Knien, Sitzen oder Liegen hochspielen.
● Bälle durch einen Basketballkorb spielen.
● Bälle ohne Unterbrechung gegen die Wand spielen.
● Staffeln um oder über Hindernisse.
● Bälle im Sitzen in Richtung aufeinander schlagen.
● Bälle durch die Beine zuspielen.
● Sich zu dritt 1 oder 2 Bälle zuspielen.
● In jeder Feldhälfte liegen 3 Bälle. 2 Spieler versuchen, diese und alle anderen ankommenden Bälle so schnell in die gegenüberliegende Feldhälfte zu spielen, bis alle Bälle auf 1 Seite liegen.
● Wie zuvor, aber in Mannschaftsform.
● Jeweils 2 Spieler fassen sich an der Hand und spielen gegen ein anderes Paar Einzel. Die Hand darf dabei nicht losgelassen werden.
● Spiel eines Doppels mit nur 1 Schläger pro Seite.

Jonglierübungen

Spiel gegen eine Wand.

Zielübung.

Staffel- und Slalomläufe.

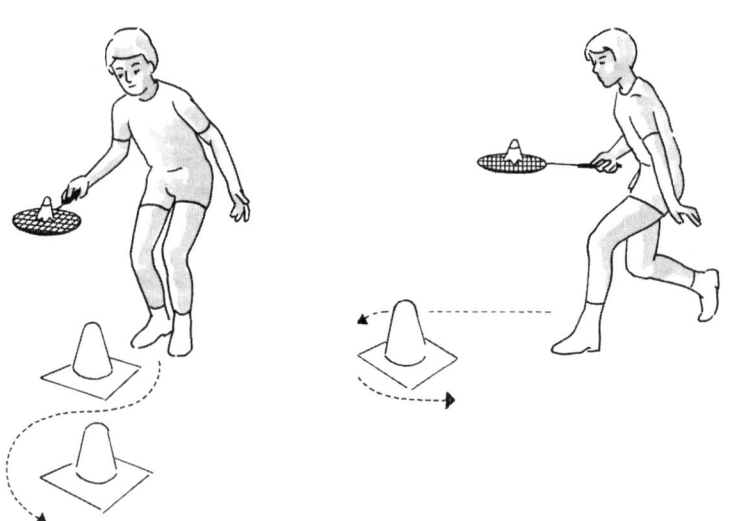

»Alle Bälle auf eine Seite«.

Einzelspiel mit einem Partner an der Hand.

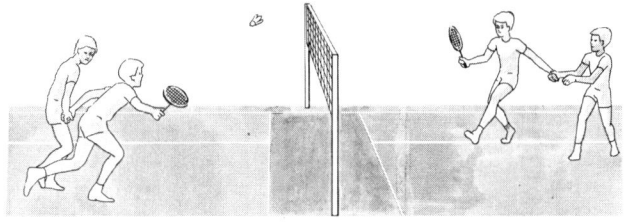

Badminton-Rundlauf.

Doppelspiel mit nur jeweils einem Schläger.

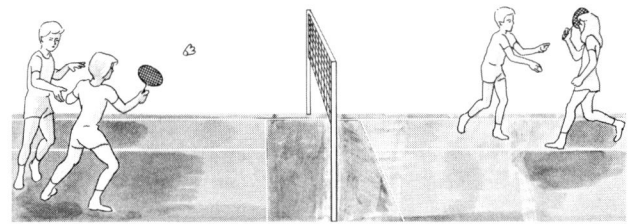

Ernährung

Es ist sehr wichtig, daß man als Sportler – und zumal als Trainer – gewisse Kenntnisse über Ernährung besitzt. Bei dem, der physisch sehr aktiv ist, und deshalb reichlich Nahrung zu sich nimmt, entsteht selten ein sogenanntes Mangelsymptom – unter der Voraussetzung, daß die Ernährung vielseitig zusammengestellt ist.

Aus Erfahrung und durch Untersuchungen weiß man aber, daß vor allem Kinder und Jugendliche täglich Süßigkeiten essen und sich andere »unnötige« Kalorien zuführen. Wenn sie dann ihre Hauptmahlzeiten einnehmen sollen, ist der Appetit oft nicht mehr da. Auf diese Weise ergibt sich das Risiko einer »Mangelsituation«. Vitamine und andere Nährstoffe sind nicht ausreichend vorhanden.

Die Ernährung ist einer der Grundsteine für gute physische Leistungen, und deswegen sind vernünftige, durchdachte Eßgewohnheiten sehr wichtig. Damit ist gemeint, daß man

- täglich etwas von jeder der 7 Nahrungsgruppen ißt (siehe »Ernährungszirkel«);
- die Speisen auf 3 Hauptmahlzeiten pro Tag verteilt;
- das Essen genügend kaut, um die Verdauung zu erleichtern;
- sich viel Zeit beim Essen nimmt und nach einer der Hauptmahlzeiten (vor allem nach dem Mittag- und Abendessen) mindestens 2 Stunden Pause macht, bevor man mit härterer physischer Arbeit beginnt;
- Essen mit hohem Fettgehalt (zum Beispiel Speck und Pommes frites) meidet;
- Zucker – in seinen verschiedenen Formen – so weit wie möglich »aus dem Wege geht«;
- den Anteil an Gemüse, Obst und Fisch steigert.

Übersicht über die verschiedenen Nährstoffe

Energiebringende Nährstoffe
- Kohlehydrate
- Fett

Die Nährstoffe werden bei harter und mäßiger Arbeit gebraucht. Der Körper bevorzugt immer die Kohlehydrate.

Baumaterialien
- Protein
- Fett
- Minerale

Die Baumaterialien werden besonders für die Muskulatur und die inneren Organe sowie zum Aufbau der Knochen benötigt.

146

Vielseitig zusammengestellte Nahrung deckt in aller Regel den Bedarf des Sportlers (»Ernährungszirkel«).

Steuermittel
- Vitamine
- Minerale

Diese Steuermittel werden zur Regelung der verschiedenen lebenswichtigen Prozesse gebraucht, zum Beispiel Eisen zur Steuerung des Sauerstofftransports im Blut.

- Wasser

Es wird als »Lösungsmittel« für das innere Transportsystem des Körpers und zur Temperaturregulierung gebraucht.

Die verschiedenen Nährstoffe kommen besonders in folgenden Lebensmitteln vor:

Kohlehydrate
Zucker, Honig, Rosinen, Cornflakes, Brot, Reis, Nudeln

Protein (Eiweiß)
Käse, Leber, Fleisch, Fisch, Milch, Eier

Fett
Margarine, Butter, Öl, Wurst, Nüsse

Minerale (vor allem Eisen)
Leber, Petersilie, Kakao

Die verschiedenen Vitamine sind in erhöhter Konzentration in nachstehenden Nahrungsmitteln enthalten:

Vitamin A
Mohrrübe, Käse, Milch, Leber
(Mangelsymptome: trockene, dicke Haut; Mundblasen)

Vitamin B
Bohnen, Haferflocken, Brot, Weißkohl, Zwiebeln
(Mangelsymptome: geschwollene Zunge, Verletzungen der Knochen)

Vitamin C
Orangen, Zitronen, Äpfel, Hagebutten, Tomaten, Spinat
(Mangelsymptome: Zahnfleischbluten, innere Blutungen)

Vitamin D
Eier, Milch, Fisch
(Mangelsymptome: schlechte Zähne, Muskelschwäche).

Empfehlenswert für einen Turnierspieler ist an den Tagen vor dem Wettkampf und auch während des Turniers die Einnahme einer großen Menge von Kohlehydraten, da diese die besten Energielieferanten darstellen.
Es gibt natürlich sehr viele Kohlehydrate etwa in Schokolade; diese sind aber wegen des zu hohen Fettgehalts solcher Süßigkeiten nicht zu empfehlen.
Generell sollte man – wie bereits zu Anfang ausgeführt – vielseitig essen, unter Einbeziehung aller wichtigen Nährstoffe.

Aufnahme von Flüssigkeiten

Während der physischen Anstrengung steigt die Körpertemperatur. Wasser wird vom Körper durch Schwitzen verdunstet. Der Mensch beginnt schon nach $1^{1}/_{4} - 3$ Minuten körperlicher Arbeit zu schwitzen.
Große Flüssigkeitsverluste führen zu verminderter Leistungsfähigkeit. Das merkt man schon bei einem Flüssigkeitsverlust von 1–2% des Körpergewichts. Wenn er sich auf 4–5% des Körpergewichts beläuft, wird die Arbeitsfähigkeit der Muskulatur bis zur Hälfte reduziert. Dies

*Herr Puri,
Trainer des
indischen Welt-
klassespielers
Prakash
Padukone.*

macht sich natürlich im Spiel bemerkbar.
Um das physische Leistungsvermögen während längerer Intervalle
körperlicher Aktivität beibehalten zu
können, ist regelmäßige Flüssig-
keitszufuhr von größter Wichtigkeit.
In einer Sportart wie Badminton, bei
der es unmöglich ist, den gesamten
Flüssigkeitsverlust während des
Spiels zu ersetzen, ist es von erheblicher Bedeutung, daß man sowohl vor als auch nach dem Spiel
trinkt (möglichst natürlich auch während des Spiels).
Man kann geleitet vom Durstgefühl
nicht die verlorengegangene Flüs-
sigkeitsmenge ersetzen. Normalerweise nimmt man dann nur etwa
die Hälfte davon zu sich. Am besten

würde man sich vor und nach jedem Spiel wiegen, um zu sehen, wieviel Flüssigkeit man verloren hat. Da aber nur selten eine Waage zur Verfügung steht, sollte man soviel trinken, bis man keinen Durst mehr hat, und danach einige weitere Schlucke.

Wichtig ist auch, daß man immer in mehreren kleinen Schlucken trinkt statt in wenigen großen. Man sollte während des Badmintonspielens nie Limonade oder andere stark zuckerhaltige Säfte trinken, weil sie wegen des hohen Zuckeranteils zu lange im Magen bleiben und nicht schnell genug in denjenigen Bereich des Körpers kommen, wo Flüssigkeit gebraucht wird. Ein Zuckergehalt von etwa 2,5% hat sich am besten bewährt und ist von daher zu empfehlen. Durch Aufnahme verschiedener »Sportgetränke« (Elektrolyt- und Elektrolyt-Kohlehydrat-Getränke) werden die verlorengegangenen Mineralstoffe ersetzt. Wenn ein solcher Trank nicht zur Verfügung steht, ist normales Wasser besser als das »falsche« Getränk.

Im letzten Augenblick gerettet! Icuk Sugiarto, Weltmeister im Herreneinzel 1983, im Doppel zusammen mit Hadinata Christian (beide Indonesien).

Sportunfälle

Da Badminton eine rasante Sportart mit vielen schnellen Bewegungen und Reflexen ist, kommt es manchmal zu Verletzungen. Meistens sind sie leichterer Art. Die Absicht der Behandlung einer Sportverletzung ist natürlich, die Genesung des Spielers schnell einzuleiten und den verletzungsbedingten Trainingsausfall so kurz wie möglich zu halten. Jeder Tag der Inaktivität bringt den Verlust von Schlagsicherheit und Kondition mit sich. Wichtig ist, daß man außer einem guten Arzt auch einen erfahrenen Sportphysiotherapeuten hinzu-

Helen Troke (England), Jugendeuropameisterin 1983 und bereits Dritte der Weltmeisterschaften 1983 im Dameneinzel, beim sogenannten Chinasprung.

zieht. Gerade Maßnahmen der physikalischen Therapie unterstützen den Heilungsprozeß nachhaltig. Grundsätzlich sollte man bei schweren Verletzungen und bei Verletzungen, die man nicht richtig einzuschätzen weiß, sofort einen Arzt aufsuchen und von eigenen Maßnahmen absehen.

Lediglich bei Verstauchungen des Fußgelenks – der wohl häufigsten Verletzung beim Badminton – ist es angezeigt, unverzüglich folgende Maßnahmen einzuleiten:

● Einen Druckverband anlegen und das Gelenk ziemlich stramm umwickeln.

● Danach das Gelenk mit Eistüten oder Kältekissen kühlen. Gekühlt wird in Intervallen von 15–20 Minuten ein- bis zweimal pro Stunde. Man kann auch bis zu 2 Stunden kühlen, dann aber nicht unmittelbar auf der Haut.

Wichtig ist das sofortige Anlegen des Druckverbands, um die inneren Blutungen zu stoppen. Bei richtiger Behandlung einer Verstauchung innerhalb der ersten 3 Minuten kann unter Umständen eine Zwangspause von Wochen oder manchmal Monaten vermieden werden.

Nach dieser ersten Hilfsmaßnahme ist der Verletzte sofort zur Diagnose in ein Krankenhaus oder zu einem Arzt zu fahren.

Spielregeln des Deutschen Badminton-Verbandes

(Stand 1981/82)

(Abdruck mit freundlicher Genehmigung des DBV)

Spielfeld

Regel 1

a) Das Spielfeld wird gemäß Zeichnung A mit den angegebenen Maßen angelegt (ausge-

nommen in dem in folgender Ziffer 1b bezeichneten Fall) und durch weiße oder gelbe oder, wenn dies nicht möglich ist, durch sonstige leicht erkennbare Linien abgegrenzt. Die

Thomas Künstler, vom TV Mainz-Zahlbach, deutscher Meister 1983 im Herreneinzel, beim kraftvollen Ausfallschritt.

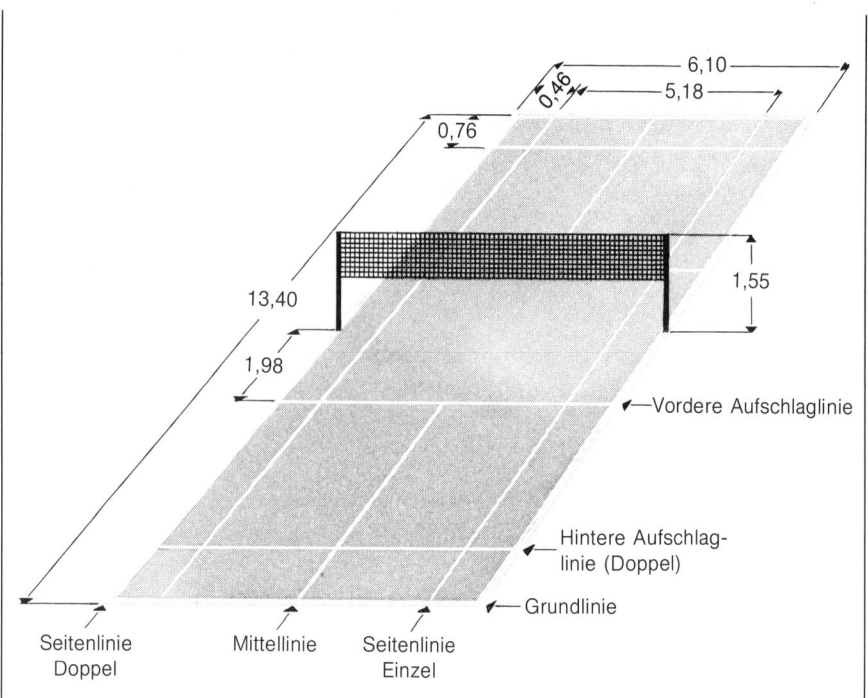

6,10
5,18
0,76
0,46
13,40
1,98
1,55

←—Vordere Aufschlaglinie

←— Hintere Aufschlag-
   linie (Doppel)

←—Grundlinie

Seitenlinie   Mittellinie   Seitenlinie
Doppel   Einzel

Abmessungen und Gliederung des Spielfelds.

Linien haben eine Breite von 4 cm.
Bei der Markierung des Spielfeldes liegt die Breite der Mittellinie (4 cm) zu gleichen Teilen im rechten und linken Aufschlagfeld. Die vordere und die hintere Aufschlaglinie liegen mit ihrer Breite (4 cm) innerhalb der Gesamtlänge des Aufschlagfeldes (3,96 m). Die Breite aller übrigen Begrenzungslinien (4 cm) liegt innerhalb der gegebenen Maße.

b) Wenn wegen Platzmangels die Markierung eines Doppelfeldes nicht möglich ist, kann das Spielfeld gemäß Zeichnung B nur für Einzelspiele angelegt werden. Die rückwärtige Begrenzungslinie ist dann gleichzeitig hintere Aufschlaglinie.
Die Pfosten oder Streifen aus geeignetem Material, die gemäß Regel 2 die Pfosten darstellen, werden auf den Seitenlinien aufgestellt.

Pfosten

Regel 2
Die Pfosten haben vom Boden gemessen eine Höhe von 1,55 m. Sie müssen stark genug sein, um das Netz gemäß Regel 3 straff gespannt zu halten. Die Pfosten werden auf den seitlichen Begrenzungslinien des Spielfeldes aufgestellt. Wenn dies nicht möglich ist, muß ein Hilfsmittel den Punkt bezeichnen, an dem sich die seitlichen Begrenzungslinien mit dem Netz schneiden, z. B. durch einen dünnen Stock oder einen 4 cm breiten Streifen aus geeignetem Material, die an den seitlichen Begrenzungslinien befestigt sind und senkrecht bis zum Netz hochführen. Beim Doppelfeld (Zeichnung A) werden die Pfosten an den seitlichen äußeren Begrenzungslinien aufgestellt, gleichgültig ob ein Doppel oder Einzel gespielt wird.

Netz

Regel 3
Das Netz wird aus feiner Kordel oder Kunstfaser in dunkler Farbe mit 1,5 bis 2 cm großen Maschen angefertigt. Es wird von Pfosten zu Pfosten straff gespannt und ist 76 cm tief. Die obere Linie des Netzes muß vom Boden gemessen an den Pfosten eine Höhe von 1,55 m und in der Mitte eine Höhe von 1,524 m haben. Das Netz ist mit einem 7,5 cm breiten doppelten weißen Band (Lasche) eingefaßt. Es wird von einem Seil oder Kabel gehalten, welches durch diese Lasche gezogen und am oberen Ende der beiden gleichhohen Pfosten befestigt ist.

Federball

Regel 4
aa) Allgemeine Form
Der Federball muß 14 bis 16 in einem Kork von 2,5 bis 2,8 cm Durchmesser befestigte Federn haben. Die Federn müssen von der Spitze bis zur Oberkante des Korks 6,4 bis 7,0 cm lang sein.
An den Federspitzen muß der Durchmesser 5,4 bis 6,4 cm betragen. Die Federn müssen mit Zwirn oder anderem geeignetem Material fest miteinander verbunden sein.
Der Kork muß unten abgerundet und insgesamt mit einer dünnen Schicht weißen Leders oder einem Material mit ähnlichen Eigenschaften überzogen sein.

ab) Synthetische Federbälle
Ein Korb aus synthetischem Material ersetzt die Naturfedern. Die Basis muß aus Kork sein, mit einer dünnen Schicht weißen Leders oder einem Material mit ähnlichen Eigenschaf-

ten überzogen. Alternativ dazu kann die Basis aus synthetischem Material hergestellt sein, wenn es ähnliche Eigenschaften hat und auf dem bespannten Schläger genauso empfunden wird, wie ein mit dünner Schicht weißen Leders überzogener Kork. Die Basis muß unten abgerundet sein.
Die Flugeigenschaft muß ähnlich der eines Federballs sein.
Die Abmessungen müssen dieselben sein wie in Regel 4 aa) beschrieben.
Wegen der Unterschiede im spezifischen Gewicht und im Verhalten des synthetischen Materials im Vergleich zu Naturfedern ist eine Abweichung in den festgelegten Ausmaßen von 10% zugelassen.

b) Gewicht
Der Federball muß zwischen 4,74 und 5,50 Gramm (73 und 85 grain) wiegen.

c) Geschwindigkeit und Flug
Die Geschwindigkeit des Federballs muß als korrekt angesehen werden, wenn er von einem Spieler mit einem vollen Unterhandschlag von einem Punkt unmittelbar über einer rückwärtigen Begrenzungslinie in Aufwärtsrichtung parallel zur Seitenlinie geschlagen wird und nicht weniger als 30 cm und nicht mehr als 76 cm von der gegenüberliegenden rückwärtigen Begrenzungslinie auftrifft.

d) Unter der Voraussetzung, daß keine Veränderung in allgemeiner Form, Gewicht, Geschwindigkeit und Flug eintritt, dürfen mit Zustimmung des zuständigen Nationalverbandes Veränderungen in der oben angegebenen Beschreibung vorgenommen werden, wenn

da) an Orten mit atmosphärischen Bedingungen, bestimmt entweder von Höhenlage oder Klima, der Standard-Federball ungeeignet ist, oder

db) besondere Umstände vorhanden sind, die es im Interesse des Spiels sonst erforderlich machen.

Spieler

Regel 5

a) Die Teilnehmer eines Spieles werden als »Spieler« oder »Spielerinnen« bezeichnet.

b) Das Spiel wird im Falle eines Doppels von zwei Spielern und im Falle eines Einzels von einem Spieler auf jeder Seite bestritten.

c) Die Seite, welche das Aufschlagrecht hat, heißt die »Innen«-Seite. Die andere Seite wird »Außen«-Seite genannt.

Los

Regel 6
Vor Beginn eines Spieles losen die beiden Gegner. Der Gewinner des Loses hat das Recht:
a) den ersten Aufschlag zu machen, oder
b) den ersten Aufschlag nicht zu machen, oder
c) die Seite zu wählen.
Dem Verlierer des Loses verbleibt danach die Wahl zwischen jeder übrigen Möglichkeit.

Zählen der Punkte

Regel 7
a) Das Doppel und das Herreneinzel werden je nach Vereinbarung zu 15 oder 21 Punkten gespielt. Wenn in einem Spiel zu 15 Punkten das Ergebnis 13 beide lautet, ist es der Seite, die zuerst 13 Punkte erreicht, freigestellt, das Spiel auf 5 zu setzen. Wenn das Spiel 14 beide lautet, hat die Seite, die zuerst 14 erreichte, die Wahl, das Spiel auf 3 zu setzen. Nachdem das Spiel gesetzt ist, heißt das Ergebnis »Null beide«. Die Seite, die zuerst 5, falls das Spiel bei 13 gesetzt wurde, oder entsprechend 3 Punkte, falls das Spiel bei 14 gesetzt wurde, erreicht hat, ist Gewinner. In beiden Fällen muß der Anspruch auf »Setzen« eines Spieles vor dem nächsten Aufschlag geltend gemacht werden, der auf das Ergebnis 13 oder 14 beide folgt. Bei einem Spiel zu 21 Punkten entsprechen die Punktzahlen 19 und 20 denen von 13 und 14.
b) Das Dameneinzel wird zu 11 Punkten gespielt. Wenn das Ergebnis 9 beide lautet, hat die Spielerin, die zuerst 9 Punkte erreichte, die Wahl, das Spiel auf 3 zu setzen. Wenn das Ergebnis 10 beide lautet, hat die Spielerin, die zuerst 10 Punkte erreichte, die Wahl, das Spiel auf 2 zu setzen.
c) Hat eine Seite bei der ersten Gelegenheit abgelehnt, das Spiel zu setzen, ist sie nicht davon ausgeschlossen, das Spiel zu setzen, falls sich eine zweite Gelegenheit dazu bietet.
d) In Handicap-Spielen ist Setzen nicht erlaubt.

Regel 8
Falls nicht anders vereinbart, tragen die Gegner zwei Gewinnsätze aus. Die Spieler wechseln die Seiten bei Beginn des zweiten und bei Beginn des dritten Satzes (falls ein solcher ausgetragen wird). Im dritten Satz werden die Seiten gewechselt, wenn die führende Seite folgende Punktzahlen erreicht hat:
a) 8 in einem Spiel zu 15 Punkten,
b) 6 in einem Spiel zu 11 Punkten,
c) 11 in einem Spiel zu 21 Punkten, oder wenn in Handicap-Spielen eine Seite die Hälfte der Punktzahl erreicht hat, die zum Gewinn des

Spieles erforderlich ist (bei Brüchen wird zur nächsthöheren Zahl aufgerundet). Wenn nur ein Satz vereinbart ist, werden die Seiten wie in einem dritten Satz gewechselt. Wenn die Spieler es versäumen, die Seiten gemäß dieser Regel bei den vorgeschriebenen Punktzahlen zu wechseln, müssen die Seiten unmittelbar nach Erkennen des Fehlers gewechselt werden. Die bis dahin erreichte Punktzahl bleibt bestehen.

Doppelspiel

Regel 9

a) Nachdem entschieden ist, welche Seite den ersten Aufschlag hat, beginnt der Spieler im rechten Aufschlagfeld der betreffenden Seite das Spiel. Er schlägt den Federball zu dem gegnerischen Spieler im diagonal gegenüberliegenden Aufschlagfeld. Schlägt dieser gegnerische Spieler den Federball zurück, bevor er den Boden berührt hat, so ist der Federball von einem der Spieler der »Innen«-Seite zurückzuschlagen, dann wieder von einem Spieler der »Außen«-Seite und so weiter, bis ein Fehler gemacht wird oder der Federball nicht mehr »im Spiel« ist (siehe folgende Ziffer 9 b). Wird von der »Innen«-Seite ein Fehler gemacht, geht das Aufschlagrecht verloren, da die

Seite, die das Spiel beginnt, nur einmal das Aufschlagrecht hat (siehe Regel 11). Der Spieler im rechten Aufschlagfeld der gegnerischen Seite hat nun den Aufschlag. Wird jedoch der Federball nicht zurückgeschlagen oder von der »Außen«-Seite ein Fehler gemacht, gewinnt die »Innen«-Seite einen Punkt. Die Spieler der »Innen«-Seite wechseln daraufhin von einem Aufschlagfeld zum anderen. Nun wird der Federball vom linken Aufschlagfeld zu dem gegnerischen diagonal gegenüberliegenden Aufschlagfeld geschlagen. Solange eine Seite »Innen«-Seite bleibt, wird der Aufschlag abwechselnd von jedem Aufschlagfeld zum diagonal gegenüberliegenden gegeben. Der Wechsel der »Innen«-Seite erfolgt dann, und nur dann, wenn ein Punkt erzielt wurde.

b) Der erste Aufschlag der Seite, die das Aufschlagrecht neu erworben hat, wird stets vom rechten Aufschlagfeld ausgeführt. Ein Aufschlag ist ausgeführt, sobald der Federball vom Schläger des Aufschlagspielers berührt wird. Damit ist der Federball so lange »im Spiel«, bis er den Boden berührt, ein Fehler gemacht, eine Wiederholung gegeben wird oder die Regel 19 anzuwenden ist. Nach ausgeführtem Aufschlag können sowohl der Aufschlagspieler als auch der Spieler, dem der Fe-

derball zugespielt wurde, ohne Rücksicht auf die Begrenzungslinien jeden Platz auf ihrer Seite des Netzes annehmen.

Regel 10
Nur der Spieler, dem der Aufschlag zugespielt wird, darf den aufgeschlagenen Federball annehmen; wird aber der aufgeschlagene Federball von dessen Partner berührt oder geschlagen, gewinnt die »Innen«-Seite einen Punkt. Kein Spieler darf in einem Spiel zwei hintereinanderfolgende Aufschläge annehmen, vorbehaltlich der Regel 12.

Regel 11
Bei Beginn des Spieles (Satzes) hat nur ein Spieler der den ersten Aufschlag ausführenden Seite das Aufschlagrecht. Nachher und nach jedem Aufschlagwechsel haben die beiden Partner einer Seite hintereinander je einmal das Aufschlagrecht. Die ein Spiel (Satz) gewinnende Seite hat immer den ersten Aufschlag im folgenden Satz. Dabei darf jeder der Gewinner aufschlagen und jeder der Verlierer den Federball annehmen.

Regel 12
Wenn ein Spieler außer der Reihe oder vom falschen Aufschlagfeld aus aufschlägt (auf Grund einer Verwechslung des Aufschlagfeldes, von dem aus aufgeschlagen werden mußte) und seine Seite den Ballwechsel gewinnt, wird dieser Ballwechsel wiederholt. Voraussetzung ist jedoch, daß reklamiert und eine Wiederholung gestattet wurde oder durch den Schiedsrichter bestimmt wird, bevor der nächste Aufschlag ausgeführt wird.

Nimmt ein Spieler, der im falschen Aufschlagfeld steht, einen Aufschlag an, und seine Seite gewinnt den Ballwechsel, wird dieser Ballwechsel wiederholt. Voraussetzung ist jedoch, daß reklamiert und eine Wiederholung gestattet wurde oder durch den Schiedsrichter bestimmt wird, bevor der nächste Aufschlag ausgeführt wird.

Falls in einem der beiden vorstehenden Fälle die Seite, die den Fehler gemacht hat, den Ballwechsel verliert, bleibt dieser Irrtum bestehen. Die falschen Positionen der Spieler werden für den Rest des Satzes nicht geändert.

Wenn ein Spieler unbeabsichtigt vom falschen Aufschlagfeld aus gespielt hat und sein Versehen erst nach dem nächstfolgenden Aufschlag festgestellt wird, bleibt der Irrtum bestehen. Eine Wiederholung des Ballwechsels ist in diesem Fall nicht zulässig. Die falsche Position wird für den Rest des Satzes nicht geändert.

Einzelspiel

Regel 13

Im Einzelspiel gelten die Regeln 9 bis 12 mit folgenden Ausnahmen:

a) Die Spieler schlagen und empfangen den Aufschlagball im rechten Aufschlagfeld, wenn die Punktzahl des Aufschlagspielers »0« oder eine gerade Zahl ist. Dagegen schlagen und empfangen sie den Aufschlagball im linken Aufschlagfeld, wenn die Punktzahl des Aufschlagspielers eine ungerade Zahl ist. Setzen unterbricht diese Folge nicht.

b) Beide Spieler wechseln die Aufschlagfelder nach jedem erreichten Punkt.

Fehler

Regel 14

Wenn ein Spieler der »Innen«-Seite einen Fehler macht, verliert er das Aufschlagrecht. Macht dagegen ein Spieler der »Außen«-Seite einen Fehler, gewinnt die »Innen«-Seite einen Punkt.

Es ist ein Fehler, wenn

a) beim Aufschlag

aa) der erste Berührungspunkt mit dem Federball nicht die Basis des Federballes ist, oder

ab) sich ein Teil des Federballes im Augenblick der Ausführung des Schlages über der Taille des Aufschlägers befindet, oder

ac) im Augenblick des Schlages der Schlägerschaft nicht in eine Abwärtsrichtung zeigt, bei der der gesamte Kopf des Schlägers sich erkennbar unter der Hand des Aufschlägers befindet;

b) beim Aufschlag der Federball in das falsche Aufschlagfeld gelangt (d. h. nicht in das diagonal gegenüberliegende Feld) oder vor die vordere Aufschlaglinie bzw. hinter die hintere Aufschlaglinie bzw. außerhalb der seitlichen Begrenzungslinien des Aufschlagfeldes fällt, in das der Aufschlag auszuführen ist;

c) die Füße des aufschlagenden Spielers nicht in dem Aufschlagfeld stehen, von dem aus aufgeschlagen werden muß, oder die Füße des den Aufschlag empfangenen Spielers nicht in dem diagonal gegenüberliegenden Aufschlagfeld stehen, bis der Aufschlag ausgeführt ist (siehe Regel 16);

d) einer der Spieler zu täuschen versucht oder anderweitig absichtlich seinen Gegner täuscht, nachdem der Aufschlag einmal begonnen worden ist, oder wenn ein Spieler vorsätzlich den Aufschlag oder die Bereitschaft zur Annahme des Aufschlages verzögert, um sich dadurch einen unfairen Vorteil zu verschaffen (Der Aufschlag beginnt mit der ersten Vorwärtsbewegung

des Schlägers des Aufschlagenden, nachdem Aufschläger und Aufschlagempfänger ihre Positionen zum Aufschlagen bzw. zum Empfang des Aufschlages eingenommen haben; der Aufschlag darf nach dem Beginn nicht unterbrochen werden);

e) der Federball beim Aufschlag oder während des Spieles außerhalb der Spielfeldgrenzen fällt, durch oder unter das Netz geschlagen wird, nicht ungehindert am Netz vorbeifliegt, die Decke oder die Seitenwände des Spielraumes bzw. den Körper oder die Bekleidung eines Spielers berührt; (fällt der Federball auf eine Begrenzungslinie, so gilt er als in das von dieser Linie begrenzte Feld gefallen);

f) wenn im Spiel sich der Anfangsberührungspunkt mit dem Federball nicht auf der Seite des Netzes des Schlagenden befindet (der Schlagende darf jedoch im Verlauf eines Schlages mit seinem Schläger dem Federball über das Netz folgen);

g) ein Spieler das Netz oder dessen Haltevorrichtungen mit dem Schläger, seinem Körper oder seiner Bekleidung berührt, während sich der Federball »im Spiel« befindet;

h) der Federball während der Ausführung des Schlages am Schläger gehalten wird (d. h. angehalten oder geworfen);

oder wenn der Federball zweimal nacheinander vom gleichen Spieler mit zwei Schlägen getroffen wird; oder wenn der Federball nacheinander von einem Spieler und seinem Partner getroffen wird;

i) Während des Spieles ein Spieler den Federball berührt (sofern er diesen nicht fehlerfrei zurückschlägt) oder vom Federball berührt wird, wobei es gleichgültig ist, ob der Spieler innerhalb oder außerhalb des Spielfeldes steht;

j) ein Spieler seinen Gegner behindert;

k) gegen Regel 16 verstoßen wird;

l) ein Spieler sich nach Regel 21 empört oder beharrlich schlechtes Verhalten zeigt.

Allgemeines

Regel 15

Der Aufschlagspieler soll erst dann den Federball aufschlagen, wenn sein Gegner bereit ist. Der Gegner ist als bereit anzusehen, wenn von ihm der Rückschlag des Aufschlagballes versucht wird.

Regel 16

Der Aufschlagspieler und der Aufschlagempfänger müssen innerhalb der entsprechenden Grenzen ihrer Aufschlagfelder (begrenzt von der vorderen und hinteren Aufschlaglinie sowie von der Mittel- und Seitenlinie) stehen und irgendein Teil beider Füße dieser Spieler

muß so lange mit dem Boden in ruhender Stellung in Berührung bleiben, bis der Aufschlag ausgeführt worden ist. Steht ein Fuß des Aufschlagspielers oder des Aufschlagempfängers auf einer Linie oder berührt er diese, so gilt dieser als außerhalb des Aufschlagfeldes (siehe Regel 14 c). Die entsprechenden Partner können jede Stellung einnehmen. Sie dürfen jedoch den Gegner weder in der Sicht noch sonst behindern.

Regel 17

a) Wenn der Federball das Netz berührt, wird der Aufschlag nicht wiederholt, vorausgesetzt, daß der Aufschlag sonst in Ordnung war. Wenn der Federball während eines Ballwechsels das Netz berührt und dieses dabei noch überfliegt, ist der Schlag gültig. Ein Rückschlag ist gültig, wenn der Federball, der außen an einem der Pfosten vorbeigeschlagen wird, in das gegnerische Spielfeld oder auf seine Begrenzungslinien fällt. Eine Wiederholung kann vom Schiedsrichter für jede zufällige und ungewollte Behinderung gegeben werden.

b) Wenn ein Federball beim Aufschlag oder Ballwechsel, nachdem er das Netz überflogen hat, sich im oder am Netz verfängt, ist der Aufschlag zu wiederholen.

c) Wenn dem Aufschlagnehmer wegen Sich-Bewegens bevor der Aufschlag ausgeführt ist, ein Fehler gegeben wird, oder weil er sich nicht im richtigen Aufschlagfeld befindet (siehe Regel 14 c oder 16), und gleichzeitig dem Aufschläger wegen Übertretung der Aufschlagregeln ein Fehler gegeben wird, so ist »Wiederholung« zu geben.

d) Wenn eine Wiederholung anfällt, gilt der zuletzt ausgeführte Aufschlag nicht mit. Der Spieler, der diesen Aufschlag hatte, wiederholt den Aufschlag, ausgenommen die Anwendung der Regel 12 ist möglich.

Regel 18

Wenn ein Spieler den Federball beim Aufschlag nicht trifft, so ist dies kein Fehler. Berührt hierbei jedoch der Schläger den Federball, so gilt der Aufschlag als ausgeführt.

Regel 19

Wenn im Spiel der Federball das Netz berührt hat und darin hängen geblieben ist, oder gegen das Netz geschlagen und auf das Spielfeld des Schlagenden zurückfällt, oder den Boden außerhalb des Spielfeldes berührt hat, und sodann der Gegner das Netz oder den Federball mit seinem Körper oder Schläger berührt, ist dies kein Fehler, da der Federball dann nicht mehr »im Spiel« ist.

Regel 20
Wenn ein Spieler die Gelegenheit hat, nahe am Netz den Federball nach unten zu schlagen, darf der Gegner seinen Schläger nicht mit der Absicht in der Nähe des Netzes halten, den Federball zurückprallen zu lassen. Dies ist eine Behinderung im Sinne der Regel 14 j.
Der Spieler darf jedoch seinen Schläger hochhalten, um sein Gesicht zu schützen. Er darf aber dabei seinen Gegner nicht täuschen.

Regel 21
Wenn ein Spieler absichtlich die Geschwindigkeit des Federballes verändert oder sich in beleidigender Weise benimmt oder schlechten Verhaltens schuldig ist, muß der Schiedsrichter – soweit es nicht durch eine andere Regel abgedeckt ist –
a) eine Verwarnung an den Spieler aussprechen und
b) einen Fehler geben, wenn er weiterhin empörend oder hartnäckig bei seinem Verhalten bleibt.
Wenn der Spieler, nachdem der Schiedsrichter nach den oben genannten Buchstaben b) gehandelt hat, fortfährt, die Regel 21 zu verletzen, kann der Schiedsrichter den Verstoß dem Oberschiedsrichter melden. Der Oberschiedsrichter hat das Recht, die Seite, die gegen die Regel verstößt, zu disqualifizieren.

Regel 22
Der Schiedsrichter ist verpflichtet, »Fehler« oder »Wiederholung« zu rufen, sobald hierzu Veranlassung besteht, ohne von den Spielern darauf aufmerksam gemacht zu werden. Er hat seine Entscheidung bei einer auftretenden Zweifelsfrage zu treffen, falls er dazu vor Beginn des nächsten Aufschlages ersucht wird. Er ist ferner berechtigt, für ein Spiel Linienrichter und Aufschlagrichter einzusetzen. Die Entscheidung des Schiedsrichters ist endgültig, er muß jedoch die Entscheidung des Linienrichters und des Aufschlagrichters aufrechterhalten. Dieses entbindet den Schiedsrichter jedoch nicht davon, bei Erkennen eines Fehlers des Aufschlägers oder des Aufschlagnehmers entsprechend selbst zu entscheiden.
Wenn ein Oberschiedsrichter bestellt ist, ist dieser nur in Fragen der Regelauslegung zuständig.

Fortgesetztes Spiel

Regel 23
a) Das Spiel wird ununterbrochen vom ersten Aufschlag bis zum Ende des Kampfes fortgesetzt. Es dürfen nur folgende Ausnahmen zugelassen werden:
aa) Bei den Internationalen Badminton-Meisterschaften (Thomas-Cup) und bei den Internationalen Badmin-

ton-Meisterschaften der Damen (Uber-Cup) kann zwischen dem zweiten und dritten Satz eines Spieles eine Pause von nicht länger als fünf Minuten gestattet werden.

ab) In Ländern, in denen es die Bedingungen erforderlich machen, kann entweder nur beim Einzel oder beim Doppel oder bei beiden auf Grund einer vorher veröffentlichten Genehmigung des zuständigen Nationalverbandes zwischen dem zweiten und dritten Satz eines Spieles eine Pause von nicht länger als fünf Minuten gestattet werden.
(Im Gebiet des Deutschen Badminton-Verbandes kann eine Pause von 5 Minuten zwischen dem 2. und 3. Satz eingelegt werden.)

ac) Der Schiedsrichter ist berechtigt, das Spiel so lange zu unterbrechen, als besondere Umstände, die au-ßerhalb der Gewalt eines Spielers stehen, dies seinem Ermessen nach erfordern.
Wird ein Spiel unterbrochen, bleibt die bis dahin erreichte Punktzahl bestehen. Das Spiel wird mit dieser Punktzahl fortgesetzt.

b) Unter keinen Umständen darf ein Spiel unterbrochen werden, um einem Spieler die Möglichkeit zu geben, sich zu erholen oder Luft zu sammeln und Instruktionen oder Ratschläge einzuholen.

c) Mit Ausnahme der oben vorgesehenen Pause darf kein Spieler vor Ende des Kampfes das Spielfeld ohne Einwilligung des Schiedsrichters verlassen.

d) Der Schiedsrichter hat die alleinige Entscheidungsgewalt über die Unterbrechung eines Spieles. Er hat außerdem das Recht, einen gegen diese Regel verstoßenden Spieler zu disqualifizieren.

Literaturverzeichnis

Wend-Uwe Boeckh-Behrens: Badminton heute.
Intermedia Werbe- und Verlagsgesellschaft mbH, 1983

Niesner/Ranzmayer, Badminton – Training, Technik, Taktik, rororo 1980

Fabig/Olinski/Sklorz, richtig badmintonspielen,
BLV Verlagsgesellschaft 1982

Hartmut Meis: Badminton-Praxis.

Fachwortverzeichnis

aerobe Ausdauer Ausdauerform, bei der die Energie durch die Verbrennung von Glucose und Fettsäure bereitgestellt wird

All England Championships alljährliches Spitzenturnier in England seit 1889

anaerobe Ausdauer Ausdauerform, bei der die Energie durch nichtoxidative Prozesse bereitgestellt wird

Angriffsclear flache, schnelle Variante des Clear knapp über oder neben der Reichweite des Gegners

Badminton wettkampfmäßige Form des Federballspiels, nach dem Landsitz »Badminton House« in England benannt

Circuit Trainingsform zur Verbesserung der Schnellkraft oder der Kraftausdauer (Zirkeltraining)

Clear hoher, weiter Schlag auf die Grundlinie des gegnerischen Feldes

Clear links vom Kopf technisch anspruchsvoller Clear mit der Vorhand, auf der Rückhandseite zur Vermeidung eines Rückhandschlages

Drive harter, flacher Schlag etwa in Netzhöhe (Treibschlag)

Drop kurzer, schnell abwärtsgehender Ball dicht hinter das Netz

Folgedurchschlag Ausschwung des Schlagarms nach dem Schlag, ohne Bremsen der Bewegung bis zur anatomisch vorgegebenen Grenze

Gewöhnungsübungen Übungen zur Heranführung von Anfängern an die spezifischen Anforderungen des Badmintonspiels und zur Gewöhnung an Ball und Schläger

Grundlinie rückwärtige Begrenzungslinie des Einzel- und des Doppelfeldes

Grundstellung Ausgangsposition (möglichst vor jedem Schlag) nahezu in der Feldmitte

Half-Smash weicher, meist taktisch bedingter Schmetterschlag, der fließend in den »schnellen Drop« übergeht

hoher Aufschlag insbesondere im Einzel praktizierte Möglichkeit, den Ball durch einen hohen, weiten Schlag auf die Grundlinie des Gegners ins Spiel zu bringen

IBF Badminton-Weltverband (International Badminton Federation)

kurzer Aufschlag Möglichkeit, durch einen flach über das Netz fliegenden kurzen Ball auf die vordere Aufschlaglinie des Gegners das Spiel zu eröffnen (meist in Doppel und Mixed praktiziert)

Laktat leistungsmindernder Milchsäurerückstand im Blut

Lauftechnik möglichst flüssige und ökonomische Art und Weise, den gegnerischen Ball zu erreichen

Netzdrop dicht am Netz gespielter Ball knapp über die Netzkante

Schlägerhaltung optimale Lage des Schlägergriffs in der Hand

Schleifenbewegung kreisförmige Ausholbewegung vor dem Schlag zur optimalen Beschleunigung des Schlägerkopfes, unter Ausnutzung der physikalischen Vorteile einer kreisförmigen Beschleunigung

schneller Drop schnell abwärts gespielter Ball ohne besonders starken Körpereinsatz

Smash Schmetterschlag; härtester Schlag im Sportspiel Badminton mit vollem Körpereinsatz

Stellungsspiel Einnahme einer optimalen Position auf dem Feld in Erwartung des gegnerischen Schlages

Stretching besondere Form von Dehnübungen zum Training der Beweglichkeit und zum Aufwärmen

Swip-Aufschlag Aufschlagvariante, bei der ein kurzer Aufschlag »anfintiert«, jedoch ein schneller Ball bis zur hinteren Aufschlaglinie des gegnerischen Feldes gespielt wird

Tempowechselmethode besondere Form des Ausdauertrainings

Thomas-Cup Mannschaftsweltmeisterschaft für Herrennationalmannschaften

Uber-Cup Mannschaftsweltmeisterschaft für Damennationalmannschaften

Überkopf-Clear Clear, bei dem der Treffpunkt des Balls annähernd genau über dem Kopf des Schlagenden liegt

Umsprung besondere Art der Lauftechnik, um einen Ball unter Zeitnot im Sprung zu schlagen

Unterhand-Clear Clear, bei dem der Ball unterhalb der Netzkante erreicht und der Schlag von unten nach oben ausgeführt wird.

Vorspannung entgegengesetzte Ausdehnung der Muskulatur vor der sich anschließenden Kontraktion, zur Erzeugung einer besonders schnellkräftigen Bewegung

Register

Gesamt-Programm

Essen und Trinken

FALKEN EXKLUSIV
Kochen in höchster Vollendung
Aus vier Elementen ist alles zusammengefügt
(Theophrast). (4291) Von M. Wissing, M. Kirsch,
160 S., 230 Farbfotos, Leinen geprägt mit
Schutzumschlag, im Schuber.
DM 98,–, S 784.–

Köstliche Suppen
für jede Tages- und Jahreszeit. (5122) Von
E. Fuhrmann, 64 S., 38 Farbfotos, 2 Zeichnungen, Pappband. ●●

Was koche ich heute?
Neue Rezepte für Fix-Gerichte. (0608) Von A.
Badelt-Vogt, 112 S., 16 Farbtafeln, kart. ●

Kochen für 1 Person
Rationell wirtschaften, abwechslungsreich
und schmackhaft zubereiten. (0586) Von M.
Nicolin, 136 S., 8 Farbtafeln, 23 Zeichnungen,
kart. ●

Schnell und individuell
Die raffinierte Single-Küche
(4266) Von F. Faist, 160 S., 151 Farbfotos,
Pappband. ●●

Gesunde Kost aus dem Römertopf
(0442) Von J. Kramer, 128 S., 8 Farbtafeln,
13 Zeichnungen, kart. ●

FALKEN-FEINSCHMECKER
Pasta in Höchstform
Nudeln
(0884) Von M. Kirsch, 64 S., 62 Farbfotos,
Pappband. ●

Nudelgerichte
– lecker, locker, leicht zu kochen. (0466) Von
C. Stephan, 80 S., 8 Farbtafeln, kart. ●

Lieblingsrezepte
Phantasievoll zubereitet und originell
dekoriert. (4234) Hrsg. P. Diller. 160 S., 120
Farbfotos, 34 Zeichnungen, Pappband. ●●●

FALKEN-FEINSCHMECKER
In Hülle und Fülle
Pasteten und Terrinen
(0883) Von M. Kirsch, 48 S., 62 Farbfotos,
Pappband. ●

FALKEN-FEINSCHMECKER
Spezialitäten unter knuspriger Decke
Aufläufe
(0882) Von C. Adam, 48 S., 33 Farbfotos,
Pappband. ●

Die besten Eintöpfe und Aufläufe
Das Beste aus den Kochtöpfen der Welt
(5079) Von A. und G. Eckert, 64 S., 50 Farbfotos, Pappband. ●●

FALKEN-FEINSCHMECKER
Herzhaftes für Leib und Seele
Eintöpfe
(0020) Von P. Klein, 48 S., 30 Farbfotos,
Pappband. ●

Schnell und gut gekocht
Die tollsten Rezepte für den Schnellkochtopf.
(0265) Von J. Ley, 96 S., 8 Farbtafeln, kart. ●

Kochen und backen im Heißluftherd
Vorteile, Gebrauchsanleitung, Rezepte.
(0516) Von K. Kölner, 72 S., 8 Farbtafeln,
kart. ●

Zaubern mit der schnellen Welle
Die neue Mikrowellenküche
(4289) Von F. Faist, 208 S., 188 Farbfotos,
Pappband. ●●●

Das neue Mikrowellen-Kochbuch
(0434) Von H. Neu, 64 S., 4 Farbtafeln,
16 s/w Zeichnungen, kart. ●

Ganz und gar mit Mikrowellen
(4094) Von T. Peters, 208 S., 24 Farbfotos,
12 Zeichnungen, kart. ●●●

FALKEN-FEINSCHMECKER
Schnell auf den Tisch gezaubert
Kochen mit Mikrowellen
(0818) Von A. Danner, 64 S., 52 Farbfotos,
Pappband. ●

Marmeladen, Gelees und Konfitüren
Köstlich wie zu Omas Zeiten – einfach selbstgemacht. (0720) Von M. Gutta, 32 S.,
23 Farbfotos, 1 Zeichnung, Pappband. ●

Einkochen
nach allen Regeln der Kunst. (0405) Von B.
Müller, 128 S., 8 Farbtafeln, kart. ●

Einkochen, Einlegen, Einfrieren
(4055) Von B. Müller, 152 S., 27 s/w.-Abb.,
kart. ●●

FALKEN-FEINSCHMECKER
Goldbraun und knusprig
Fritierte Leckerbissen
(0868) Von F. Faist, 64 S., 47 Farbfotos,
Pappband. ●

Das neue Fritieren
geruchlos, schmackhaft und gesund. (0365)
Von P. Kühne, 96 S., 8 Farbtafeln, kart. ●

FALKEN-FEINSCHMECKER
Die Krönung der feinen Küche
Saucen
(0817) Von G. Cavestri, 48 S., 40 Farbfotos,
Pappband. ●

FALKEN-FEINSCHMECKER
Edler Kern in harter Schale
Meeresfrüchte
(0886) Von L. Grieser, 48 S., 52 Farbfotos,
Pappband. ●

FALKEN-FEINSCHMECKER
Von Tatar und falschen Hasen
Hackfleisch
(0866) Von A. und G. Eckert, 64 S., 42 Farbfotos, Pappband. ●

Mehr Freude und Erfolg beim **Grillen**
(4141) Von A. Berliner, 160 S., 147 Farbfotos,
10 farbige Zeichnungen, Pappband. ●●●

Grillen
Fleisch · Fisch · Beilagen · Soßen. (5001) Von
E. Fuhrmann, 64 S., 38 Farbfotos, Pappband.
●●

Chinesisch kochen
mit dem Wok-Topf und dem Mongolen-Topf.
(0557) Von C. Korn, 64 S., 8 Farbtafeln, kart.
●

Schlemmerreise durch die
Chinesische Küche
(4184) Von Kuo Huey Jen, 160 S., 117 Farbfotos, Pappband. ●●●

Nordische Küche
Speisen und Getränke von der Küste. (5082)
Von J. Kürtz, 64 S., 44 Farbfotos, Pappband.
●●

Deutsche Küche
Schmackhafte Gerichte von der Nordsee bis
zu den Alpen. (5025) Von E. Fuhrmann,
64 S., 52 Farbfotos, Pappband. ●●

Essen in Hessen
Spezialitäten zwischen Schwalm und Oden-
wald. (0837) Von R. Witt, 120 S.,
10 s/w-Zeichnungen, Pappband. ●●

Französisch kochen
Eine kulinarische Reise durch Frankreich.
(5016) Von M. Gutta, 64 S., 35 Farbfotos,
Pappband. ●●

Französische Küche
(0685) Von M. Gutta, 96 S., 16 Farbtafeln,
kart. ●

**Französische Spezialitäten aus dem
Backofen**
Herzhafte Tartes und Quiches mit Fleisch,
Fisch, Gemüse und Käse
(5146) Von P. Klein, 64 S., 43 Farbfotos,
Pappband. ●

FALKEN-FEINSCHMECKER
Aus lauter Lust und Liebe
Knoblauch
(0867) Von L. Reinirkens, 64 S., 45 Farbfotos, Pappband. ●

Kochen und würzen mit **Knoblauch**
(0725) Von A. und G. Eckert, 96 S., 8 Farbtafeln, kart. ●

Schlemmerreise durch die
Italienische Küche
(4172) Von V. Pifferi. 160 S., 109 Farbfotos,
Pappband. ●●●

**Pizza, Pasta und die feine italienische
Küche**
(4270) Von R. Rudatis, 120 S., 255 Farbfotos, Pappband. ●●

Italienische Küche
Ein kulinarischer Streifzug mit regionalen
Spezialitäten. (5026) Von M. Gutta, 64 S.,
35 Farbfotos, Pappband. ●●

Köstliche Pizzas, Toasts, Pasteten
Schmackhafte Gerichte schnell zubereitet.
(5081) Von A. und G. Eckert, 64 S., 46 Farbfotos, Pappband. ●

FALKEN-FEINSCHMECKER
Schlemmen wie bei Mamma Maria
Pizzas
(0815) Von F. Faist, 64 S., 62 Farbfotos,
Pappband. ●

Köstliche Pilzgerichte
Tips und Rezepte für die häufigsten Pilzgat-
tungen. (5133) Von V. Spicker-Noack, M.
Knoop, 64 S., 52 Farbfotos, Pappband. ●●

Köstliche Fondues
mit Fleisch, Geflügel, Fisch, Käse, Gemüse und
Süßem. (5006) Von E. Fuhrmann, 64 S.,
50 Farbfotos, Pappband. ●●

Fondues
und fritierte Leckerbissen. (0471) Von
S. Stein, 96 S., 8 Farbtafeln, kart. ●

Fondues · Raclettes · Flambiertes
(4081) Von R. Peiler und M.-L. Schult, 136 S.,
15 Farbtafeln, 28 Zeichnungen, kart. ●●

**Neue, raffinierte Rezepte mit dem
Raclette-Grill**
(0558) Von L. Helger, 56 S., 8 Farbtafeln,
kart. ●

Die hier vorgestellten Bücher, Videokassetten und Software sind in folgende Preisgruppen unterteilt:

● Preisgruppe bis DM 10,–/S 79,–
●● Preisgruppe über DM 10,– bis DM 20,–
S 80,– bis S 160,–

●●● Preisgruppe über DM 20,– bis DM 30,–
S 161,– bis S 240,–

●●●● Preisgruppe über DM 30,– bis DM 50,–
S 241,– bis S 400,–
●●●●● Preisgruppe über DM 50,–/S 401,–
*(unverbindliche Preisempfehlung)

FALKEN VERLAG

Postfach 1120 · D-6272 Niederhausen/Ts.　　　　Tel. 0 6127/70 20 · Telex 4186585 fves d

Rezepte rund um Raclette und Doppeldecker
(0420) Von J. W. Hochscheid, 72 S., 8 Farbtafeln, kart. ●

Fondues und Raclettes
(4253) Von F. Faist, 160 S., 125 Farbfotos, Pappband. ●●●

FALKEN-FEINSCHMECKER
Schmelzendes Käsevergnügen
Raclette
(0881) Von F. Faist, 48 S., 33 Farbfotos, Pappband. ●

Kulinarischer Feuerzauber
Flambieren
(4294) Von R. Wesseler, 120 S., 100 Farbfotos, Pappband. ●●●

Kochen und würzen mit
Paprika
(0792) Von A. und G. Eckert, 88 S., 8 Farbtafeln, kart. ●

Kleine Kalte Küche
für Alltag und Feste. (5097) Von A. und G. Eckert, 64 S., 45 Farbfotos, Pappband. ●●

Kalte Platten – Kalte Büfetts
rustikal bis raffiniert. (5015) Von M. Gutta, 64 S., 34 Farbfotos, Pappband. ●●

Kalte Happen und Partysnacks
Canapés, Sandwiches, Pastetchen, Salate und Suppen. (5029) Von D. Peters, 64 S., 44 Farbfotos, Pappband. ●●

Garnieren und Verzieren
(4236) Von R. Biller, 160 S., 329 Farbfotos, 57 Zeichnungen, Pappband. ●●●

Desserts
Puddings, Joghurts, Fruchtsalate, Eis, Gebäck, Getränke. (5020) Von M. Gutta, 64 S., 41 Farbfotos, Pappband. ●●

FALKEN-FEINSCHMECKER
Süße Verführungen
Desserts
(0885) Von M. Bacher, 64 S., 75 Farbfotos, Pappband. ●

FALKEN-FEINSCHMECKER
Süße Geheimnisse eiskalt gelüftet
Eis und Sorbets
(0870) Von H. W. Liebheit, 48 S., 38 Farbfotos, Pappband. ●

Crêpes, Omeletts und Soufflés
Pikante und süße Spezialitäten. (5131) Von J. Rosenkranz, 64 S., 45 Farbfotos, Pappband. ●●

Kuchen und Torten
Die besten und beliebtesten Rezepte. (5067) Von M. Sauerborn, 64 S., 79 Farbfotos, Pappband. ●●

Tortenträume und Kuchenfantasien
Gebackene Köstlichkeiten originell dekoriert und verziert. (0823) Von F. Faist, 80 S., 150 Farbfotos, kart. ●●

Backen mit Lust und Liebe
(4284) Von M. Schumacher, R. Krake, 242 S., 348 Farbfotos, 18 farb. Vignetten, 3 vierseitige Ausklapptafeln, Pappband. ●●●●

Schönes Hobby Backen
Erprobte Rezepte mit modernen Backformen. (0451) Von E. Blome, 96 S., 8 Farbtafeln, kart. ●

Backen, was allen schmeckt
Kuchen, Torten, Gebäck und Brot. (4166) Von E. Blome, 556 S., 40 Farbfotos, Pappband. ●●●

Meine Vollkornbackstube
Brot · Kuchen · Aufläufe. (0616) Von R. Raffelt, 96 S., 4 Farbtafeln, 12 Zeichnungen, kart. ●

FALKEN-FEINSCHMECKER
Mit Körnern, Zimt und Mandelkern
Vollkorngebäck
(0816) Von M. Bustorf-Hirsch, 48 S., 39 Farbfotos, Pappband. ●

Biologisch Backen
Neue Rezeptideen für Kuchen, Brote, Kleingebäck aus vollem Korn. (4174) Von M. Bustorf-Hirsch, 136 S., 15 Farbtafeln, 47 Zeichnungen, kart. ●●

Selbst Brotbacken
Über 50 erprobte Rezepte. (0370) Von J. Schiermann, 80 S., 6 Zeichnungen, 4 Farbtafeln, kart. ●

Mehr Freude und Erfolg beim
Brotbacken
(4148) Von A. und G. Eckert, 160 S., 177 Farbfotos, Pappband. ●●●

Brotspezialitäten
knusprig backen – herzhaft kochen. (5088) Von J. W. Hochscheid und L. Helger, 64 S., 48 Farbfotos, Pappband. ●●

Weihnachtsbäckerei
Köstliche Plätzchen, Stollen, Honigkuchen und Festtagstorten. (0682) Von M. Sauerborn, 32 S., 36 Farbfotos, Pappband. ●

Waffeln
süß und pikant. (0522) Von C. Stephan, 64 S., 8 Farbtafeln, kart. ●

Kochen für Diabetiker
Gesund und schmackhaft für die ganze Familie. (4132) Von M. Toeller, W. Schumacher, A. C. Groote, 224 S., 109 Farbfotos, 94 Zeichnungen, Pappband. ●●

Neue Rezepte für Diabetiker-Diät
Vollwertig – abwechslungsreich – kalorienarm. (0418) Von M. Oehlrich, 120 S., 8 Farbtafeln, kart. ●

Wer schlank ist, lebt gesünder
Tips und Rezepte zum Schlankwerden und -bleiben. (0562) Von R. Mainer, 80 S., 8 Farbtafeln, kart. ●

SLIM
Der neue, individuelle Schlankheitsplan (4277) Von Prof. Dr. E. Menden, W. Aign, 120 S., 440 Farbfotos, Pappband. ●●●

Kalorien – Joule
Eiweiß · Fett · Kohlenhydrate tabellarisch nach gebräuchlichen Mengen. (0374) Von M. Bormio, 88 S., kart. ●

Alles mit Joghurt
tagfrisch selbstgemacht. Mit vielen Rezepten. (0382) Von G. Volz, 88 S., 8 Farbtafeln, kart. ●

Gesund leben – schlank werden mit der
Bio-Kur
(0657) Von S. Winter. 144 S., 4 Farbtafeln, kart. ●

FALKEN-FEINSCHMECKER
Raffiniert und gesund würzen
Kräuterküche
(0869) Von A. Görgens, 48 S., 43 Farbfotos, Pappband. ●

Miekes Kräuter- und Gewürzkochbuch
(0323) Von I. Persy und K. Mieke, 96 S., 8 Farbtafeln, kart. ●

Das köstliche knackige Schlemmervergnügen.
Salate
(4165) Von V. Müller. 160 S., 80 Farbfotos, Pappband. ●●

111 köstliche Salate
Erprobte Rezepte mit Pfiff. (0222) Von C. Schönherr, 96 S., 8 Farbtafeln, 30 Zeichnungen, kart. ●

FALKEN-FEINSCHMECKER
Köstlich frisch auf den Tisch
Rohkostsalate
(0865) Von C. Adam, 48 S., 26 Farbfotos, Pappband. ●

Joghurt, Quark, Käse und Butter
Schmackhaftes aus Milch hausgemacht. (0739) Von M. Bustorf-Hirsch. 32 S., 59 Farbabb., Pappband. ●

Optimale Ernährung
für Krafttraining und Bodybuilding (0912) Von B. Dahmen, 88 S., 8 Farbtafeln, 8 Zeichnungen, kart. ●

Die abwechslungsreiche Vollwertküche
Vitaminreich und naturbelassen kochen und backen. (4229) Von M. Bustorf-Hirsch, K. Siegel, 280 S., 31 Farbtafeln, 78 Zeichnungen, Pappband. ●●●●

Die feine Vollwertküche
(4286) Von M. Bustorf-Hirsch, 160 S., 83 Farbfotos, Pappband. ●●●

Meine Vollkornküche
Herzhaftes von echtem Schrot und Korn (0858) Von S. Walz, 128 S., 8 Farbtafeln, kart. ●

Alternativ essen
Die gesunde Sojaküche.
(0553) Von U. Kolster, 112 S., 8 Farbtafeln, kart. ●

Kochen mit Tofu
Die gesunde Alternative. (0894) Von U. Kolster, 80 S., 8 Farbtafeln, kart. ●

Das Reformhaus-Kochbuch
Gesunde Ernährung mit hochwertigen Naturprodukten. (4180) Von A. und G. Eckert, 160 S. 15 Farbtafeln, Pappband. ●●●

Gesund kochen mit Keimen und Sprossen
(0794) Von M. Bustorf-Hirsch, 104 S., 8 Farbtafeln, 13 s/w-Zeichnungen, kart. ●

Die feine Vegetarische Küche
(4235) Von F. Faist, 160 S., 191 Farbfotos, Pappband. ●●●

Biologische Ernährung
für eine natürliche und gesunde Lebensweise. (4125) Von G. Leibold, 136 S., 15 Farbtafeln, 47 Zeichnungen, kart. ●●

Gesunde Ernährung für mein Kind
(0776) Von M. Bustorf-Hirsch, 96 S., 8 Farbtafeln, 5 s/w Zeichnungen, kart. ●

Vitaminreich und naturbelassen
Biologisch Kochen
(4162) Von M. Bustorf-Hirsch und K. Siegel, 144 S., 15 Farbtafeln, 31 Zeichnungen, kart. ●●

Gesund kochen
wasserarm · fettfrei · aromatisch. (4060) Von M. Gutta, 240 S., 16 Farbtafeln, Pappband. ●●

Kräuter- und Heilpflanzen-Kochbuch
für eine gesunde Lebensweise. (4066) Von P. Pervenche, 143 S., 15 Farbtafeln. kart. ●●

Pralinen und Konfekt
Kleine Köstlichkeiten selbstgemacht. (0731) Von H. Engelke, 32 S., 57 Farbfotos, Pappband. ●

Die hier vorgestellten Bücher, Videokassetten und Software sind in folgende Preisgruppen unterteilt:

● Preisgruppe bis DM 10,–/S 79,–
●● Preisgruppe über DM 10,– bis DM 20,– S 80,– bis S 160,–
●●● Preisgruppe über DM 20,– bis DM 30,– S 161,– bis S 240,–
●●●● Preisgruppe über DM 30,– bis DM 50,– S 241,– bis S 400,–
●●●●● Preisgruppe über DM 50,–/S 401,–
*(unverbindliche Preisempfehlung)

FALKEN VERLAG

Die Preise entsprechen dem Status beim Druck dieses

FALKEN-FEINSCHMECKER
Zart schmelzende Versuchungen
Schokolade
(0819) Von J. Schroer, 48 S., 53 Farbfotos,
Pappband. ●

Köstlichkeiten für Gäste und Feste
Kalte Platten
(4200) Von I. Pfliegner, 160 S., 130 Farbfotos, Pappband. ●●●

Kochen für Gäste
Köstliche Menüs mit Liebe zubereitet.
(5149) Von R. Wesseler, 64 S., 40 Farbfotos,
Pappband. ●●

Das richtige Frühstück
Gesunde Vollwertkost vitaminreich und
naturbelassen.
(0784) Von C. Kratzel und R. Böll, 32 S.,
28 Farbfotos, Pappband. ●

Bocuse à la carte
Französisch kochen mit dem Meister.
(4237) Von P. Bocuse, 88 S., 218 Farbfotos,
Pappband. ●●●

Kochschule mit Paul Bocuse
(6016/VHS, 6017/Video 2000, 6018/Beta),
60 Min. in Farbe. ●●●●●*

Natursammlers Kochbuch
Wildfrüchte und Gemüse, Pilze, Kräuter – finden und zubereiten. (4040) Von C. M. Kerler,
140 S., 12 Farbtafeln, kart. ●●

Cocktails
(4267) Von W. R. Hoffmann, W. Hubert,
U. Lottring, 160 S., 164 Farbfotos,
1 s/w-Foto, Pappband. ●●●

Neue Cocktails und Drinks
mit und ohne Alkohol. (0517) Von S. Späth,
128 S., 4 Farbtafeln, kart., ●

Mixgetränke
mit und ohne Alkohol (5017) Von C. Arius,
64 S., 35 Farbfotos, Pappband. ●●

Cocktails und Mixereien
für häusliche Feste und Feiern. (0075) Von J.
Walker, 96 S., 4 Farbtafeln, kart. ●

Die besten Punsche, Grogs und Bowlen
(0575) Von F. Dingden, 64 S., 4 Farbtafeln,
kart. ●

Weine und Säfte, Liköre und Sekt
selbstgemacht. (0702) Von P. Arauner,
232 S., 76 Abb., kart. ●●

Mitbringsel aus meiner Küche
selbst gemacht und liebevoll verpackt.
(0668) Von C. Schönherr, 32 S., 30 Farbfotos, Pappband. ●

Weinlexikon
Wissenswertes über die Weine der Welt.
(4149) Von U. Keller, 228 S., 6 Farbtafeln,
395 s/w-Fotos, Pappband. ●●●

Heißgeliebter Tee
Sorten, Rezepte und Geschichten. (4114) Von
C. Maronde, 153 S., 16 Farbtafeln, 93 Zeich-
nungen, Pappband. ●●●

Tee für Genießer.
Sorten · Riten · Rezepte. (0356) Von M. Nicolin, 64 S., 4 Farbtafeln, kart. ●

Tee
Herkunft · Mischungen · Rezepte. (0515) Von
S. Ruske, 96 S., 4 Farbtafeln, 16 s/w-Abbil-
dungen, Pappband. ●

Kinder lernen spielend backen
(5110) Von M. Gutta, 64 S., 45 Farbfotos,
Pappband. ●●

Kinder lernen spielend kochen
Lieblingsgerichte mit viel Spaß selbst zubereitet.
(5096) Von M. Gutta, 64 S., 45 Farbfotos,
Pappband. ●●

Komm, koch mit mir
Kunterbuntes Kochvergnügen für Kinder.
(4285) Von S. und H. Theilig, Illustrationen
von B. v. Hayek, 96 S., 48 Farbfotos, 350
Farb- und 1 s/w-Zeichnung, Pappband. ●●

Hobby

Aquarellmalerei
als Kunst und Hobby. (4147) Von H. Haack
und B. Wersche, 136 S., 62 Farbfotos,
119 Zeichnungen, Pappband. ●●●●

Aquarellmalerei
Materialien · Techniken · Motive.
(5099) Von T. Hinz, 64 S., 79 Farbfotos,
Pappband. ●

Hobby Aquarellmalen
Landschaft und Stilleben
(0876) Von I. Schade, A. Brück, 80 S.,
111 Farbabbildungen, kart. ●●

Videokassette
Hobby Aquarellmalen
Landschaft und Stilleben (6022/VHS)
ca. 40 Min., in Farbe. ●●●●*

Aquarellmalerei leicht gelernt
Materialien · Techniken · Motive.
(0787) Von T. Hinz, R. Braun, B. Zeidler,
32 S., 38 Farbfotos, 1 Zeichnung. ●

Aquarellieren auf Seide
Materialien · Techniken · Motive.
(0917) Von I. Demharter, 32 S., 41 Farbfotos,
Pappband. ●

Hobby Ölmalerei
Landschaft und Stilleben
(0875) Von H. Kämper, I. Becker, 80 S.,
93 Farbabb.. kart. ●●

Videokassette
Hobby Ölmalerei
Landschaft und Stilleben (6025/VHS)
ca. 40 Min., in Farbe. ●●●●*

Falken-Handbuch
Zeichnen und Malen
(4167) Von B. Bagnall, 336 S., 1154 Farbabb.,
Pappband. ●●●●●

Naive Malerei
Materialien · Motive · Techniken. (5083) Von F.
Krettek, 64 S., 76 Farbfotos, Pappband. ●●

Bauernmalerei
als Kunst und Hobby. (4057) Von A. Gast und
H. Stegmüller, 128 S., 239 Farbfotos, 26 Riß-
Zeichnungen, Pappband. ●●●●

Hobby Bauernmalerei
(0436) Von S. Ramos und J. Roszak, 80 S.,
116 Farbfotos und 28 Motivvorlagen, kart.
●●

Bauernmalerei
Kreatives Hobby nach alter Volkskunst
(5039) Von S. Ramos, 64 S., 85 Farbfotos,
Pappband. ●●

Glasmalerei
als Kunst und Hobby. (4088) Von F. Krettek
und S. Beeh-Lustenberger, 132 S., 182 Farbfotos, 38 Motivvorlagen, Pappband. ●●●●

Naive Hinterglasmalerei
Materialien · Techniken · Bildvorlagen
(5145) Von F. Krettek, 64 S., 87 Farbfotos,
6 Zeichnungen, Pappband. ●●

Kalligraphie
Die Kunst des schönen Schreibens
(4263) Von C. Hartmann, 120 S., 44 Farbvor-
lagen, 29 s/w-Vorlagen, 2 s/w-Zeichnungen,
38 Farbfotos, Pappband. ●●●●

Seidenmalerei als Kunst und Hobby
(4264) Von S. Hahn, 136 S., 256 Farbfotos,
1 s/w-Foto, 34 Farbzeichnungen, Pappband.
●●●●

Kunstvolle Seidenmalerei
Mit zauberhaften Ideen zum Nachgestalten.
(0783) Von I. Demharter, 32 S., 56 Farbfotos, Pappband. ●

Zauberhafte Seidenmalerei
Materialien · Techniken · Gestaltungsvorschläge. (0664) Von E. Dorn, 32 S.,
62 Farbfotos, Pappband. ●

Hobby Seidenmalerei
(0611) Von H. Renge, 88 S., 106 Farbfotos,
28 Zeichnungen, kart. ●

Hobby Stoffdruck und Stoffmalerei
(0555) Von A. Ursin, 80 S., 68 Farbfotos,
68 Zeichnungen, kart. ●

Stoffmalerei und Stoffdruck
Materialien · Techniken · Ideen · Modelle
(5074) Von H. Gehring, 64 S., 110 Farbfotos,
Pappband. ●●

Batik
leicht gemacht. Materialien ·Färbetechniken ·
Gestaltungsideen. (5112) Von A. Gast, 64 S.,
105 Farbfotos, Pappband. ●●

Textilfärben
Färben so einfach wie Waschen. (0693) Von
W. Siegrist, P. Schärli, 32 S. 47 Farbfotos,
3 Zeichnungen, Spiralbindung. ●

Kreatives Bilderweben
Materialien – Vorlagen – Motive
(0814) Von A. Schulte-Huxel, 32 S., 58 Farbfotos, 8 Zeichnungen, Pappband. ●

Hobby Applikationen
Materialien · Techniken · Modelle.
(0899) Von H. Probst-Reinhardt, 80 S.,
92 Farbfotos, 31 Zeichnungen, kart. ●●

Flechten
mit Bast, Stroh und Peddigrohr. (5098) Von
H. Hangleiter, 64 S., 47 Farbfotos, 76 Zeichnungen, Pappband. ●●

Makramee
Knüpfarbeiten leicht gemacht. (5075) Von B.
Pröttel, 64 S., 95 Farbfotos, Pappband. ●●

Falken-Handbuch
Nähen
Abc der Nähtechniken und kreative Modell-
schneiderei in ausführlichen Schritt-für-
Schritt-Bildfolgen.
(4272) Von A. Bree, 320 S., 1142 Abbildun-
gen, Schnittmusterbogen für alle Modelle,
Pappband. ●●●●

Falken-Handbuch
Häkeln
ABC der Häkeltechniken und Häkelmuster in
ausführlichen Schritt-für-Schritt-Bildfolgen.
(4194) Von H. Fuchs, M. Natter, 288 S.,
597 Farbfotos, 476 farbige Zeichnungen,
Pappband. ●●●●

Häkeln
Schritt für Schritt für Rechts- und Linkshänder. (5134) Von H. Klaus, 64 S., 120 Farbfotos, 144 Zeichnungen, Pappband. ●●

Klöppeln
Schritt für Schritt leicht gelernt. (0788) Von
U. Seiffer, 32 S., 42 Farb-, 1 s/w-Foto, 25 Zeich-
nungen, mit Klöppelbriefen, Pappband. ●

Sticken
Schritt für Schritt für Rechts- und Linkshänder. (5135) Von U. Werner, 64 S., 196 Farbfotos, 96 Zeichnungen, Pappband. ●●

FALKEN VERLAG

Monogrammstickerei
Mit Vorlagen für Initialen, Vignetten und Ornamente. (5148) Von H. Fuchs, 64 S., 50 Farbfotos, 50 Zeichnungen, Pappband. ●●

Falken-Handbuch
Stricken
ABC der Stricktechniken und Strickmuster in ausführlichen Schritt-für-Schritt-Bildfolgen. (4137) Von M. Natter, 312 S., 106 Farb- und 922 s/w-Fotos, 318 Zeichnungen, Pappband. ●●●●

Bestrickend schöne Ideen
Pullover, Westen, Ensembles, Jacken
(4178) Von R. Weber, 208 S., 220 Farbfotos, 358 Zeichnungen, Pappband. ●●●

Chic in Strick
Neue Pullover
Westen · Jacken · Kleider · Ensembles. (4224) Hrsg. R. Weber, 192 S., 255 Farbabb., Pappband. ●●●

Das moderne Standardwerk von der Expertin
Perfekt Stricken
Mit Sonderteil Häkeln
(4250) Von H. Jaacks, 256 S., 703 Farbfotos, 169 Farb- und 121 s/w-Zeichnungen, Pappband. ●●●

Videokassette Stricken
(6007/VHS, 6008/Video 2000, 6009/Beta). Von P. Krolikowski-Habicht, H. Jaacks, 51 Min., in Farbe. ●●●●*

Stricken
Schritt für Schritt für Rechts- und Linkshänder. (5142) Von S. Oelwein-Schefczik, 64 S., 148 Farbfotos, 173 Zeichnungen, Pappband. ●●

Die schönsten Handarbeiten zum Verschenken
(4225) Von B. Wenzelburger, 128 S., 156 Farbfotos, 70 2-farbige Zeichnungen, Pappband. ●●●●

Kuscheltiere stricken und häkeln
Arbeitsanleitungen und Modelle. (0734) Von B. Wehrle, 32 S., 60 Farbfotos, 28 Zeichnungen, Spiralbindung. ●

Hobby Patchwork und Quilten
(0768) Von B. Staub-Wachsmuth, 80 S., 108 Farbabb., 43 Zeichnungen, kart. ●●

Hobby Spitzencollagen
Bezaubernde Motive aus edlem Material. (0847) Von H. Westphal, 80 S., 186 Farbfotos, kart. ●●

Textiles Gestalten
Weben, Knüpfen, Batiken, Sticken, Objekte und Strukturen. (5123) Von J. Fricke, 136 S., 67 Farb- und 189 s/w-Fotos, 15 Zeichnungen, kart. ●●

Gestalten mit Glasperlen
fädeln · sticken · weben (0640) Von A. Köhler, 32 S., 55 Farbfotos, Spiralbindung. ●

Schmuck, Accessoires und Dekoratives
aus Fimo modelliert
(0873) Von A. Aurich, 32 S., 54 Farbfotos, Pappband. ●

Phantasievolles Schminken
Verzauberte Gesichter für Maskeraden, Laienspiel und Kinderfeste. (0907) Hrsg. von Y. u. H. Nadolny, 64 S., 227 Farbfotos, kart. ●●

Neue zauberhafte Salzteig-Ideen
(0719) Von I. Kiskalt, 80 S., 324 Farbfotos, 12 Zeichnungen, kart. ●●

Hobby Salzteig
(0662) Von I. Kiskalt, 80 S., 150 Farbfotos, 5 Zeichnungen, Schablonen, kart. ●●

Gestalten mit Salzteig
formen · bemalen · lackieren. (0613) Von W.-U. Cropp, 32 S., 56 Farbfotos, 17 Zeichnungen, Pappband. ●

Originell und dekorativ
Salzteig mit Naturmaterialien
(0833) Von A. und H. Wegener, 80 S., 166 Farbfotos, kart. ●●

Buntbemalte Kunstwerke aus Salzteig
Figuren, Landschaften und Wandbilder. (5141) Von G. Belli, 64 S., 165 Farbfotos, 1 Zeichnung, Pappband. ●●

Kreatives Gestalten mit Salzteig
Originelle Motive für Fortgeschrittene. (0769) Hrsg. I. Kiskalt, 80 S., 168 Farbfotos, kart. ●●

Videokassette Salzteig
(6010/VHS, 6011/Video 2000, 6012/Beta) Von I. Kiskalt, Dr. A. Teuchert, in Farbe, ca. 35 Min. ●●●●●*

Tiffany-Spiegel selbermachen
Materialien · Arbeitsanleitung · Vorlagen. (0761) Von R. Thomas, 32 S., 53 Farbfotos, Pappband. ●

Tiffany-Schmuck selbermachen
Materialien · Arbeitsanleitungen · Modelle. (0871) Von B. Poludniak, H. W. Scheib, 32 S., 54 Farbfotos, 3 Zeichnungen, Pappband. ●

Tiffany-Lampen selbermachen
Arbeitsanleitung · Materialien · Modelle. (0684) Von I. Spliethoff, 32 S., 60 Farbfotos, Pappband. ●

Hobby Glaskunst in Tiffany-Technik
(0781) Von N. Köppel, 80 S., 194 Farbfotos, 6 s/w-Abb., kart., ●●

Origami –
Die Kunst des Papierfaltens. (0280) Von R. Harbin, 160 S., 633 Zeichnungen, kart. ●

Hobby Origami
Papierfalten für groß und klein. (0756) Von Z. Aytüre-Scheele, 88 S., über 800 Farbfotos, kart. ●●

Neue zauberhafte Origami-Ideen
Papierfalten für groß und klein. (0805) Von Z. Aytüre-Scheele, 80 S., 720 Farbfotos, kart. ●●

Weihnachtsbasteleien
(0667) Von M. Kühnle und S. Beck, 32 S., 56 Farbfotos, 6 Zeichnungen, Pappband. ●

Bastelspaß mit der Laubsäge
Mit Schnittmusterbogen für viele Modelle in Originalgröße. (0741) Von L. Giesche, M. Bausch, 32 S., 61 Farbfotos, 7 Zeichnungen, Schnittmusterbogen, Pappband. ●

Hobby Drachen
bauen und steigen lassen. (0767) Von W. Schimmelpfennig, 80 S., 1 dreiseitige Ausklapptafel, 55 Farbfotos, 139 Zeichnungen, kart. ●●

Falken-Heimwerker-Praxis
Tapezieren
(0743) Von W. Nitschke, 112 S., 186 Farbfotos, 9 Zeichnungen, kart. ●●

Falken-Heimwerker-Praxis
Anstreichen und Lackieren
(0771) Von P. Müller, 120 S., 186 Farbfotos, 2 s/w-Fotos, 3 Zeichnungen, kart. ●●

Falken-Heimwerker-Praxis
Fahrrad-Reparaturen
(0796) Von R. van der Plas, 112 S., 140 Farbfotos, 113 farbige Zeichnungen, kart. ●●

Falken-Heimwerker-Praxis
Kleinmöbel aus Holz
(0905) Von O. Maier, 128 S., 210 Farbfotos, 80 Zeichnungen, kart. ●●

Falken-Handbuch
Heimwerken
Reparieren und Selbermachen in Haus und Wohnung – über 1100 Farbfotos. Praktische Tips vom Profi: Selbermachen, Reparieren, Renovieren, Kostensparen. (4117) Von Th. Pochert, 440 S., 1103 Farbfotos. 100 ein- und zweifarbige Abb., Pappband. ●●●●

Feuerzeichen behaglicher Wohnkultur
Kachelöfen, Kamine und Kaminöfen
(4288) Hrsg. von C. Berninghaus. Von R. Heinen, G. Kosicek, H. P. Sabborrosch, 168 S., 291 Farbfotos, 2 s/w-Fotos, 8 Zeichnungen, Pappband. ●●●●●

Restaurieren von Möbeln
Stilkunde, Materialien, Techniken, Arbeitsanleitungen in Bildfolgen. (4120) Von E. Schnaus-Lorey, 152 S., 37 Farbfotos, 75 s/w Fotos, 352 Zeichnungen, Pappband. ●●●●

Möbel aufarbeiten, reparieren und pflegen
(0386) Von E. Schnaus-Lorey, 96 S., 28 Fotos, 101 Zeichnungen, kart., ●

Vogelhäuschen, Nistkästen, Vogeltränken
mit Plänen und Anleitungen zum Selbstbau. (0695) Von J. Zech, 32 S., 42 Farbfotos, 5 Zeichnungen, Pappband. ●

Strohschmuck selbstgebastelt
Sterne, Figuren und andere Dekorationen (0740) Von E. Rombach, 32 S., 60 Farbfotos, 17 Zeichnungen, Pappband. ●

Das Herbarium
Pflanzen sammeln, bestimmen und pressen. (5113) Von I. Gabriel, 96 S., 140 Farbfotos, Pappband. ●●

Gestalten mit Naturmaterialien
Zweige, Kerne, Federn, Muscheln und anderes. (5128) Von I. Krohn, 64 S., 101 Farbfotos, 11 farbige Zeichnungen, Pappband. ●●

Blütenbilder aus Blumen und Blätter
Phantasievolle Naturcollagen. (0872) Von G. Schamp, 32 S., 57 Farbfotos, 1 Zeichnung, Pappband. ●

Dauergestecke
mit Zweigen, Trocken- und Schnittblumen. (5121) Von G. Vocke, 64 S., 57 Farbfotos, Pappband. ●

Ikebana
Einführung in die japanische Kunst des Blumensteckens. (0548) Von G. Vocke, 152 S., 47 Farbfotos, kart. ●●

Blumengestecke im Ikebanastil
(5041) Von G. Vocke, 64 S., 37 Farbfotos, viele Zeichnungen, Pappband. ●●

Hobby Trockenblumen
Gewürzsträuße, Gestecke, Kränze, Buketts. (0643) Von R. Strobel-Schulze, 88 S., 170 Farbfotos, kart. ●●

Hobby Gewürzsträuße
und zauberhafte Gebinde nach Salzburger Art. (0726) Von A. Ott, 80 S., 101 Farbfotos, 51 farbige Zeichnungen, kart. ●●

Trockenblumen und Gewürzsträuße
(5084) Von G. Vocke, 64 S., 63 Farbfotos, Pappband. ●●

Arbeiten mit Ton
Töpfern mit und ohne Scheibe. (5048) Von J. Fricke, 128 S., 15 Farbtafeln, 166 s/w-Fotos, kart. ●●

Töpfern
als Kunst und Hobby. (4073) Von J. Fricke, 132 S., 37 Farbfotos, 222 s/w-Fotos, Pappband. ●●●●

Die hier vorgestellten Bücher, Videokassetten und Software sind in folgende Preisgruppen unterteilt:

● Preisgruppe bis DM 10,–/S 79,–
●● Preisgruppe über DM 10,– bis DM 20,– S 80,– bis S 160,–

●●● Preisgruppe über DM 20,– bis DM 30,– S 161,– bis S 240,–

●●●● Preisgruppe über DM 30,– bis DM 50,– S 241,– bis S 400,–
●●●●● Preisgruppe über DM 50,–/S 401,–
*(unverbindliche Preisempfehlung)

FALKEN VERLAG

Die Preise entsprechen dem Status beim Druck dieses

Schöne Sachen modellieren
Originelles aus Cernit – ideenreich gestaltet.
(0762) Von G. Thelen, 32 S., 105 Farbfotos,
Pappband. ●

Porzellanpuppen
Zauberhafte alte Puppen selbst nachbilden.
(5138) Von C. A. und D. Stanton, 64 S.,
58 Farbfotos, 22 Zeichnungen, Pappband.
●●

Zauberhafte alte Puppen
Sammeln · Restaurieren · Nachbilden
(4255) Von C. A. Stanton, J. Jacobs, 120 S.,
157 Farbfotos, 24 Zeichnungen, Pappband.
●●●●

Stoffpuppen
Liebenswerte Modelle selbermachen.
(5150) Von I. Wolff, 56 S., 115 Farbfotos,
15 Zeichnungen, mit Schnittmusterbogen,
Pappband. ●●

Hobby Puppen
Bezaubernde Modelle selbst gestalten. (0742)
Von B. Wenzelburger, 88 S., 163 Farbfotos,
41 Zeichnungen, 11 Schnittmuster, kart. ●●

Puppen und Figuren aus Kunstporzellan
gießen, bemalen und gestalten. (0735) Von
G. Baumgarten, 32 S., 86 Farbfotos,
Pappband. ●

Selbstgestrickte Puppen
Materialien und Arbeitsanleitungen.
(0638) Von B. Wehrle, 32 S., 23 Farbfotos,
24 Zeichnungen, Pappband. ●

Dekorative Rupfenpuppen
Arbeitsanleitungen und Gestaltungsvorschläge. (0733) Von B. Wenzelburger, 32 S.,
57 Farbfotos, 14 Zeichnungen, Spiralbindung.
●

Phantasiepuppen stricken und anhäkeln
Märchenhafte Modelle mit Arbeitsanleitungen. (0813) Von B. Wehrle, 32 S., 26 Farbfotos, 30 einfarbige und 16 dreifarbige Zeichnungen, Pappband. ●

Heißgeliebte Teddybären
Selbermachen · Sammeln · Restaurieren.
(0900) Von H. Nadolny, Y. Thalheim, 80 S.,
119 Farbfotos, 23 s/w-Zeichnungen, 14 S.
Schnittmusterbogen, kart. ●●

Schritt für Schritt zum Scherenschnitt
Materialien · Techniken · Gestaltungsvorschläge. (0732) Von H. Klingmüller, 32 S.,
38 Farbfotos, 4 Vorlagen, Pappband. ●

Garagentore selbst bemalt
Techniken und Motive. (0786) Von H. u. Y.
Nadolny, 32 S., 24 Farbfotos, 12 s/w-Zeich-
nungen, Pappband. ●

Alle Jahre wieder…
Advent und Weihnachten
Basteln – Backen – Schmücken – Singen –
Vorlesen – Feiern
(4260) Von H. und Y. Nadolny, 256 S.,
105 Farbfotos, 130 Zeichnungen, Pappband.
●●●

Freizeit

Aktfotografie
Interpretationen zu einem unerschöpflichen
Thema.
Gestaltung · Technik · Spezialeffekte. (0737)
Von H. Wedewardt, 88 S., 144 Farb und
6 s/w-Fotos, 6 Zeichnungen, kart. ●●

Videokassette Aktfotografie
Laufzeit ca. 60 Min. In Farbe. (6001/VHS,
6002/Video 2000, 6003/Beta) ●●●●●*

So macht man bessere Fotos
Das meistverkaufte Fotobuch der Welt.
(0614) Von M. L. Taylor, 192 S., 457 Farbfotos, 15 Abb., kart. ●●●

Falken-Handbuch **Trickfilmen**
Flach-, Sach- und Zeichentrickfilme – von der
Idee zur Ausführung. (4131) Von H.-D. Wil-
den, 144 S., über 430 vorwiegend farbige
Abb., Pappband. ●●●●

Schmalfilmen
Ausrüstung · Aufnahmepraxis · Schnitt · Ton.
(0342) Von U. Ney, 108 S., 4 Farbtafeln,
25 s/w-Fotos, kart. ●

Schmalfilme selbst vertonen
(0593) Von U. Ney, 96 S., 57 s/w-Fotos,
14 Zeichnungen, kart. ●

Fotografie – Das Schöne als Ziel
Zur Ästhetik und Psychologie der visuellen
Wahrnehmung. (4122) Von E. Stark, 208 S.,
252 Farbfotos, 63 Zeichnungen, Ganzleinen.
●●●●●

Videografieren
Filmen mit Video 8
Technik – Bildgestaltung – Schnitt – Vertonung. (0843) Von M. Wild und K. Möller,
120 S., 101 Farbfotos, 22 s/w-Fotos,
52 Zeichnungen, kart. ●●

Videokassette
Videografieren
Filmen mit Video 8
Technik – Bildgestaltung – Schnitt –
Vertonung. (6031) VHS, (6033) Beta,
(6034) Sony 8 mm, von M. Wild, 60 Min.,
in Farbe. ●●●●●*

Ferngelenkte Motorflugmodelle
bauen und fliegen. (0400) Von W. Thies,
184 S., mit Zeichnungen und Detailplänen,
kart. ●●

Flugmodelle
bauen und einfliegen. (0361) Von W. Thies
und W. Rolf, 160 S., 63 Abb., 7 Faltpläne,
kart. ●●

Kleine Welt auf Rädern
Das faszinierende Spiel mit **Modelleisenbahnen** (4175) Von F. Eisen, 256 S., 72 Farb-
und 180 s/w-Fotos, 25 Zeichnungen,
Pappband. ●●●

Modelleisenbahnen im Freien
Mit Volldampf durch den Garten. (4245) Von
F. Eisen, 96 S., 115 Farb- 4 s/w-Fotos,
5 Zeichnungen, Pappband. ●●●

Videokassette
Die Modelleisenbahn
Anlagenbau in Modultechnik.
Neue kreative Gestaltung.
Neue raffinierte Techniken.
(6028) VHS, (6029) Video 2000,
(6030) Beta, von J. Grahn, 30 Min., in Farbe.
●●●●*

Die Super-Eisenbahnen der Welt
(4287) Von W. Kosak, H. G. Isenberg, 224 S.,
269 Farbfotos, 79 s/w-Fotos, 8 Vignetten,
5 farb. Ausklapptafeln, Pappband. ●●●●

Raketen auf Rädern
Autos und Motorräder an der Schallgrenze
(4220) Von H. G. Isenberg, 96 S., 112 Farbfotos, 21 s/w-Fotos, Pappband. ●●●

Die rasantesten Rallyes der Welt
(4213) Von H. G. Isenberg und D. Maxeiner,
96 S., 116 Farbfotos, Pappband. ●●●

Trucks
Giganten der Landstraßen in aller Welt.
(4222) Von H. G. Isenberg, 96 S., 131 Farbfotos, Pappband. ●●●

Die Super-Trucks der Welt
(4257) Von H. G. Isenberg, 194 S., 205 Farbfotos, 87 s/w-Fotos, 7 Farbzeichnungen,
4 Ausklapptafeln, Pappband. ●●●●

Ferngelenkte Elektroflugmodelle
bauen und fliegen. (0700) Von W. Thies, 144 S.,
52 s/w-Fotos, 50 Zeichnungen, kart. ●●

Schiffsmodelle
selber bauen. (0500) Von D. und R. Lochner,
200 S., 93 Zeichnungen, 2 Faltpläne, kart.
●●

Dampflokomotiven
(4204) Von W. Jopp, 96 S., 134 Farbfotos,
Pappband. ●●●

Ferngelenkte Segelflugmodelle
bauen und fliegen. (0446) Von W. Thies, 176 S.,
22 s/w-Fotos, 115 Zeichnungen, kart. ●●

Motorrad-Hits
Chopper, Tribikes, Heiße Öfen. (4221) Von H.
G. Isenberg, 96 S., 119 Farbfotos, Pappband.
●●●

Die Super-Motorräder der Welt
(4193) Von H. G. Isenberg, 192 S., 170 Farb-
und 100 s/w-Fotos, 8 Zeichnungen,
Pappband. ●●●

Motorrad-Faszination
Heiße Öfen, von denen jeder träumt.
(4223) Von H. G. Isenberg, 96 S., 103 Farb-
und 20 s/w-Fotos, Pappband. ●●●

Münzen
Ein Brevier für Sammler. (0353) Von
E. Dehnke, 128 S., 4 Farbtafeln, 17 s/w-Abb.,
kart. ●●

Astronomie als Hobby
Sternbilder und Planeten erkennen und
benennen. (0572) Von D. Block, 176 S.,
16 Farbtafeln, 49 s/w-Fotos, 93 Zeichnungen, kart. ●●

Astronomie im Bild
Unser Sternenhimmel rund ums Jahr
(0849) Von Dr. E. Übelacker, 88 S., 48 Farbfotos, 1 s/w-Foto, 68 Farbzeichnungen, kart.
●●

Gitarre spielen
Ein Grundkurs für den Selbstunterricht.
(0534) Von A. Roßmann, 96 S., 1 Schallfolie,
150 Zeichnungen, kart. ●●●

Falken-Handbuch **Zaubern**
Über 400 verblüffende Tricks. (4063) Von F.
Stutz, 368 S., 1200 Zeichnungen, Pappband.
●●●

Zaubertricks für jedermann
(0282) Von J. Merlin, 176 S., 113 Abb., kart.
●●

Zaubern
einfach – aber verblüffend. (2018) Von
D. Buoch, 84 S., 41 Zeichnungen, kart. ●

Magische Zaubereien
(0672) Von W. Widenmann, 64 S., 31 Zeichnungen, kart. ●

Die hier vorgestellten Bücher, Videokassetten und Software sind in folgende Preisgruppen unterteilt:

● Preisgruppe bis DM 10,– /S 79,–
●● Preisgruppe über DM 10,– bis DM 20,–
  S 80,– bis S 160,–
●●● Preisgruppe über DM 20,– bis DM 30,–
  S 161,– bis S 240,–
●●●● Preisgruppe über DM 30,– bis DM 50,–
  S 241,– bis S 400,–
●●●●● Preisgruppe über DM 50,– /S 401,–
*(unverbindliche Preisempfehlung)

FALKEN VERLAG

Mit vollem Genuß
Pfeife rauchen
Alles über Tabaksorten, Pfeifen und Zubehör. (4227) Von H. Behrens, H. Frickert, 168 S., 127 Farbfotos, 18 Zeichnungen, Pappband. ●●●●

Mineralien, Steine und Fossilien
Grundkenntnisse für Hobby-Sammler. (0437) Von D. Stobbe, 96 S., 16 Farbtafeln, 14 s/w-Fotos, 10 Zeichnungen, kart. ●

Freizeit mit dem Mikroskop
(0291) Von M. Deckart, 132 S., 8 Farbtafeln, 64 s/w Abb., 2 Zeichnungen, kart. ●

Die Faszination der Philatelie
Briefmarken sammeln
(4273) Von D. Stein, 212 S., 124 s/w-Fotos, 24 Farbtafeln, Pappband. ●

Briefmarken
sammeln für Anfänger. (0481) Von D. Stein, 120 S., 4 Farbtafeln, 98 s/w-Abb., kart. ●

Wir lernen tanzen
Standard- und lateinamerikanische Tänze. (0200) Von E. Fern, 168 S., 118 s/w-Fotos, 47 Zeichnungen, kart. ●

Fit mit Tanzen
(2303) Von K. Richter, H. Kleinow, 88 S., 94 Farbfotos, kart. ●●

So tanzt man Rock'n'Roll
Grundschritte · Figuren · Akrobatik. (0573) Von W. Steuer und G. Marz, 224 S., 303 Abb., kart. ●●

Tanzen überall
Discofox, Rock'n'Roll, Blues, Langsamer Walzer, Cha-Cha-Cha zum Selberlernen. (0760) Von H. M. Pritzer, 112 S., 128 Farbfotos, kart. ●●

Videokassette **Tanzen überall**
Discofox, Rock'n'Roll, Blues. (6004/VHS, 6005/Video 2000, 6006/Beta) Von H. M. Pritzer, G. Steinheimer, in Farbe, ca. 45 Min. ●●●●●*

Anmutig und fit durch
Bauchtanz
(0911) Von Marta, 120 S., 229 Farbfotos, 6 s/w-Zeichnungen, kart. ●●

Schwarzwald-Romantik
Vom Zauber einer deutschen Landschaft. (4232) Hrsg. A. Rolf, 184 S., 273 Farbfotos, Pappband. ●●●

Sport

ZDF Sportjahr '87
Rekorde, Siege, Schicksale, Ergebnisse, Termine '88
(4290) Hrsg. von B. Heller, 192 S., 278 Farb- und 4 s/w-Fotos, kart. ●●

Judo
Grundlagen des Stand- und Bodenkampfes. (4013) Von W. Hofmann, 244 S., 589 Fotos, Pappband. ●●

Neue Lehrmethoden der Judo-Praxis
(0424) Von P. Herrmann, 223 S., 475 Abb., kart. ●●

Judo
Grundlagen – Methodik. (0305) Von M. Ohgo, 208 S., 1025 Fotos, kart. ●●

Fußwürfe
für Judo, Karate und Selbstverteidigung. (0439) Von H. Nishioka, 96 S., 260 Abb., kart. ●

Modernes Karate
Das große Standardwerk mit 2229 Abbildungen. (4280) Von T. Okazaki, Dr. med. M. V. Stricevic, übers. von M. Pabst, 376 S., 2279 Abbildungen, Pappband. ●●●●●

Karate für alle
Karate-Selbstverteidigung in Bildern. (0314) Von A. Pflüger, 112 S., 356 s/w-Fotos, kart. ●

Karate für Frauen und Mädchen
Sport und Selbstverteidigung. (0425) Von A. Pflüger, 168 S., 259 s/w-Fotos, kart. ●●

Nakayamas Karate perfekt 1
Einführung. (0487) Von M. Nakayama, 136 S., 605 s/w-Fotos, kart. ●●

Nakayamas Karate perfekt 2
Grundtechniken. (0512) Von M. Nakayama, 136 S., 354 s/w-Fotos, 53 Zeichnungen, kart. ●●

Nakayamas Karate perfekt 3
Kumite 1: Kampfübungen. (0538) Von M. Nakayama, 128 S., 424 s/w-Fotos, kart. ●●

Nakayamas Karate perfekt 4
Kumite 2: Kampfübungen. (0547) Von M. Nakayama, 128 S., 394 s/w-Fotos, kart. ●●

Nakayamas Karate perfekt 5
Kata 1: Heian, Tekki. (0571) Von M. Nakayama, 144 S., 1229 s/w-Fotos, kart. ●●

Nakayamas Karate perfekt 6
Kata 2: Bassai-Dai, Kanku-Dai. (0600) Von M. Nakayama, 144 S., 1300 s/w-Fotos, 107 Zeichnungen, kart. ●●

Nakayamas Karate perfekt 7
Kata 3: Jitte, Hangetsu, Empi. (0618) Von M. Nakayama, 144 S., 1988 s/w-Fotos, 105 Zeichnungen, kart. ●●

Nakayamas Karate perfekt 8
Gankaku, Jion. (0650) Von M. Nakayama, 144 S., 1174 s/w-Fotos, 99 Zeichnungen, kart. ●●

Kontakt-Karate
Ausrüstung · Technik · Training. (0396) Von A. Pflüger, 112 S., 238 s/w-Fotos, kart. ●●

Karate-Do
Das Handbuch des modernen Karate. (4028) Von A. Pflüger, 360 S., 1159 Abb., Pappband. ●●●●

Bo-Karate
Kukishin-Ryu – die Techniken des Stockkampfes. ((0447) Von G. Stiebler, 176 S., 424 s/w-Fotos, 38 Zeichnungen, kart. ●●

Karate I
Einführung · Grundtechniken. (0227) Von A. Pflüger, 148 S., 195 s/w-Fotos, 120 Zeichnungen, kart. ●

Karate II
Kombinationstechniken · Katas. (0239) Von A. Pflüger, 176 S., 452 s/w-Fotos und Zeichnungen, kart. ●

Karate Kata 1
Heian 1-5, Tekki 1, Bassai Dai. (0683) Von W.-D. Wichmann, 164 S., 703 Fotos, kart. ●●

Karate Kata 2
Jion, Empi, Kanku-Dai, Hangetsu. (0723) Von W.-D. Wichmann, 140 S., 661 s/ w-Fotos, 4 Zeichnungen, kart. ●●

25 Shotokan-Katas
Auf einen Blick: Karate-Katas für Prüfungen und Wettkämpfe. (0859) Von A. Pflüger, 88 S., 185 s/w-Abbildungen, 26 ganzseitige Tafeln mit über 1.600 Einzelschritten, kart. ●●

Videokassette **Karate**
Einführung und Grundtechniken. (6037/VHS) Von A. Pflüger, ca. 45 Min., in Farbe, ●●●●●*

Ninja
Die Lehre der Schattenkämpfer. (0758) Von S. K. Hayes, 144 S., 137 s/w-Fotos, kart. ●●

Ninja 2
Die Wege zum Shoshin (0763) Von S. K. Hayes, 160 S., 309 s/w-Fotos, kart. ●●

Ninja 3
Der Pfad des Togakure-Kämpfers. (0764) Von S. K. Hayes, 144 S., 197 s/w-Fotos, 2 Zeichnungen, kart. ●●

Ninja 4
Das Vermächtnis der Schattenkämpfer. (0807) Von S. K. Hayes, 196 S., 466 s/w-Fotos, kart. ●●

Der König des Kung-Fu
Bruce Lee
Sein Leben und Kampf. (0392) Von seiner Frau Linda. 136 S., 104 s/w-Fotos, kart. ●●

Bruce Lees Kampfstil 1
Grundtechniken. (0473) Von B. Lee und M. Uyehara, 109 S., 220 Abb., kart. ●

Bruce Lees Kampfstil 2
Selbstverteidigungs-Techniken. (0486) Von B. Lee und M. Uyehara, 128 S., 310 Abb., kart. ●

Bruce Lees Kampfstil 3
Trainingslehre. (0503) Von B. Lee und M. Uyehara, 112 S., 246 Abb., kart. ●

Bruce Lees Kampfstil 4
Kampftechniken. (0523) Von B. Lee und M. Uyehara, 104 S., 211 Abb., kart. ●

Bruce Lees Jeet Kune Do
(0440) Von B. Lee, 192 S., mit 105 eigenhändigen Zeichnungen von B. Lee, kart. ●●

Ju-Jutsu 1
Grundtechniken – Moderne Selbstverteidigung. (0276) Von W. Heim und F. J. Gresch, 164 S., 450 s/w-Fotos, 8 Zeichnungen, kart. ●

Ju-Jutsu 2
für Fortgeschrittene und Meister. (0378) Von W. Heim und F. J. Gresch, 164 S., 798 s/w-Fotos, kart. ●●

Ju-Jutsu 3
Spezial-, Gegen- und Weiterführungs-Techniken. (0485) Von W. Heim und F. J. Gresch, 214 S., über 600 s/w-Fotos, kart. ●●

Ju-Jutsu als Wettkampf
(0826) Von G. Kulot, 168 S., 418 s/w-Fotos, 2 Zeichnungen, kart. ●●

Nunchaku
Waffe · Sport · Selbstverteidigung. (0373) Von A. Pflüger, 144 S., 247 Abb., kart. ●●

Shuriken · Tonfa · Sai
Stockfechten und andere bewaffnete Kampfsportarten aus Fernost. (0397) Von A. Schulz, 96 S., 253 s/w-Fotos, kart. ●●

Illustriertes Handbuch des Taekwondo
Koreanische Kampfkunst und Selbstverteidigung. (4053) Von K. Gil, 248 S., 1026 Abb., Pappband. ●●●

Taekwon-Do
Koreanischer Kampfsport. (0347) Von K. Gil, 152 S., 408 Abb., kart. ●●

Die hier vorgestellten Bücher, Videokassetten und Software sind in folgende Preisgruppen unterteilt:

● Preisgruppe bis DM 10,–/S 79,–
●● Preisgruppe über DM 10,– bis DM 20,–
S 80,– bis S 160,–

●●● Preisgruppe über DM 20,– bis DM 30,–
S 161,– bis S 240,–

●●●● Preisgruppe über DM 30,– bis DM 50,–
S 241,– bis S 400,–

●●●●● Preisgruppe über DM 50,–/S 401,–
*(unverbindliche Preisempfehlung)

FALKEN VERLAG

Die Preise entsprechen dem Status beim Druck dieses

Taekwondo perfekt 1
Die Formenschule bis zum Blaugurt.
(0890) Von K. Gil, Kim Chul-Hwan, 176 S.,
439 s/w-Fotos, 107 Zeichnungen, kart. ●●

Aikido
Lehren und Techniken des harmonischen
Weges. (0537) Von R. Brand, 280 S.,
697 Abb., kart. ●●

Kung-Fu und Tai-Chi
Grundlagen und Bewegungsabläufe. (0367)
Von B. Tegner, 182 S., 370 s/w-Fotos, kart.
●●

Kung-Fu
Theorie und Praxis klassischer und moderner
Stile. (0376) Von M. Pabst, 160 S., 330 Abb.,
kart. ●●

Shaolin-Kempo – Kung-Fu
Chinesisches Karate im Drachenstil. (0395)
Von R. Czerni und K. Konrad. 246 S.,
723 Abb., kart. ●●

Hap Ki Do
Grundlagen und Techniken koreanischer
Selbstverteidigung. (0379) Von Kim Sou
Bong, 112 S., 153 Abb., kart. ●●

Dynamische Tritte
Grundlagen für den Zweikampf. (0438) Von
C. Lee, 96 S., 398 s/w-Fotos, 10 Zeichnun-
gen, kart. ●

Kickboxen
Fitneßtraining und Wettkampfsport.
(0795) Von G. Lemmens, 96 S., 208 s/w-
Fotos, 23 Zeichnungen, kart. ●●

Selbstverteidigung
Abwehrtechniken für Sie und Ihn
(0853) Von E. Deser, 96 S., 259 s/w-Fotos,
kart. ●

Muskeltraining mit Hanteln
Leistungssteigerung für Sport und Fitness.
(0676) Von H. Schulz, 108 S., 92 s/w-Fotos,
2 Zeichnungen, kart. ●

Leistungsfähiger durch Krafttraining
Eine Anleitung für Fitness-Sportler, Trainer
und Athleten (0617) Von W. Kieser, 100 S.,
20 s/w-Fotos, 62 Zeichnungen, kart. ●

Die Faszination athletischer Körper
Bodybuilding
mit Weltmeister Ralf Möller
(4281) Von R. Möller, 128 S., 169 Farbfotos,
14 s/w-Fotos, 1 Farbzeichnung, Pappband.
●●●●

Bodybuilding
Anleitung zum Muskel- und Konditionstrai-
ning für sie und ihn. (0604) Von R. Smolana.
160 S., 171 s/w-Fotos, kart. ●

Hanteltraining zu Hause
(0800) Von W. Kieser, 80 S., 71 s/w-Fotos,
4 Zeichnungen, kart. ●

Fit und gesund
Körpertraining und Bodybuilding zu Hause.
(0782) Von H. Schulz, 80 S., 100 Farbfotos,
3 Zeichnungen, kart. ●

Videokassette Fit und gesund
VHS (6013), Video 2000 (6014), Beta (6015),
Laufzeit 30 Minuten, in Farbe. ●●●●*

Bodybuilding für Frauen
Wege zu Ihrer Idealfigur (0661) Von
H. Schulz, 108 S., 84 s/w-Fotos, 4 Zeichnun-
gen, kart. ●●

Isometrisches Training
Übungen für Muskelkraft und Entspannung.
(0529) Von L. M. Kirsch, 140 S., 162 s/w-
Fotos, kart. ●

Spaß am Laufen
Jogging für die Gesundheit. (0470) Von
W. Sonntag, 140 S., 41 s/w-Fotos, 1 Zeich-
nung, kart. ●

Mein bester Freund, der Fußball
(5107) Von D. Brüggemann und D. Albrecht,
144 S., 171 Abb., kart. ●●

Fußball
Training und Wettkampf. (0448) Von H.
Obermann und P. Walz, 166 S., 92 s/w-Fotos,
15 Zeichnungen, 29 Diagramme, kart. ●●

Handball
Technik · Taktik · Regeln. (0426) Von
F. und P. Hattig, 128 S., 91 s/w-Fotos,
121 Zeichnungen, kart. ●●

Fit mit Volleyball
(2302) Von Dr. A. Scherer, 104 S., 27 Farb-
und 1 s/w-Foto, 12 Farb- und 29 s/w-Zeich-
nungen, kart. ●●

Volleyball
Technik · Taktik · Regeln. (0351) Von H. Huhle,
104 S., 330 Abb., kart. ●

Hockey
Technische und taktische Grundlagen.
(0398) Von H. Wein, 152 S., 60 s/w-Fotos,
30 Zeichnungen, kart. ●●

Eishockey
Lauf- und Stocktechnik, Körperspiel, Taktik,
Ausrüstung und Regeln. (0414) Von J. Čapla,
264 S., 548 s/w-Fotos 163 Zeichnungen,
kart. ●●

Badminton
Technik · Taktik · Training.
(0699) Von K. Fuchs, L. Sologub, 168 S.,
51 Abb., kart., ●●

Golf
Ausrüstung · Technik · Regeln. (0343) Von J.
C. Jessop, übersetzt von H. Biemer, mit einem
Vorwort von H. Krings, Präsident des
Deutschen Golfverbandes, 160 S., 65 Abb.,
Anhang Golfregeln des DGV, kart. ●●

Pool-Billard
(0484) Herausgegeben vom Deutschen Pool-
Billard-Bund, von M. Bach und K.-W. Kühn,
88 S., mit über 80 Abb., kart. ●

Sportschießen
für jedermann. (0502) Von A. Kovacic, 124 S.,
116 s/w-Fotos, kart. ●●

Fechten
Florett · Degen · Säbel. (0449) Von E. Beck,
88 S., 185 Fotos, 10 Zeichnungen, kart. ●

Fibel für Kegelfreunde
Sport- und Freizeitkegeln · Bowling. (0191)
Von G. Bocsai, 72 S., 62 Abb., kart. ●

Beliebte und neue Kegelspiele
(0271) Von G. Bocsai, 92 S., 62 Abb., kart. ●

111 spannende Kegelspiele
(2031) Von H. Regulski, 88 S., 53 Zeichnungen, kart. ●

Ski-Gymnastik
Fit für Piste und Loipe. (0450) Von H. Pilss-
Samek, 104 S., 67 s/w-Fotos, 20 Zeichnun-
gen, kart. ●

Die neue Skischule
Ausrüstung · Technik · Trickskilauf · Gymnastik. (0369) Von C. und R. Kerler, 128 S.,
100 Abb., kart. ●

Skilanglauf, Skiwandern
Ausrüstung · Techniken · Skigymnastik.
(5129) Von T. Reiter und R. Kerler, 80 S.,
8 Farbtafeln, 85 Zeichnungen und s/w-Fotos,
kart. ●●

Alpiner Skisport
Ausrüstung · Techniken · Skigymnastik.
(5130) Von K. Meßmann, 128 S., 8 Farbtafeln, 93 s/ w-Fotos, 45 Zeichnungen,
kart. ●●

Die neue Tennis-Praxis
Der individuelle Weg zu erfolgreichem Spiel.
(4097) Von R. Schönborn, 240 S., 202 Farbzeichnungen, 31 s/w-Abb., Pappband. ●●●●

Erfolgreiche Tennis-Taktik
(4086) Von R. Ford Greene, übersetzt von
M. R. Fischer, 182 S., 87 Abb., kart. ●●

Moderne Tennistechnik
(4187) Von G. Lam, 192 S., 339 s/w-Fotos,
91 Zeichnungen, kart. ●●●

Tennis kompakt
Der erfolgreiche Weg zu Spiel, Satz und Sieg.
(5116) Von W. Taferner, 128 S., 82 s/w-Fotos,
67 Zeichnungen, kart. ●●

Tennis
Technik · Taktik · Regeln. (0375) Von
H. Elschenbroich, 112 S., 81 Abb., kart. ●

Tischtennis-Technik
Der individuelle Weg zu erfolgreichem Spiel.
(0775) Von M. Perger, 144 S., 296 Abb. kart.

Squash
Ausrüstung · Technik · Regeln. (0539) Von
D. von Horn und H.-D. Stünitz, 96 S.,
55 s/w-Fotos, 25 Zeichnungen, kart. ●

Sporttauchen
Theorie und Praxis des Gerätetauchens.
(0647) Von S. Müßig, 144 S., 8 Farbtafeln,
35 s/w-Fotos, 89 Zeichnungen, kart., ●●

Windsurfing
Lehrbuch für Grundschein und Praxis.
(5028) Von C. Schmidt, 64 S., 60 Farbfotos,
Pappband. ●●

Segeln
Der neue Grundschein – Vorstufe zum
A-Schein – Mit Prüfungsfragen. (5147) Von
C. Schmidt, 80 S., 8 Farbtafeln, 18 Farbfotos,
82 Zeichnungen, kart. ●●

Sportfischen
Fische – Geräte – Technik. (0324) Von
H. Oppel, 144 S., 49 s/w-Fotos, 8 Farbtafeln,
kart. ●

Falken-Handbuch
Angeln
in Binnengewässern und im Meer. (4090) Von
H. Oppel, 344 S., 24 Farbtafeln, 66 s/w-
Fotos, 151 Zeichnungen, gebunden. ●●●●

Angeln
Kleine Fibel für den Sportfischer. (0198) Von
E. Bondick, 96 S., 116 Abb., kart. ●

Einführung in das Schachspiel
(0104) Von W. Wollenschläger und K. Colditz,
92 S., 116 Diagramme, kart. ●

Schach mit dem Computer
(0747) Von D. Frickenschmidt, 140 S.,
112 Diagramme, 29 s/w-Fotos, 5 Zeichnungen, kart. ●●

Spielend Schach lernen
(2002) Von T. Schuster, 128 S., kart. ●

Kinder- und Jugendschach
Offizielles Lehrbuch des Deutschen Schach-
bundes zur Errringung der Bauern-, Turm- und
Königsdiplome. (0561) Von B. J. Withuis und
H. Pfleger, 144 S., 220 Zeichnungen u. Dia-
gramme, kart. ●●

Die hier vorgestellten Bücher, Videokassetten und Software sind in folgende Preisgruppen unterteilt:

● Preisgruppe bis DM 10,–/S 79,–
●● Preisgruppe über DM 10,– bis DM 20,–
    S 80,– bis S 160,–

●●● Preisgruppe über DM 20,– bis DM 30,–
     S 161,– bis S 240,–

●●●● Preisgruppe über DM 30,– bis DM 50,–
      S 241,– bis S 400,–
●●●●● Preisgruppe über DM 50,–/S 401,–
*(unverbindliche Preisempfehlung)

FALKEN VERLAG

Neue Schacheröffnungen
(0478) Von T. Schuster, 108 S., 100 Diagramme, kart. ●

Schach für Fortgeschrittene
Taktik und Probleme des Schachspiels.
(0219) Von R. Teschner, 96 S., 85 Diagramme, kart. ●

Taktische Schachendspiele
(0752) Von J. Nunn, 200 S., 151 Diagramme, kart. ●●

Schach-WM '85 Karpow – Kasparow.
Mit ausführlichen Kommentaren zu allen Partien. (0785) Von H. Pfleger, O. Borik, M. Kipp-Thomas, 128 S., zahlreiche Abb. und Diagramme, kart. ●●

Die Schach-Revanche
Kasparow/Karpow 1986. (0831) Von O. Borik, H. Pfleger, M. Kipp-Thomas, 144 S., 19 s/w-Fotos, 72 Diagramme, kart. ●●

Schachstrategie
Ein Intensivkurs mit Übungen und ausführlichen Lösungen. (0584) Von A. Koblenz, dt. Bearb. von K. Colditz, 212 S., 240 Diagramme, kart. ●●

Falken-Handbuch Schach
(4051) Von T. Schuster, 360 S., über 340 Diagramme, gebunden. ●●●●

Die besten Partien deutscher Schachgroßmeister
(4121) Von H. Pfleger, 192 S., 29 s/w-Fotos, 89 Diagramme, Pappband. ●●●

Turnier der Schachgroßmeister '83
Karpow · Hort · Browne · Miles · Chandler · Garcia · Rogers · Kindermann.
(0718) Von H. Pfleger, E. Kurz, 176 S., 29 s/w-Fotos, 71 Diagramme, kart. ●●

Lehr-, Übungs- und Testbuch der Schachkombinationen
(0649) Von K. Colditz, 184 S., 227 Diagramme, kart. ●●

Offizielles Lehrbuch des Deutschen Schachbundes
Das systematische Schachtraining
Trainingsmethoden, Strategien und Kombinationen. (0857) Von Sergiu Samarian, 152 S., 159 Diagramme, 1 Zeichnung, kart. ●●

So denkt ein Schachmeister
Strategische und taktische Analysen.
(0915) Von H. Pfleger, G. Treppner, 120 S., 75 Diagramme, kart. ●●

FALKEN-SOFTWARE
Das komplette Schachprogramm
Spielen, Trainieren, Problemlösen mit dem Computer. (7006) Von J. Egger, Diskette für C 64, C 128 PC, mit Begleitheft. ●●●●●*

Zug um Zug
Schach für jedermann 1
Offizielles Lehrbuch des Deutschen Schachbundes zur Erringung des Bauerndiploms.
(0648) Von H. Pfleger und E. Kurz, 80 S., 24 s/w-Fotos, 8 Zeichnungen, 60 Diagramme, kart. ●

Zug um Zug
Schach für jedermann 2
Offizielles Lehrbuch des Deutschen Schachbundes zur Erringung des Turmdiploms.
(0659) Von H. Pfleger und E. Kurz, 132 S., 8 s/w-Fotos, 14 Zeichnungen, 78 Diagramme, kart. ●

Zug um Zug
Schach für jedermann 3
Offizielles Lehrbuch des Deutschen Schachbundes zur Erringung des Königdiploms.
(0728) Von H. Pfleger, G. Treppner, 128 S., 4 s/w-Fotos, 84 Diagramme, 10 Zeichnungen, kart. ●

Schachtraining mit den Großmeistern
(0670) Von H. Bouwmeester, 128 S., 90 Diagramme, kart. ●●

Schach als Kampf
Meine Spiele und mein Weg. (0729) Von G. Kasparow, 144 S., 95 Diagramme, 9 s/w-Fotos, kart. ●●

Helmut Pflegers
Schachkabinett
Amüsante Aufgaben – überraschende Lösungen. (0877) Von H. Pfleger, 160 S., 118 Diagramme, kart. ●●

Spiele, Denksport, Unterhaltung

Kartenspiele
(2001) Von C. D. Grupp, 144 S., kart. ●

Neues Buch der siebzehn und vier Kartenspiele
(0095) Von K. Lichtwitz, 96 S., kart. ●

Alles über Pokern
Regeln und Tricks. (2024) Von C. D. Grupp, 112 S., 29 Kartenbilder, kart. ●

Rommé und Canasta
in allen Variationen. (2025) Von C. D. Grupp, 124 S., 24 Zeichnungen, kart., ●

Schafkopf, Doppelkopf, Binokel, Cego, Gaigel, Jaß, Tarock und andere „Lokalspiele".
(2015) Von C. D. Grupp, 152 S., kart. ●●

Spielend Skat lernen
unter freundlicher Mitarbeit des Deutschen Skatverbandes. (2005) Von Th. Krüger, 156 S., 181 s/w-Fotos, 22 Zeichnungen, kart. ●

Das Skatspiel
Eine Fibel für Anfänger. (0206) Von K. Lehnhoff, überarb. von P.A. Höfges, 96 S., kart. ●

Black Jack
Regeln und Strategien des Kasinospiels.
(2032) Von K. Kelbratowski, 88 S., kart. ●

Falken-Handbuch Patiencen
Die 111 interessantesten Auslagen. (4151) Von U. v. Lyncker, 216 S., 108 Abbildungen, Pappband. ●●●

Patiencen
in Wort und Bild. (2003) Von I. Wolter, 136 S., kart. ●

Neue Patiencen
(2036) Von H. Sosna, 160 S., 43 Farbtafeln, kart. ●●

Falken-Handbuch Bridge
Von den Grundregeln zum Turnierspiel.
(4092) Von W. Voigt und K. Ritz, 276 S., 792 Zeichnungen, gebunden. ●●●●

Spielend Bridge lernen
(2012) Von J. Weiss, 108 S., 58 Zeichnungen, kart. ●

Spieltechnik im Bridge
(2004) Von V. Mollo und N. Gardener, deutsche Adaption von D. Schröder, 216 S., kart. ●●

Besser Bridge spielen
Reiztechnik, Spielverlauf und Gegenspiel.
(2026) Von J. Weiss, 144 S., 60 Diagramme, kart. ●●

Herausforderung im Bridge
200 Aufgaben mit Lösungen. (2033) Von V. Mollo, 152 S., kart. ●●

Präzisions-Treff im Bridge
(2037) Von E. Jannersten, 152 S., kart. ●●

Kartentricks
(2010) Von T. A. Rosee, 80 S., 13 Zeichnungen, kart. ●

Mah-Jongg
Das chinesische Glücks-, Kombinations- und Gesellschaftsspiel. (2030) Von U. Eschenbach, 80 S., 30 s/w-Fotos, 5 Zeichnungen, kart. ●

Neue Kartentricks
(2027) Von K. Pankow, 104 S., 20 Abb., kart. ●

Backgammon
für Anfänger und Könner. (2008) Von G. W. Fink und G. Fuchs, 116 S., 41 Abb., kart. ●

Würfelspiele
für jung und alt. (2007) Von F. Pruss, 112 S., 21 s/w-Zeichnungen, kart. ●

Gesellschaftsspiele
für drinnen und draußen. (2006) Von H. Görz, 128 S., kart. ●

Spiele für Party und Familie
(2014) Von Rudi Carrell, 160 S., 50 Abb., kart. ●

Das japanische Brettspiel Go
(2020) Von W. Dörholt, 104 S., 182 Diagramme, kart. ●

Roulette richtig gespielt
Systemspiele, die Vermögen brachten.
(0121) Von M. Jung, 96 S., zahlreiche Tabellen, kart. ●

Spielend Roulette lernen
(2034) Von E. P. Caspar, 152 S., 1 s/w-Foto, 45 Zeichnungen, kart. ●●

Denksport und Schnickschnack
für Tüftler und fixe Köpfe. (0362) Von J. Barto, 100 S., 45 Abb., kart. ●

Rätselspiele, Quiz- und Scherzfragen
für gesellige Stunden. (0577) Von K.-H. Schneider, 168 S., über 100 Zeichnungen, Pappband. ●

Knobeleien und Denksport
(2019) Von K. Rechberger, 142 S., 105 Zeichnungen, kart. ●

Das Geheimnis der magischen Ringe
Alles über das Puzzle vom Würfel-Erfinder. Die schönsten Figuren.
(0878) Von Dr. Ch. Bandelow, 96 S., 198 Zeichnungen, 8 Cartoons, kart. ●

Quiz
Mehr als 1500 ernste und heitere Fragen aus allen Gebieten. (0129) Von R. Sautter und W. Pröve, 92 S., 9 Zeichnungen, kart. ●

500 Rätsel selberraten
(0681) Von E. Krüger, 272 S., kart. ●

501 Rätsel selberraten
(0711) Von E. Krüger, 272 S., kart. ●

Riesen-Kreuzwort-Rätsel-Lexikon
über 250.000 Begriffe. (4197) Von H. Schiefelbein, 1024 S., Pappband. ●●●

Das Super-Kreuzwort-Rätsel-Lexikon
Über 150.000 Begriffe. (4279) Von H. Schiefelbein, 688 S., Pappband. ●●

Das große farbige Kinderlexikon
(4195) Von U. Kopp, 320 S., 493 Farbabb., 17 s/w-Fotos, Pappband. ●●●

Die hier vorgestellten Bücher, Videokassetten und Software sind in folgende Preisgruppen unterteilt:

● Preisgruppe bis DM 10,-/S 79,-
●● Preisgruppe über DM 10,- bis DM 20,- S 80,- bis S 160,-

●●● Preisgruppe über DM 20,- bis DM 30,- S 161,- bis S 240,-

●●●● Preisgruppe über DM 30,- bis DM 50,- S 241,- bis S 400,-
●●●●● Preisgruppe über DM 50,-/S 401,-
*(unverbindliche Preisempfehlung)

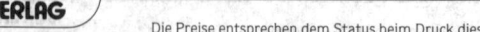

FALKEN VERLAG

Die Preise entsprechen dem Status beim Druck dieses

Das große farbige
Bastelbuch für Kinder
(4254) Von U. Barff, I. Burkhardt, J. Maier, 224 S., 157 Farbfotos, 430 Farb- und 69 s/w-Zeichnungen, Pappband. ●●●

Punkt, Punkt, Komma, Strich
Zeichenstunden für Kinder. (0564) Von H. Witzig, 144 S., über 250 Zeichnungen, kart. ●

Einmal grad und einmal krumm
Zeichenstunden für Kinder. (0599) Von H. Witzig, 144 S., 363 Abb., kart. ●

Kinderspiele
die Spaß machen. (2009) Von H. Müller-Stein, 112 S., 28 Abb., kart. ●

Spiele für Kleinkinder
(2011) Von D. Kellermann, 80 S., 23 Abb., kart. ●

Spiel und Spaß am Krankenbett
für kranke und die ganze Familie. (2035) Von H. Bücken, 104 S., 97 Zeichnungen, kart. ●

Kasperletheater
Spieltexte und Spielanleitungen · Basteltips für Theater und Puppen. (0641) Von U. Lietz, 136 S., 4 Farbtafeln, 12 s/w-Fotos, 39 Zeichnungen, kart. ●

Tri-tra-trullalla
Neue Texte mit Spielanleitungen fürs Kasperletheater. (0681) Von U. Lietz, 96 S., 18 s/w-Zeichnungen, kart. ●

Kindergeburtstag
Vorbereitung, Spiel und Spaß. (0287) Von Dr. I. Obrig, 104 S., 40 Abb., 11 Zeichnungen, 9 Lieder mit Noten, kart. ●

Kindergeburtstage die keiner vergißt
Planung, Gestaltung, Spielvorschläge. (0698) Von G. und G. Zimmermann, 102 S., 80 Vignetten, kart. ●

Kinderfeste
daheim und in Gruppen. (4033) Von G. Blechner, 240 S., 320 Abb., kart. ●●

Scherzfragen, Drudel und Blödeleien
gesammelt von Kindern. (0506) Hrsg. von W. Pröve, 112 S., 57 Zeichnungen, kart. ●

Komm mit ins Land der Lieder
Das große Buch der Kinder-, Volks- und Chorlieder. (4261) Hrsg. von H. Rauhe, 176 S., 146 Farbzeichnungen, Pappband. ●●●

Die schönsten Wander- und Fahrtenlieder
(0462) Hrsg. von F. R. Miller, empfohlen vom Deutschen Sängerbund, 80 S., mit Noten und Zeichnungen, kart. ●

Die schönsten Volkslieder
(0432) Hrsg. von D. Walther, 128 S., mit Noten und Zeichnungen, kart. ●

Neue Spiele für Ihre Party
(2022) Von G. Blechner, 120 S., 54 Zeichnungen, kart. ●

Lustige Tanzspiele und Scherztänze
für Parties und Feste. (0165) Von E. Bäulke, 80 S., 53 Abb., kart. ●

Straßenfeste, Flohmärkte und Basare
Praktische Tips für Organisation und Durchführung. (0592) Von H. Schuster, 96 S., 52 Fotos, 17 Zeichnungen, kart. ●●

Humor

Heitere Vorträge und witzige Reden
Lachen, Witz und gute Laune. (0149) Von E. Müller, 104 S., 44 Abb., kart. ●

Tolle Sketche
mit zündenden Pointen – zum Nachspielen. (0656) Von E. Cohrs, 112 S., kart. ●

Vergnügliche Sketche
(0476) Von H. Pillau, 96 S., mit 7 Zeichnungen, kart. ●

Heitere Vorträge
(0528) Von E. Müller, 128 S., 14 Zeichnungen, kart. ●

Die große Lachparade
Neue Texte für heitere Vorträge und Ansagen. (0188) Von E. Müller, 80 S., kart. ●

So feiert man Feste fröhlicher
Heitere Vorträge und Gedichte. (0098) Von Dr. Allos, 96 S., 15 Abb., kart. ●

Lustige Vorträge für fröhliche Feiern
(0284) Von K. Lehnhoff, 96 S., kart. ●

Vergnügliches Vortragsbuch
(0091) Von J. Plaut, 192 S., kart. ●

Locker vom Hocker
Witzige Sketche zum Nachspielen. (4262) Von W. Giller, 144 S., 41 Zeichnungen, Pappband. ●

Fidele Sketche und heitere Vorträge
Humor zum Nachspielen. (0157) Von H. Ehnle. 96 S., kart. ●

Vorhang auf!
Neue Sketche für jung und alt. (0898) Von H. Pillau, 96 S., 22 Zeichnungen, kart. ●

Sketche und spielbare Witze
für bunte Abende und andere Feste. (0445) Von H. Friedrich, 120 S., 7 Zeichnungen, kart. ●

Sketsche
Kurzspiele zu amüsanter Unterhaltung. (0247) Von M. Gering, 132 S., 16 Abb., kart. ●

Witzige Sketche zum Nachspielen
(0511) Von D. Hallervorden, 160 S., kart. ●●

Gereimte Vorträge
für Bühne und Bütt. (0567) Von G. Wagner, 96 S., kart. ●

Damen in der Bütt
Scherze, Büttenreden, Sketsche. (0354) Von T. Müller, 136 S., kart. ●

Narren in der Bütt
Leckerbissen aus dem rheinischen Karneval. (0216) Zusammengestellt von T. Lücker, 112 S., kart. ●

Rings um den Karneval
Karnevalsscherze und Büttenreden. (0130) Von Dr. Allos, 144 S., 2 Zeichnungen, kart. ●

Helau und Alaaf 1
Närrisches aus der Bütt.
(0304) Von E. Müller, 112 S., 4 Zeichnungen, kart. ●

Helau und Alaaf 2
Neue Büttenreden.
(0477) Von E. Luft, 104 S., kart. ●

Helau und Alaaf 3
Neue Reden für die Bütt. (0832) Von H. Fauser, 144 S., 13 Zeichnungen, kart. ●

Wir feiern Karneval
Festgestaltung und Reden für die närrische Zeit.
(0904) Von M. Zweigler, 120 S., 4 Zeichnungen, kart. ●

Humor und Stimmung
Ein heiteres Vortragsbuch. (0460) Von G. Wagner, 112 S., kart. ●

Humor und gute Laune
Ein heiteres Vortragsbuch. (0635) Von G. Wagner, 112 S., 5 Zeichnungen, kart. ●

Das große Buch der Witze
(0384) Von E. Holz, 320 S., 36 Zeichnungen, Pappband. ●●

Da lacht das Publikum
Neue lustige Vorträge für viele Gelegenheiten. (0716) Von H. Schmalenbach, 104 S., kart. ●

Witzig, witzig
(0507) Von E. Müller, 128 S., 16 Zeichnungen, kart. ●

Die besten Witze und Cartoons des Jahres 1
(0454) Hrsg. von K. Hartmann, 288 S., 125 Zeichnungen, geb. ●●

Die besten Witze und Cartoons des Jahres 2
(0488) Hrsg. von K. Hartmann, 288 S., 148 Zeichnungen, geb. ●●

Die besten Witze und Cartoons des Jahres 4
(0579) Hrsg. von K. Hartmann, 288 S., 140 Zeichnungen, Pappband. ●●

Die besten Witze und Cartoons des Jahres 5
(0642) Hrsg. von K. Hartmann, 288 S., 88 Zeichnungen, Pappband. ●●

Das Superbuch der Witze
(4146) Von B. Bornheim, 504 S., 54 Cartoons, Pappband. ●●

Witze
Lachen am laufenden Band (4241) Von J. Burkert, D. Kroppach, 400 S., 41 Zeichnungen, Pappband. ●●

Heller Wahnwitz
(0887) Von D. Kroppach, 220 S., 200 Vignetten, kart. ●

Spaßvögel
Über sexhundert komische Nummern. (0888) Von E. Zeller, mit Limericks von W. Müller, 220 S., 200 Vignetten, kart. ●

Total bescheuert
Kinder- und Schülerwitze. (0889) Von G. Geßner und E. Zeller, 220 S., 200 Vignetten, kart. ●

Die besten Beamtenwitze
(0574) Hrsg. von W. Pröve, 112 S., 59 Cartoons, kart. ●

Die besten Kalauer
(0705) Von K. Frank, 112 S., 12 Zeichnungen, kart., ●

Robert Lembkes Witzauslese
(0325) Von Robert Lembke, 160 S., 10 Zeichnungen von E. Köhler, Pappband. ●●

Fred Metzlers Witze mit Pfiff
(0368) Von F. Metzler, 112 S., kart. ●

O frivol ist mir am Abend
Pikante Witze von Fred Metzler. (0388) Von F. Metzler, 128 S., mit Karikaturen, kart. ●

Herrenwitze
(0589) Von G. Wilhelm, 112 S., 31 Zeichnungen, kart. ●

Witze am laufenden Band
(0461) Von F. Asmussen, 118 S., kart. ●

Horror zum Totlachen
Gruselwitze
(0536) Von F. Lautenschläger, 96 S., 44 Zeichnungen, kart. ●

Die besten Ostfriesenwitze
(0495) Hrsg. von O. Freese, 112 S., 17 Zeichnungen, kart. ●

Die hier vorgestellten Bücher, Videokassetten und Software sind in folgende Preisgruppen unterteilt:

●   Preisgruppe bis DM 10,–/S 79,–
●● Preisgruppe über DM 10,– bis DM 20,–   S 80,– bis S 160,–

●●● Preisgruppe über DM 20,– bis DM 30,–   S 161,– bis S 240,–

●●●● Preisgruppe über DM 30,– bis DM 50,–   S 241,– bis S 400,–
●●●●● Preisgruppe über DM 50,–/S 401,–   *(unverbindliche Preisempfehlung)

FALKEN VERLAG

Die Kleidermotte ernährt sich von nichts, sie frißt nur Löcher
Stilblüten, Sprüche und Widersprüche aus Schule, Zeitung, Rundfunk und Fernsehen. (0738) Von P. Haas, D. Kroppach, 112 S., zahlr. Abb., kart. ●

Olympische Witze
Sportlerwitze in Wort und Bild. (0505) Von W. Willnat, 112 S., 126 Zeichnungen, kart. ●

Ich lach mich kaputt! Die besten Kinderwitze
(0545) Von E. Hannemann, 128 S., 15 Zeichnungen, kart. ●

Lach mit!
Witze für Kinder, gesammelt von Kindern. (0468) Hrsg. von W. Pröve, 128 S., 17 Zeichnungen, kart. ●

Die besten Kinderwitze
(0757) Von K. Rank, 120 S., 28 Zeichnungen, kart. ●

Lustige Sketche für Jungen und Mädchen
Kurze Theaterstücke für Jungen und Mädchen. (0669) Von U. Lietz und U. Lange, 104 S., kart. ●

Spielbare Witze für Kinder
(0824) Von H. Schmalenbach, 128 S., 30 Zeichnungen, kart. ●

Natur

Falken-Handbuch Umweltschutz
Das Öko-Testbuch zur Eigeninitiative. (4160) Von M. Häfner, 352 S., 411 Farbf., 152 Farbzeichnungen, Pappband. ●●●●

Pilze
erkennen und benennen. (0380) Von J. Raithelhuber, 136 S., 110 Farbfotos, kart. ●●

Falken-Handbuch Pilze
Mit über 250 Farbfotos und Rezepten. (4061) Von M. Knoop, 276 S., 250 Farbfotos, Pappband. ●●●●

Garten heute
Der moderne Ratgeber · Über 1000 Farbbilder. (4283) Von H. Jantra, 384 S., über 1000 Farbabbildungen, Pappband. ●●●●

Das Gartenjahr
Arbeitsplan für den Hobbygärtner. (4075) Von G. Bambach, 152 S., 16 Farbtafeln, 141 Abb., kart. ●●

Gartenteiche und Wasserspiele
planen, anlegen und pflegen. (4083) Von H. R. Sikora, 160 S., 31 Farb- und 31 s/w-Fotos, 73 Zeichnungen, Pappband. ●●●

Wasser im Garten
Von der Vogeltränke zum Naturteich – Natürliche Lebensräume selbst gestalten. (4230) Von H. Hendel, P. Keßeler, 240 S., 247 Farbfotos, 68 Farbzeichnungen, Pappband. ●●●●

Mein kleiner Gartenteich
planen – anlegen – pflegen (0851) Von I. Polaschek, 144 S., 85 Farbfotos, 10 Farbzeichnungen, kart. ●●

Gärtnern
(5004) Von I. Manz, 64 S., 38 Farbfotos, Pappband. ●●

Gärtner Gustavs Gartenkalender
Arbeitspläne · Pflanzenporträts · Gartenlexikon. (4155) Von G. Schoser, 120 S., 146 Farbfotos, 13 Tabellen, 203 farbige Zeichnungen, Pappband. ●●●

Ziersträucher und -bäume im Garten
(5071) Von I. Manz, 64 S., 91 Farbfotos, Pappband. ●●

Das Blumenjahr
Arbeitsplan für drinnen und draußen. (4142) Von G. Vocke, 136 S., 15 Farbtafeln, kart. ●●

Der richtige Schnitt von Obst- und Ziergehölzen, Rosen und Hecken
(0619) Von E. Zettl, 88 S., 8 Farbtafeln, 39 Zeichnungen, 21 s/w-Fotos, kart. ●

Blumenpracht im Garten
(5014) Von I. Manz, 64 S., 93 Farbfotos, Pappband. ●●

Blütenpracht in Haus und Garten
(4145) Von M. Haberer, u. a., 352 S., 1012 Farbfotos, Pappband. ●●●●

Sag's mit Blumen
Pflege und Arrangieren von Schnittblumen. (5103) Von P. Möhring, 64 S., 68 Farbfotos, 2 s/w-Abb., Pappband. ●●

Grabgestaltung
Bepflanzung und Pflege zu jeder Jahreszeit. (5120) Von N. Uhl, 64 S., 77 Farbfotos, 2 Zeichnungen, Pappband. ●●

Wintergärten
Das Erlebnis, mit der Natur zu wohnen. Planen, Bauen und Gestalten. (4256) Von LOG, ID, 136 S., 130 Farbfotos, 107 Zeichnungen, Pappband. ●●●●

Häuser in lebendigem Grün
Fassaden und Dächer mit Pflanzen gestalten. (0846) Von U. Mehl, K. Werk, 88 S., 116 Farbfotos, 4 Farb- und 17 s/w-Zeichnungen, kart. ●●

Leben im Naturgarten
Der Biogärtner und seine gesunde Umwelt. (4124) Von N. Jorek, 128 S., 68 s/w-Fotos, kart. ●●

So wird mein Garten zum Biogarten
Alles über die Umstellung auf naturgemäßen Anbau. (0706) Von I. Gabriel, 128 S., 73 Farbfotos, 54 Farbzeichnungen, kart. ●●

Gesunde Pflanzen im Biogarten
Biologische Maßnahmen bei Schädlingsbefall und Pflanzenkrankheiten. (0707) Von I. Gabriel, 128 S., 126 Farbfotos, 12 Farbzeichnungen, kart. ●●

Kosmische Einflüsse auf unsere Gartenpflanzen
Sterne beeinflussen Wachstum und Gesundheit der Pflanzen (0708) Von I. Gabriel, 112 S., 57 Farbfotos, 43 Farbzeichnungen, kart. ●●

Der Biogarten unter Glas und Folie
Ganzjährig erfolgreich ernten. (0722) Von I. Gabriel, 128 S., 62 Farbfotos, 45 Farbzeichnungen, kart. ●●

Obst und Beeren im Biogarten
Gesunde und schmackhafte Früchte durch natürlichen Anbau. (0780) Von I. Gabriel, 128 S., 38 Farbfotos, 71 Farbzeichnungen, kart. ●●

Neuanlage eines Biogartens
Planung, Bodenvorbereitung, Gestaltung. (0721) Von I. Gabriel, 128 S., 73 Farbfotos, 39 Farbzeichnungen, kart. ●●

Der biologische Zier- und Wohngarten
Planen, Vorbereiten, Bepflanzen und Pflegen. (0748) Von I. Gabriel, 128 S., 72 Farbfotos, 46 Farbzeichnungen, kart. ●●

Gemüse im Biogarten
Gesunde Ernte durch naturgemäßen Anbau (0830) Von I. Gabriel, 128 S., 26 Farbfotos, 86 Farbzeichnungen, kart. ●●

Erfolgreich gärtnern
durch naturgemäßen Anbau (4252) Von I. Gabriel, 416 S., 176 Farbfotos, 212 Farbzeichnungen, Pappband. ●●●

Das Bio-Gartenjahr
Arbeitsplan für naturgemäßes Gärtnern. (4169) Von N. Jorek, 128 S., 8 Farbtafeln, 70 s/w-Abb. kart. ●●

Selbstversorgung aus dem eigenen Anbau
Reichen Erntesegen verwerten und haltbar machen. (4182) Von M. Bustorf-Hirsch, M. Hirsch, 216 S., 270 Zeichnungen, Pappband. ●●●

Mischkultur im Nutzgarten
Mit Jahreskalender und Anbauplänen. (0651) Von H. Oppet, 112 S., 8 Farbtafeln, 23 s/w-Fotos, 29 Zeichnungen, kart. ●

Erfolgreich gärtnern mit Frühbeet und Folie
(0828) Von Dr. Gustav Schoser, 88 S., 8 Farbtafeln, 46 s/w-Fotos, kart. ●

Erfolgstips für den Gemüsegarten
Mit naturgemäßem Anbau zu höherem Ertrag. (0674) Von F. Mühl, 80 S., 30 s/w-Fotos, 4 Zeichnungen, kart. ●

Erfolgstips für den Obstgarten
Gesunde Früchte durch richtige Sortenwahl und Pflege. (0827) Von F. Mühl, 184 S., 16 Farbtafeln, 33 Zeichnungen, kart. ●●

Gemüse, Kräuter, Obst aus dem Balkongarten
– Erfolgreich ernten auf kleinstem Raum. (0694) Von S. Stein, 32 S., 34 Farbfotos, 6 Zeichnungen, Spiralbindung, kart. ●

Keime, Sprossen, Küchenkräuter
am Fenster ziehen – rund ums Jahr. (0658) Von F. und H. Jantzen, 32 S., 55 Farbfotos, Pappband. ●

Balkons in Blütenpracht
zu allen Jahreszeiten. (5047) Von N. Uhl, 64 S., 80 Farbfotos, Pappband. ●●

Kübelpflanzen
für Balkon, Terrasse und Dachgarten. (5132) Von M. Haberer, 64 S., 70 Farbfotos, Pappband. ●●

Kletterpflanzen
Rankende Begrünung für Fassade, Balkon und Garten. (5140) Von M. Haberer, 64 S., 70 Farbabb., 2 Zeichnungen, Pappband. ●●

Mein Kräutergarten rund ums Jahr
Täglich schnittfrisch und gesund würzen. (4192) Von Prof. Dr. G. Lysek, 136 S., 15 Farbtafeln, 91 Zeichnungen, kart. ●●

Blühende Zimmerpflanzen
94 Arten mit Pflegeanleitungen. (5010) Von R. Blaich, 64 S., 107 Farbfotos, Pappband. ●●

Prof. Stelzers grüne Sprechstunde Gesunde Zimmerpflanzen
Krankheiten erkennen und behandeln · Mit neuem Diagnosesystem. (4274) Von Prof. Dr. G. Stelzer, 192 S., 410 Farbfotos, 10 s/w-Zeichnungen, Pappband. ●●●

365 Erfolgstips für schöne Zimmerpflanzen
(0893) Von H. Jantra, 144 S., 215 Farbfotos, kart. ●●

Die hier vorgestellten Bücher, Videokassetten und Software sind in folgende Preisgruppen unterteilt:

● Preisgruppe bis DM 10,–/S 79,–
●● Preisgruppe über DM 10,– bis DM 20,–
    S 80,– bis S 160,–

●●● Preisgruppe über DM 20,– bis DM 30,–
    S 161,– bis S 240,–

●●●● Preisgruppe über DM 30,– bis DM 50,–
    S 241,– bis S 400,–
●●●●● Preisgruppe über DM 50,–/S 401,–
*(unverbindliche Preisempfehlung)

Die Preise entsprechen dem Status beim Druck dieses

Videokassette
Pflanzenjournal
Blumen- und Pflanzenpflege im Jahreslauf.
(6036/VHS) ca. 30 Min., in Farbe, ●●●●*

Blütenpracht in Grolit 2000
Der neue, mühelose Weg zu farbenprächtigen
Zimmerpflanzen. (5127) Von G. Vocke, 64 S.,
50 Farbfotos, Pappband. ●●

Ziergräser
Über 100 Arten erfolgreich kultivieren.
(0829) Von H. Jantra, 104 S., 73 Farbfotos,
6 Farbzeichnungen, kart. ●

Bonsai
Japanische Miniaturbäume und Miniaturland-
schaften. Anzucht, Gestaltung und Pflege.
(4091) Von B. Lesniewicz, 160 S., 106 Farbfotos, 46 s/w-Fotos, 115 Zeichnungen,
gebunden. ●●●●●

**Zimmerbäume, Palmen und andere
Blattpflanzen**
Standort, Pflege, Vermehrung, Schädlinge.
(5111) Von G. Schoser, 96 S., 98 Farbfotos,
7 Zeichnungen, Pappband. ●●

Biologisch zimmergärtnern
Zier- und Nutzpflanzen natürlich pflegen.
(4144) Von N. Jorek, 152 S., 15 Farbtafeln,
120 s/w-Fotos, Pappband. ●

Zimmerpflanzen in Hydrokultur
Leitfaden für problemlose Blumenpflege.
(0660) Von H.-A. Rotter, 32 S., 76 Farbfotos,
8 farbige Zeichnungen, Pappband. ●

Sukkulenten
Mittagsblumen, Lebende Steine, Wolfsmilch-
gewächse u. a. (5070) Von W. Hoffmann,
64 S., 82 Farbfotos, Pappband. ●●

Kakteen und andere Sukkulenten
300 Arten mit über 500 Farbfotos. (4116)
Von G. Andersohn, 316 S., 520 Farbfotos,
193 Zeichnungen, Pappband. ●●●●

Fibel für Kakteenfreunde
(0199) Von H. Herold, 102 S., 23 Farbfotos,
37 s/w-Abb., kart. ●

Kakteen
Herkunft, Anzucht, Pflege, Arten. (5021) Von
W. Hoffmann, 64 S., 70 Farbfotos, Pappband.
●●

Faszinierende Formen und Farben
Kakteen
(4211) Von K. und F. Schild, 96 S., 127 Farbfotos, Pappband. ●●●

Falken-Handbuch **Orchideen**
Lebensraum, Kultur, Anzucht und Pflege.
(4231) Von G. Schoser, 144 S., 121 Farbfotos,
28 Farbzeichnungen, Pappband. ●●●

Falken-Handbuch **Katzen**
(4158) Von B. Gerber, 176 S., 294 Farb- und
88 s/w-Fotos, Pappband. ●●●●

DIE TIERSPRECHSTUNDE
Junge Katzen
(0862) Von Dr. med. vet. E. M. Bartenschla-
ger, 72 S., 40 Farbfotos, 4 Farbzeichnungen,
kart. ●

Katzen
Rassen · Haltung · Pflege. (4216) Von
B. Eilert-Overbeck, 96 S., 82 Farbfotos,
Pappband. ●●●

Das neue Katzenbuch
Rassen – Aufzucht – Pflege. (0427) Von
B. Eilert-Overbeck, 136 S., 14 Farbfotos,
26 s/w-Fotos, kart. ●

Katzenkrankheiten
Erkennung und Behandlung. Steuerung des
Sexualverhaltens. (0652) Von Dr. med. vet.
R. Spangenberg, 176 S., 64 s/w-Fotos,
4 Zeichnungen, kart. ●

Falken-Handbuch **Hunde**
(4118) Von H. Bielfeld, 176 S., 222 Farb-
und 73 s/w-Abb., Pappband. ●●●●

Hunde
Rassen · Erziehung · Haltung. (4209) Von
H. Bielfeld, 96 S., 101 Farbfotos, Pappband.
●●●

Das neue Hundebuch
Rassen · Aufzucht · Pflege. (0009) Von
W. Busack, überarbeitet von Dr. med. vet.
A. H. Hacker und H. Bielfeld, 112 S., 8 Farb-
tafeln, 27 s/w-Fotos, 6 Zeichnungen, kart. ●

Falken-Handbuch
Der Deutsche Schäferhund
(4077) Von U. Förster, 228 S., 160 Abb.,
Pappband. ●●●

Der Deutsche Schäferhund
Aufzucht, Pflege und Ausbildung. (0073) Von
A. Hacker, 104 S., 56 Abb., kart. ●

Dackel, Teckel, Dachshund
Aufzucht · Pflege · Ausbildung. (0508) Von
M. Wein-Gysae, 112 S., 4 Farbtafeln, 43 s/w-
Fotos, 2 Zeichnungen, kart. ●

Hundeausbildung
Verhalten – Gehorsam – Abrichtung. (0346)
Von Prof. Dr. R. Menzel, 96 S., 18 Fotos, kart. ●

Grundausbildung für Gebrauchshunde
Schäferhund, Boxer, Rottweiler, Dobermann,
Riesenschnauzer, Airedaleterrier, Hovawart
und Bouvier. (0801) Von M. Schmidt und W.
Koch, 104 S., 8 Farbtafeln, 51 s/w-Fotos,
5 s/w-Zeichnungen, kart. ●

Hundekrankheiten
Erkennung und Behandlung, Steuerung des
Sexualverhaltens. (0570) Von
Dr. med. vet. R. Spangenberg, 128 S.,
68 s/w-Fotos, 10 Zeichnungen, kart. ●

Falken-Handbuch **Pferde**
(4186) Von H. Werner, 176 S., 196 Farb-und
50 s/w-Abb., 100 Zeichnungen, Pappband.
●●●●

Wellensittiche
Arten · Haltung · Pflege · Sprechunterricht ·
Zucht. (5136) Von H. Bielfeld, 64 S., 59 Farb-
fotos, Pappband. ●●

Papageien und Sittiche
Arten · Pflege · Sprechunterricht.
(0591) Von H. Bielfeld, 112 S., 8 Farbtafeln,
kart. ●

DIE TIERSPRECHSTUNDE
Sittiche und kleine Papageien
(0864) Von Dr. med. vet. E. M. Bartenschla-
ger, 88 S., 84 Farbfotos, 9 Zeichnungen, kart. ●

Geflügelhaltung als Hobby
(0749) Von M. Baumeister, H. Meyer, 184 S.,
8 Farbtafeln, 47 s/w-Fotos, 15 Zeichnungen,
kart. ●●

DIE TIERSPRECHSTUNDE
Alles über den Igel in Natur und Garten
(0810) Von Dr. med. vet. E. M. Bartenschla-
ger, 68 S., 51 Farbfotos, kart. ●

DIE TIERSPRECHSTUNDE
Alles über Meerschweinchen
(0809) Von Dr. med. vet. E. M. Bartenschla-
ger, 72 S., 43 Farbfotos, 11 Farbzeichnungen,
kart. ●

DIE TIERSPRECHSTUNDE
Tiere im Wassergarten
(0808) Von Dr. med. vet. E. M. Bartenschla-
ger, 96 S., 84 Farbfotos, 7 Zeichnungen, kart.
●

Das Süßwasser-Aquarium
Einrichtung · Pflege · Fische · Pflanzen.
(0153) Von H. J. Mayland, 152 S., 16 Farbtafeln, 43 s/w-Zeichnungen, kart. ●●

Falken-Handbuch
Süßwasser-Aquarium
(4191) Von H. J. Mayland, 288 S., 564 Farbfotos, 75 Zeichnungen, Pappband. ●●●●

Cichliden
Pflege, Herkunft und Nachzucht der wichtig-
sten Buntbarscharten. (5144) Von Jo in't
Veen, 96 S., 163 Farbfotos, Pappband. ●●

Gesundheit

Die Frau als Hausärztin
Der unentbehrliche Ratgeber für die Gesundheit. (4072) Von Dr. med. A. Fischer-Dückel-
mann, 808 S., 14 Farbtafeln, 146 s/w-Fotos,
203 Zeichnungen, Pappband. ●●

Dr. Reitners großes Gesundheitslexikon
Mit über 5000 Stichwörtern.
(4282) Von Dr. med. H.-J. Lewitzka-Reitner,
in Zusammenarbeit mit P. Janknecht und U.
Kannapinn, 504 S., 424 s/w-Abbildungen,
Pappband. ●●

**Heiltees und Kräuter für die
Gesundheit**
(4123) Von G. Leibold, 136 S., 15 Farbtafeln,
16 Zeichnungen, kart. ●●

Falken-Handbuch **Heilkräuter**
Modernes Lexikon der Pflanzen und Anwendungen (4076) Von G. Leibold, 392 S.,
183 Farbfotos, 22 Zeichnungen, geb. ●●●●

Die farbige Kräuterfibel
Heil- und Gewürzpflanzen. (0245) Von
I. Gabriel, 196 S., 49 farbige und
97 s/w-Abb., kart. ●●

Falken-Handbuch **Bio-Medizin**
Alles über die moderne Naturheilpraxis.
(4136) Von G. Leibold, 552 S., 38 Farbfotos,
232 s/w-Abb., Pappband. ●●●●

Enzyme
Vitalstoffe für die Gesundheit. (0677) Von
G. Leibold, 96 S., kart. ●

Heilfasten
(0713) Von G. Leibold, 108 S., kart. ●

Besser leben durch Fasten
(0841) Von G. Leibold, 100 S., kart. ●

Kneippkuren zu Hause
(0779) Von G. Leibold, 112 S., 25 Zeichnungen, kart. ●

Krebsangst und Krebs behandeln
Mit einem Vorwort von Prof. Dr. med.
Friedrich Douwes. (0839) Von G. Leibold,
104 S., kart. ●

Allergien behandeln und stimmen
Mit einem Vorwort von Prof. Dr. med. Axel
Stemmann. (0840) Von G. Leibold, 104 S.,
4 Zeichnungen, kart. ●

FALKEN VERLAG

Rheuma behandeln und lindern
Mit einem Vorwort von
Dr. med. Max-Otto-Bruker
(0836) Von G. Leibold, 104 S., kart. ●

Die echte Schroth-Kur
(0797) Von Dr. med. R. Schroth, 88 S.,
2 s/w-Fotos, kart. ●

Streß bewältigen durch Entspannung
(0834) Von Dr. med. Chr. Schenk, 88 S.,
29 Zeichnungen, kart. ●

Gesundheit und Spannkraft durch Yoga
(0321) Von L. Frank und U. Ebbers, 112 S.,
50 s/w-Fotos, kart. ●

Yoga für jeden
(0341) Von K. Zebroff, 156 S., 135 Abb.,
Spiralbindung, ●●●

Yoga für Schwangere
Der Weg zur sanften Geburt. (0777) Von
V. Bolesta-Hahn, 108 S., 76 zweifarbige Abb.
kart. ●●

**Yoga gegen Haltungsschäden und
Rückenschmerzen**
(0394) Von A. Raab, 104 S., 215 Abb., kart. ●

Hypnose und Autosuggestion
Methoden – Heilwirkungen – praktische
Beispiele. (0483) Von G. Leibold, 120 S.,
9 Illustrationen, kart. ●

Gesund durch Gedankenenergie
Heilung im gemeinsamen Kraftfeld
(6035) Nur VHS, 45 Min., in Farbe ●●●●●*

Autogenes Training
Anwendung · Heilwirkungen · Methoden.
(0541) Von R. Faller, 128 S., 3 Zeichnungen,
kart. ●

**Die fernöstliche Fingerdrucktherapie
Shiatsu**
Anleitungen zur Selbsthilfe – Heilwirkungen.
(0615) Von G. Leibold, 196 S., 180 Abb., kart.
●●

Eigenbehandlung durch Akupressur
Heilwirkungen – Energielehre – Meridiane.
(0417) Von G. Leibold, 152 S., 78 Abb., kart.
●

Chinesische Naturheilverfahren
Selbstbehandlung mit bewährten Methoden
der physikalischen Therapie. Atemtherapie ·
Heilgymnastik · Selbstmassage · Vorbeugen ·
Behandeln · Entspannen. (4247) Von F. Tjoeng
Lie, 160 S., 292 zweifarbige Zeichnungen,
Pappband. ●●●

**Chinesisches Schattenboxen
Tai-Ji-Quan**
für geistige und körperliche Harmonie
(0850) Von F. T. Lie, 120 S., 221 s/w-Fotos,
9 s/w-Zeichnungen, Beilage: 1 s/w-Poster
mit zahlreichen Abbildungen, kart. ●●

Fit mit Tai Chi
als sanfte Körpererfahrung.
(2305) Von B. u. K. Moegling, 112 S.,
121 Farbfotos, 6 Farb- u. 4 s/w-Zeichnungen,
kart. ●

**Bauch, Taille und Hüfte gezielt formen durch
Aktiv-Yoga**
(0709) Von K. Zebroff, 112 S., 102 Farbfotos,
kart. ●●

10 Minuten täglich Tele-Gymnastik
(5102) Von B. Manz und K. Biermann, 128 S.,
381 Abb., kart. ●●

Gesund und fit durch Gymnastik
(0366) Von H. Pilss-Samek, 132 S., 150 Abb.,
kart. ●

Stretching
Mit Dehnungsgymnastik zu Entspannung,
Geschmeidigkeit und Wohlbefinden. (0717)
Von H. Schulz, 80 S., 90 s/w-Fotos, kart. ●

Fit mit Stretching
(2304) Von B. Kurz, 96 S., 255 Farbfotos,
kart. ●●

**Gesund und leistungsfähig durch
Konditionsübungen, Fitneßtraining,
Wirbelsäulengymnastik**
(0844) Von R. Milser, K. Grafe, 104 S.,
99 Farbfotos, 12 Farbzeichnungen, 5 s/w-
Zeichnungen kart. ●●

**Gesundheit durch altbewährte Kräuter-
rezepte und Hausmittel aus der
Natur-Apotheke**
(4156) Von G. Leibold, 236 S., 8 Farbtafeln,
100 Zeichnungen, kart. ●●

**Diät bei Krankheiten des Magens und
Zwölffingerdarms**
Rezeptteil von B. Zöllner. (3201) Von Prof. Dr.
med. H. Kaess, 96 S., 4 Farbtafeln, kart. ●●

**Diät bei Herzkrankheiten und
Bluthochdruck**
Salzarme (natriumarme) Kost. Rezeptteil von
B. Zöllner. (3202) Von Prof. Dr. med.
H. Rottka, 92 S., 4 Farbtafeln, kart. ●●

**Diät bei Erkrankungen der Nieren, Harn-
wege und bei Dialysebehandlung**
Völlig überarbeitete Neuauflage,
durchgehend farbig bebildert.
Rezeptteil von B. Zöllner. (3203) Von Prof.
Dr. med. Dr. h. c. H. J. Sarre und Prof. Dr.
med. R. Kluthe, 96 S., 33 Farbfotos, 1 s/w-
Zeichnung, kart. ●●

Richtige Ernährung wenn man älter wird
Völlig überarbeitete Neuauflage,
durchgehend farbig bebildert.
Rezeptteil von B. Zöllner. (3204) Von Prof.
Dr. med. H.-J. Pusch, Prof. Dr. N. Zöllner und
Prof. Dr. G. Wolfram. 96 S., 36 Farbfotos und
3 s/w-Zeichnungen, kart. ●●

Diät bei Gicht und Harnsäuresteinen
Rezeptteil von B. Zöllner. (3205) Von Prof.
Dr. med. N. Zöllner, 80 S., 4 Farbtafeln, kart.
●●

Diät bei Zuckerkrankheit
Rezeptteil von B. Zöllner. (3206) Von Prof.
Dr. med. P. Dieterle, 80 S., 4 Farbtafeln, kart.
●●

**Diät bei Krankheiten der Gallenblase,
Leber und Bauchspeicheldrüse**
Rezeptteil von B. Zöllner. (3207) Von Prof.
Dr. med. H. Kasper, 88 S., 4 Farbtafeln, kart.
●●

**Diät bei Störungen des Fettstoffwechsels
und zur Vorbeugung der Arteriosklerose**
Rezeptteil von B. Zöllner. (3208) Von Prof.
Dr. med. G. Wolfram und Dr. med. O. Adam,
104 S., 4 Farbtafeln, kart. ●●

Diät bei Übergewicht
Völlig überarbeitete Neuauflage,
durchgehend farbig bebildert.
Rezeptteil von B. Zöllner. (3209) Von Prof.
Dr. med. Ch. Keller, 104 S., 38 Farbfotos,
kart. ●●

Diät bei Darmkrankheiten
Durchfall – Divertikulose, Reizdarm und
Darmträgheit – einheimische Sprue (Zöliakie)
– Disaccharidasemangel – Dünndarmresek-
tion – Dumping Syndrom. Rezeptteil von
B. Zöllner. (3211) Von Prof. Dr. med. G. Stroh-
meyer, 88 S., 4 Farbtafeln, kart. ●●

**Ballaststoffreiche Kost bei Funktionsstö-
rungen des Darms**
Rezeptteil von B. Zöllner. (3212) Von Prof. Dr.
med. H. Kasper, 96 S., 34 Farbfotos, 1 s/w-
Foto, kart. ●●

Bildatlas des menschlichen Körpers
(4177) Von G. Pogliani, V. Vannini, 112 S.,
402 Farbabb., 28 s/w-Fotos, Pappband.
●●●

Fußmassage
Reflexzonentherapie am Fuß (0714) Von G.
Leibold, 96 S., 38 Zeichnungen, kart. ●

Rheuma und Gicht
Krankheitsbilder, Behandlung, Therapieverfahren, Selbstbehandlung, richtige Lebensführung und Ernährung. (0712) Von Dr.
J. Höder, J. Bandick, 104 S., kart. ●

Diabetes
Krankheitsbild, Therapie, Kontrollen,
Schwangerschaft, Sport, Urlaub, Alltags-
probleme, Neueste Erkenntnisse der
Diabetesforschung.
(0895) Von Dr. med. H. J. Krönke, 116 S.,
4 Farbtafeln, 14 s/w-Fotos, 13 s/w-Zeichnun-
gen, kart. ●

Krampfadern
Ursachen, Vorbeugung, Selbstbehandlung,
Therapieverfahren. (0727) Von Dr. med. K.
Steffens, 96 S., 38 Abb., kart. ●

Gallenleiden
Krankheitsbilder, Behandlung, Therapie-
verfahren, Selbstbehandlung, Richtige
Lebensführung und Ernährung. (0673) Von
Dr. med. K. Steffens, 104 S., 34 Zeichnungen,
kart. ●

Asthma
Pseudokrupp, Bronchitis und Lungenemphy-
sem. (0778) Von Prof. Dr. med. W. Schmidt,
120 S., 56 Zeichnungen, kart. ●

Fastenkuren
Wege zur gesunden Lebensführung.
Rezepte und Tips für die Nachfastenzeit.
Kurzfasten · Saftfastenkuren · Fastenschalt-
tage · Heilfasten
(4248) Von Ha. A. Mehler, H. Keppler, 144 S.,
16 s/w-Fotos, 9 Zeichnungen, Pappband.
●●●

**Aus dem Schatz der Naturmedizin
Heilkräuterkuren**
(4268) Von Dr. med. E. Rauch, Dr. rer. nat.
P. Kruletz, 144 S., 49 Zeichnungen, kart. ●●

Vitamine und Ballaststoffe
So ermittle ich meinen täglichen Bedarf
(0746) Von Prof. Dr. M. Wagner, I. Bongartz,
96 S., 6 Farbabb., zahlreiche Tabellen, kart. ●

Darmleiden
Krankheitsbilder, Behandlung, Selbstbehandlung, Richtige Lebensführung und Ernährung.
(0798) Von Dr. med. K. Steffens, 112 S.,
46 Zeichnungen, kart. ●

Massage
(0750) Von B. Rumpler, K. Schutt, 112 S., 116
zweifarbige Zeichnungen, kart. ●

Ratgeber Aids
Entstehung, Ansteckung, Krankheitsbilder,
Heilungschancen, Schutzmaßnahmen.
(0803) Von B. Baartman, Vorwort von Dr.
med. H. Jäger, 112 S., 8 Farbtafeln,
4 Grafiken, kart. ●●

Wenn Kinder krank werden
Medizinischer Ratgeber für Eltern.
(4240) Von Dr. med. I. J. Chasnoff, B. Nees-
Delaval, 232 S., 163 Zeichnungen, Pappband.
●●●

Die hier vorgestellten Bücher, Videokassetten und Software sind in folgende Preisgruppen unterteilt:

● Preisgruppe bis DM 10,–/S 79,–
●● Preisgruppe über DM 10,– bis DM 20,–
S 80,– bis S 160,–

●●● Preisgruppe über DM 20,– bis DM 30,–
S 161,– bis S 240,–

●●●● Preisgruppe über DM 30,– bis DM 50,–
S 241,– bis S 400,–
●●●●● Preisgruppe über DM 50,–/S 401,–
*(unverbindliche Preisempfehlung)

**FALKEN
VERLAG**

Die Preise entsprechen dem Status beim Druck dieses

Ratgeber Lebenshilfe

Umgangsformen heute
Die Empfehlungen des Fachausschusses für Umgangsformen. (4015) 282 S., 160 s/w-Fotos, 25 Zeichnungen, Pappband. ●●●

Der gute Ton
Ein moderner Knigge. (0063) Von I. Wolter, 168 S., 38 Zeichnungen, 53 s/w-Fotos, kart. ●

Haushaltstips von A bis Z
(0759) Von A. Eder, 80 S., 30 Zeichnungen, kart. ●

Wir heiraten
Ratgeber zur Vorbereitung und Festgestaltung der Verlobung und Hochzeit. (4188) Von C. Poengsen, 216 S., 8 s/w-Fotos, 30 s/w-Zeichnungen, 8 Farbtafeln, Pappband. ●●

Der schön gedeckte Tisch
Vom einfachen Gedeck bis zur Festtafel stimmungsvoll und perfekt arrangiert (4246) Von H. Tapper, 112 S., 206 Farbabbildungen, 21 s/w-Abbildungen, Pappband. ●●●

Familienforschung · Ahnentafel · Wappenkunde
Wege zur eigenen Familienchronik. (0744) Von P. Bahn, 128 S., 8 Farbtafeln, 30 Abbildungen, kart. ●●

Die Kunst der freien Rede
Ein Intensivkurs mit vielen Übungen, Beispielen und Lösungen. (4189) Von G. Hirsch, 232 S., 11 Zeichnungen, Pappband. ●●●

Reden zur Taufe, Kommunion und Konfirmation
(0751) Von G. Georg, 96 S., kart. ●

Der richtige Brief zu jedem Anlaß
Das moderne Handbuch mit 400 Musterbriefen. (4179) Von H. Kirst, 376 S., Pappband. ●●

Von der Verlobung zur Goldenen Hochzeit
(0393) Von E. Ruge, 120 S., kart. ●

Reden zur Hochzeit
Musteransprachen für Hochzeitstage. (0654) Von G. Georg, 112 S., kart. ●

Glückwünsche, Toasts und Festreden zur Hochzeit.
(0264) Von I. Wolter, 128 S., 18 Zeichnungen, kart. ●

Hochzeits- und Bierzeitungen
Muster, Tips und Anregungen. (0288) Von H.-J. Winkler, mit vielen Text- und Gestaltungsanregungen, 116 S., 15 Abb., 1 Musterzeitung, kart. ●

Kindergedichte zur Grünen, Silbernen und Goldenen Hochzeit
(0318) Von H.-J. Winkler, 104 S., 20 Abb., kart. ●

Kindergedichte für Familienfeste
(0860) Von B. H. Bull, 96 S., 20 Zeichnungen, kart. ●

Die Silberhochzeit
Vorbereitung · Einladung · Geschenkvorschläge · Dekoration · Festablauf · Menüs · Reden · Glückwünsche. (0542) Von K. F. Merkle, 120 S., kart. ●

Großes Buch der Glückwünsche
(0255) Hrsg. von O. Fuhrmann, 176 S., 77 Zeichnungen und viele Gestaltungsvorschläge, kart. ●

Neue Glückwunschfibel
für Groß und Klein. (0156) Von R. Christian-Hildebrandt, 96 S., kart. ●

Glückwunschverse für Kinder
(0277) Von B. Ulrici, 80 S., kart. ●

Die Redekunst
Rhetorik · Rednererfolg (0076) Von K. Wolter, überarbeitet von Dr. W. Tappe, 80 S., kart. ●

Reden und Ansprachen
für jeden Anlaß. (4009) Hrsg. von F. Sicker, 454 S., gebunden. ●●●●

Reden zum Jubiläum
Musteransprachen für viele Gelegenheiten (0595) Von G. Georg, 112 S., kart. ●

Reden zum Ruhestand
Musteransprachen zum Abschluß des Berufslebens (0790) Von G. Georg, 104 S., kart. ●

Reden und Sprüche zur Grundsteinlegung, Richtfest und Einzug
(0598) Von A. Bruder, G. Georg, 96 S., kart. ●

Reden zu Familienfesten
Musteransprachen für viele Gelegenheiten. (0675) Von G. Georg, 108 S., kart. ●

Reden zum Geburtstag
Musteransprachen für familiäre und offizielle Anlässe. (0773) Von G. Georg, 104 S., kart. ●

Festreden und Vereinsreden
Ansprachen für festliche Gelegenheiten. (0069) Von K. Lehnhoff, E. Ruge, 88 S., kart. ●

Reden im Verein
Musteransprachen für viele Gelegenheiten. (0703) Von G. Georg, 112 S., kart. ●

Trinksprüche
Fest- und Damenreden in Reimen. (0791) Von L. Metzner, 88 S., 14 s/w-Zeichnungen, kart. ●

Trinksprüche, Richtsprüche, Gästebuchverse
(0224) Von D. Kellermann, 80 S., kart. ●

Ins Gästebuch geschrieben
(0576) Von K. H. Trabeck, 96 S., 24 Zeichnungen, kart. ●

Poesiealbumverse
Heiteres und Besinnliches. (0578) Von A. Göttling, 112 S., 20 Zeichnungen, Pappband. ●●

Verse fürs Poesiealbum
(0241) Von I. Wolter, 96 S., 20 Abb., kart. ●
Rosen, Tulpen, Nelken . . .

Beliebte Verse fürs Poesiealbum
(0431) Von W. Pröve, 96 S., 11 Faksimile-Abb., kart. ●

Der Verseschmied
Kleiner Leitfaden für Hobbydichter. Mit Reimlexikon. (0597) Von T. Parisius, 96 S., 28 Zeichnungen, kart. ●

Moderne Korrespondenz
Handbuch für erfolgreiche Briefe. (4014) Von H. Kirst und W. Manekeller, 544 S., Pappband. ●●●●

Der neue Briefsteller
Musterbriefe für alle Gelegenheiten. (0060) Von I. Wolter-Rosendorf, 112 S., kart. ●

Geschäftliche Briefe
des Privatmanns, Handwerkers, Kaufmanns, (0041) Von A. Römer, 120 S., kart. ●

Behördenkorrespondenz
Musterbriefe – Anträge – Einsprüche. (0412) Von E. Ruge, 120 S., kart. ●

Musterbriefe
für alle Gelegenheiten. (0231) Hrsg. von O. Fuhrmann, 240 S., kart. ●

Privatbriefe
Muster für alle Gelegenheiten. (0114) Von I. Wolter-Rosendorf, 132 S., kart. ●

Briefe zu Geburt und Taufe
Glückwünsche und Danksagungen. (0802) Von H. Beitz, 96 S., 12 Zeichnungen, kart. ●

Briefe zum Geburtstag
Glückwünsche und Danksagungen (0822) Von H. Beitz, 104 S., 22 Zeichnungen, kart. ●

Briefe zur Hochzeit
Glückwünsche und Danksagungen (0852) Von R. Röngen, 96 S., 1 Zeichnung, 39 Vignetten, kart. ●

Briefe der Liebe
Anregungen für gefühlvolle und zärtliche Worte. (0903) Hrsg. von H. Beitz, 96 S., 4 Zeichnungen, kart. ●

Erfolgstips für den Schriftverkehr
Briefwechsel leicht gemacht durch einfachen Stil und klaren Ausdruck (0678) Von U. Schoenwald, 120 S., kart. ●

Worte und Briefe der Anteilnahme
(0464) Von E. Ruge, 128 S., mit vielen Abb., kart. ●

Reden in Trauerfällen
Musteransprachen für Beerdigungen und Trauerfeiern (0736) Von G. Georg, 104 S., kart. ●

Lebenslauf und Bewerbung
Beispiele für Inhalt, Form und Aufbau. (0428) Von H. Friedrich, 112 S., kart. ●

Erfolgreiche Bewerbungsbriefe und Bewerbungsformen.
(0138) Von W. Manekeller, 88 S., kart. ●

Die erfolgreiche Bewerbung
Bewerbung und Vorstellung. (0173) Von W. Manekeller, 156 S., kart. ●

Die Bewerbung
Der moderne Ratgeber für Bewerbungsbriefe, Lebenslauf und Vorstellungsgespräche. (4138) Von W. Manekeller, 264 S., Pappband. ●●

Vorstellungsgespräche
sicher und erfolgreich führen. (0636) Von H. Friedrich, 144 S., kart. ●

Keine Angst vor Einstellungstests
Ein Ratgeber für Bewerber. (0793) Von Ch. Titze, 120 S., 67 Zeichnungen, kart. ●

99 Alternativen für Umsteiger
Mehr Freude am Leben mit dem richtigen Beruf. (4251) Von D. Maxeiner, P. Birkenmeier, 192 S., 143 Fotos, 46 Zeichnungen, kart. ●●●

So werde ich erfolgreich
Ratschläge und Tips für Beruf und Privatleben. (0918) Von H. Hans, 104 S., kart. ●●

Die ersten Tage am neuen Arbeitsplatz
Ratschläge für den richtigen Umgang mit Kollegen und Vorgesetzten (0855) Von H. Friedrich, 104 S., kart. ●

Zeugnisse im Beruf
richtig schreiben, richtig verstehen. (0544) Von H. Friedrich, 112 S., kart. ●

In Anerkennung Ihrer . . . ,
Lob und Würdigung in Briefen und Reden.
(0535) Von H. Friedrich, 136 S., kart. ●

Erfolgreiche Kaufmannspraxis
Wirtschaftliche Grundlagen, Geld, Kreditwesen, Steuern, Betriebsführung, Recht, EDV. (4046) Von W. Göhler, H. Gölz, M. Heibel, Dr. D. Machenheimer, 544 S., gebunden. ●●●●

Wege zum Börsenerfolg
Aktien · Anleihen · Optionen
(4275) Von H. Krause, 252 S., 4 s/w-Fotos,
86 Zeichnungen, Pappband. ●●●

Mietrecht
Leitfaden für Mieter und Vermieter. (0479)
Von J. Beuthner, 196 S., kart. ●●

Familienrecht
Ehe – Scheidung – Unterhalt. (4190) Von T.
Drewes, R. Hollender, 368 S., Pappband.
●●●

**Erziehungsgeld, Mutterschutz,
Erziehungsurlaub**
Alles über das neue Recht für Eltern. Mit den
Gesetzestexten. (0835) Von J. Grönert,
144 S., kart. ●●

Scheidung und Unterhalt
nach dem neuen Eherecht. Mit dem Unter-
haltsänderungsgesetz 1986.
(0403) Von Rechtsanwalt H. T. Drewes,
112 S., mit Kosten- und Unterhaltstabellen,
kart. ●

Präzise Ratschläge für
Ihre optimale Rente
Vorbereitung · Berechnungsgrundlagen ·
Gesetzesänderungen · Individuelle Rechen-
beispiele. (0806) Von K. Möcks, 96 S.,
24 Formulare, 1 Graphik, kart. ●

Testament und Erbschaft
Erbfolge, Rechte und Pflichten der Erben,
Erbschafts- und Schenkungssteuer, Muster-
testamente. (4139) Von T. Drewes, R. Hollender, 304 S., Pappband. ●●●

Erbrecht und Testament
Mit Erläuterungen des Erbschaftsteuer-
gesetzes von 1974. (0046) Von Dr. jur.
H. Wandrey, 124 S., kart. ●

Endlich 18 und nun?
Rechte und Pflichten mit der Volljährigkeit.
(0646) Von R. Rathgeber, 224 S., 27 Zeichnungen, kart. ●●

Was heißt hier minderjährig?
(0765) Von R. Rathgeber, C. Rummel, 148 S.,
50 Fotos, 25 Zeichnungen, kart. ●●

**Erfolgreiche Bewerbung um einen
Ausbildungsplatz**
(0715) Von H. Friedrich, 136 S., kart. ●

Elternsache Grundschule
(0692) Hrsg. von K. Meynersen, 324 S., kart.
●●●

Sexualberatung
(0402) Von Dr. M. Röhl, 168 S., 8 Farbtafeln,
17 Zeichnungen, Pappband. ●●

Die Kunst des Stillens
nach neuesten Erkenntnissen
(0701) Von Prof. Dr. med. E. Schmidt/
S. Brunn, 112 S., 20 Fotos und Zeichnungen,
kart. ●

Wenn Sie ein Kind bekommen
(4003) Von U. Klamroth, Dr. med. H. Oster,
240 S., 86 s/w-Fotos, 30 Zeichnungen, kart.
●●●

Der moderne Ratgeber
Wir werden Eltern
Schwangerschaft · Geburt · Erziehung des
Kleinkindes. (4269) Von B. Nees-Delaval,
376 S., 335 zweifarbige Abbildungen,
Pappband. ●●

Vorbereitung auf die Geburt
Schwangerschaftsgymnastik, Atmung, Rück-
bildungsgymnastik. (0251) Von S. Buchholz,
112 S., 98 s/w-Fotos, kart. ●

Wie soll es heißen?
(0211) Von D. Köhr, 136 S., kart. ●

Das Babybuch
Pflege · Ernährung · Entwicklung. (0531) Von
A. Burkert, 128 S., 16 Farbtafeln,
38 s/w-Fotos, 30 Zeichnungen, kart. ●●

Wenn der Mensch zum Vater wird
Ein heiter-besinnlicher Ratgeber. (4259) Von
D. Zimmer, 160 S., 20 Zeichnungen,
Pappband. ●●

Die neue Lebenshilfe **Biorhythmik**
Höhen und Tiefen der persönlichen Lebens-
kurven vorausberechnen und danach handeln.
(0458) Von W. A. Appel, 157 S., 63 Zeichnungen, Pappband. ●●

Neue Erkenntnisse zum Biorhythmus
Individuelle Rhythmogramme für Berufserfolg und Gesundheit, Partnerschaft und
Freizeit. Beilage: Tagesformplaner.
(4276) Von H. Bott, 144 S., 35 s/w-Zeichnun-
gen, Pappband. ●●

Vom Urkrümel zum Atompilz
Evolution – Ursache und Ausweg aus der
Krise. (4181) Von J. Voigt, 188 S., 20 Farb-
und 70 s/w-Fotos, 32 Zeichnungen, kart. ●●

Neues Denken – alte Geister
New Age unter die Lupe.
(4278) Von G. Myrell, Dr. W. Schmandt,
J. Voigt, 176 S., 54 Farbfotos, 3 Zeichnungen,
kart. ●●

Dinosaurier
und andere Tiere der Urzeit. (4219) Von
G. Alschner, 96 S., 81 Farbzeichnungen,
4 Fotos, Pappband. ●●●

Der Sklave Calvisius
Alltag in einer römischen Provinz 150 n. Chr.
(4058) Von A. Ammermann, T. Röhrig,
G. Schmidt, 120 S., 99 Farbabb.,
47 s/w-Abb., Pappband. ●●

ZDF · ORF · DRS
Kompaß Jugend-Lexikon
(4096) Von R. Kerler, J. Blum, 336 S.,
766 Farbfotos, 39 s/w-Abb., Pappband.
●●●●

Psycho-Tests
– Erkennen Sie sich selbst. (0710) Von
B. M. Nash, R. B. Monchick, 304 S., 81 Zeich-
nungen, kart. ●●

FALKEN-SOFTWARE
Ego-Tests
Sich und andere besser erkennen und
verstehen. (7012) Diskette für IBM PC kompatible (MS DOS) mit Begleitheft. ●●●●●*

Falken-Handbuch **Astrologie**
Charakterkunde · Schicksal · Liebe und Beruf
Berechnung und Deutung von Horoskopen ·
Aszendententabelle. (4068) Von B. A. Mertz,
342 S., mit 60 erläuternden Grafiken,
Pappband. ●●

Die Magie der Zahlen
So nutzen Sie die Geheimnisse der Numerolo-
gie für Ihr persönliches Glück mit dem völlig
neuen Planetennumeroskop
(4242) Von B. A. Mertz, 224 S., 36 Abbildungen, Pappband. ●●●

Selbst Wahrsagen mit Karten
Die Zukunft in Liebe, Beruf und Finanzen.
(0404) Von R. Koch, 112 S., 252 Abb.,
Pappband. ●

Weissagen, Hellsehen, Kartenlegen . . .
Wie jeder die geheimen Kräfte ergründen und
für sich nutzen kann. (4153) Von G. Haddenbach, 192 S., 40 Zeichnungen, Pappband. ●●

Frauenträume, Männerträume
und ihre Bedeutung (4198) Von G. Senger,
272 S., mit Traumlexikon, Pappband. ●●●

Wie Sie im Schlaf das Leben meistern
Schöpferisch träumen
Der Klartraum als Lebenshilfe.
(4258) Von Prof. Dr. P. Tholey, K. Utecht,
256 S., 1 s/w-Foto, 20 Zeichnungen,
Pappband. ●●

Wahrsagen mit Tarot-Karten
(0482) Von E. J. Nigg, 112 S., 4 Farbtafeln,
52 s/w-Abb., Pappband. ●●

Aztekenhoroskop
Deutung von Liebe und Schicksal nach dem
Aztekenkalender. (0543) Von C.-M. und R.
Kerler, 160 S., 20 Zeichnungen, Pappband. ●

Was sagt uns das Horoskop?
Praktische Einführung in die Astrologie.
(0655) Von B. A. Mertz, 176 S., 25 Zeichnungen, kart. ●

Das Super-Horoskop
Der neue Weg zur Deutung von Charaker,
Liebe und Schicksal nach chinesischer und
abendländischer Astrologie. (0465) Von
G. Haddenbach, 175 S., kart. ●

**Liebeshoroskop für die
12 Sternzeichen**
Alles über Chancen, Beziehungen, Erotik,
Zärtlichkeit, Leidenschaft. (0587) Von
G. Haddenbach, 144 S., 11 Zeichnungen, kart.
●

Die 12 Sternzeichen
Charakter, Liebe und Schicksal. (0385) Von
G. Haddenbach, 160 S., Pappband. ●●

**Die 12 Tierzeichen im chinesischen
Horoskop**
(0423) Von G. Haddenbach, 128 S.,
Pappband. ●

Sternstunden
für Liebe, Glück und Geld, Berufserfolg und
Gesundheit. Das ganz persönliche Mitbringsel
für Widder (0621), Stier (0622), Zwillinge
(0623), Krebs (0624), Löwe (0625), Jungfrau
(0626), Waage (0627), Skorpion (0628),
Schütze (0629), Steinbock (0630), Wasser-
mann (0631), Fische (0632) Von L. Cancer,
62 S., durchgehend farbig, Zeichnungen,
Pappband. ●

So deutet man Träume
Die Bildersprache des Unbewußten. (0444)
Von G. Haddenbach, 160 S., Pappband. ●

Die Familie im Horoskop
Glück und Harmonie gemeinsam erleben –
Probleme und Gegensätze verstehen und
tolerieren. (4161) Von B. A. Mertz, 296 S.,
40 Zeichnungen, kart. ●●

Erkennen Sie Psyche und Charakter durch
Handdeutung
(4176) Von B. A. Mertz, 252 S., 9 s/w-Fotos,
160 Zeichnungen, Pappband. ●●●●

Falken-Handbuch **Kartenlegen**
Wahrsagen mit Tarot-, Skat-, Lenormand-
und Zigeunerblättern.
(4226) Von B. A. Mertz, 288 S., 38 Farb- und
108 s/w-Abb. Pappband. ●●●●

I Ging der Liebe
Das altchinesische Orakel für Partnerschaft
und Ehe. (4244) Von G. Damian-Knight,
320 S., 64 s/w-Zeichnungen, Pappband.
●●●

**Bauernregeln, Bauernweisheiten,
Bauernsprüche**
(4243) Von G. Haddenbach, 192 S., 62 Farbabb. 9 s/w-Fotos, 144 s/w-Zeichnungen,
Pappband. ●●●

Die hier vorgestellten Bücher, Videokassetten und Software sind in folgende Preisgruppen unterteilt:

● Preisgruppe bis DM 10,–/S 79,–
●● Preisgruppe über DM 10,– bis DM 20,–
S 80,– bis S 160,–

●●● Preisgruppe über DM 20,– bis DM 30,–
S 161,– bis S 240,–

●●●● Preisgruppe über DM 30,– bis DM 50,–
S 241,– bis S 400,–
●●●●● Preisgruppe über DM 50,–/S 401,–
*(unverbindliche Preisempfehlung)

Die Preise entsprechen dem Status beim Druck dieses

Neue Medien

Programm und Publikum
Der ständige Versuch einer Annäherung.
Beiträge und Reden über das öffentlich-recht-
liche Fernsehen. (0874) Von A. Schardt,
167 S., kart. ●●

Computer Grundwissen
Eine Einführung in Funktion und Einsatzmög-
lichkeiten. (4302) Von W. Bauer, 176 Seiten,
193 Farb- und 12 s/w-Fotos, 37 Computer-
grafiken, kart., ●●●
(4301) Pappband. ●●●●

Einführung in die Programmiersprache BASIC.
(4303) Von S. Curran und R. Curnow,
192 S., 92 Zeichnungen, kart. ●●

Intelligenz in BASIC
für Schneider CPC 464/664/6128. Mit
Diskette 3". (4320) Von K.-H. Koch, 160 S.,
14 Zeichnungen, kart. ●●●●●

Lernen mit dem Computer. (4304)
Von S. Curran und R. Curnow, 144 S.,
34 Zeichnungen, Spiralbindung, ●●

Computerspiele, Grafik und Musik
(4305) Von S. Curran und R. Curnow, 147 S.,
46 Zeichnungen, Spiralbindung. ●●

dBase III
Einführung für Einsteiger und Nach-
schlagewerk für Profis. (4310) Von J. Brehm,
G. A. Karl, 211 S., 23 Abb., kart. ●●●●●

Das Medienpaket
Buch und Programmdiskette „dBase III"
zusammen (4312) ●●●●●

Garantiert BASIC lernen mit dem C 128
Mit kompletter Kurs-Diskette
(4321) Von A. Görgens, 288 S., 4 s/w-Fotos,
83 Zeichnungen, kart. ●●●●

Grundwissen Informationstechnologie
(4314) Von H. Schiro, 312 S., 59 s/w-Fotos,
133 s/w-Zeichnungen, Pappband. ●●●●●

Heimcomputer-Bastelkiste
Messen, Steuern, Regeln mit C 64-, Apple II-,
MSX-, TANDY-, MC-, Atari- und Sinclair-
Computern. (4309) Von G. A. Karl, 256 S.,
160 Zeichnungen, kart. ●●●●

WORDSTAR 2000
Textverarbeitung für Einsteiger und Profis
Mit erprobten Anwendungen aus der Praxis.
(4317) Von D. Nasser, 200 S., 9 s/w-Fotos,
3 Zeichnungen, kart. ●●●●●

Drucker und Plotter
Text und Grafik für Ihren Computer.
(4315) Von K.-H. Koch, 192 S., 12 Farbtafeln,
5 s/w-Fotos, kart. ●●●●

Computergrafik
Von den Grundlagen bis zum perfekten
3 D-Programm. (4319) Von A. Brück, 296 S.,
20 Farbtafeln, 180 s/w-Grafiken,
50 s/w- Zeichnungen, 83 Listings, Pappband.
●●●●●

Textverarbeitung mit Home- und Personal-Computern
Systeme – Vergleiche – Anwendungen.
(4316) Von A. Görgens, 128 S., 49 s/w-Fotos,
kart. ●●●

Die tägliche PC-Praxis
Anwendungshilfen, Programme und Erweite-
rungen für MS-DOS-Computer
(4322) Von A. Görgens, 224 S., 25 Abbildungen, kart. ●●●●

FALKEN PC PRAXIS

Desktop Publishing
Setzen und Drucken auf dem Schreibtisch.
(4323) Von A. Görgens, 120 S., 11 s/w-Fotos,
72 Zeichnungen, kart. ●●●

Maschinenschreiben
In 10 Tagen spielend gelernt. Von Unterrichts-
medien Hopplus. (7008) Diskette für den
C 64 und C 128 PC ●●●●*
(7009) für IBM + kompatible. ●●●●●*
(Best.-Nr. Ariolasoft: 78631)
(7010) für Schneider CPC 464, 664, 6128.
●●●●●*
(Best.-Nr. Ariolasoft: 74631)

Lernhilfen

Deutsch – Ihre neue Sprache.
Grundbuch (0327) Von H.-J. Demetz und
J. M. Puente, 204 S., mit über 200 Abb.,
kart. ●●

Maschinenschreiben für Kinder
(0274) Von H. Kaus, 48 S., farbige Abb., kart. ●

So lernt man leicht und schnell

Maschinenschreiben
Lehrbuch für Selbstunterricht und Kurse.
(0568) Von J. W. Wagner, 112 S., 31 s/w-
Fotos, 36 Zeichnungen, kart. ●●

Maschinenschreiben durch Selbstunterricht
(0170) Von A. Fonfara, 84 S., kart. ●

Stenografie leicht gelernt
im Kursus oder Selbstunterricht. (0266) Von
H. Kaus, 64 S., kart. ●

Buchführung
leicht gefaßt. Ein Leitfaden für Handwerker
und Gewerbetreibende. (0127) Von R. Pohl,
104 S., kart. ●

Buchführung leicht gemacht
Ein methodischer Grundkurs für den Selbst-
unterricht. (4238) Von D. Machenheimer,
R. Kersten, 252 S., Pappband. ●●●

Schülerlexikon der Mathematik
Formeln, Übungen und Begriffserklärungen
für die Klassen 5–10. (0430) Von R. Müller,
176 S., 96 Zeichnungen, kart. ●

Mathematik verständlich
Zahlenbereiche Mengenlehre, Algebra,
Geometrie, Wahrscheinlichkeitsrechnung,
kaufmännisches Rechnen. (4135) Von
R. Müller, 652 S., 10 s/w- und 109 Farbfotos,
802 farbige und 79 s/w-Zeichnungen, über
2500 Beispiele und Übungen mit Lösungen,
Pappband. ●●●●●

Mathematische Formeln für Schule und Beruf
Mit Beispielen und Erklärungen. (0499) Von
R. Müller, 156 S., 210 Zeichnungen, kart. ●

Rechnen aufgefrischt
für Schule und Beruf. (0100) Von H. Rausch,
144 S., kart. ●

Mehr Erfolg in der Schule

Der Deutschaufsatz
Übungen und Beispiele für die Klassen 5–10.
(4271) Von K. Schreiner, 240 S., 4 s/w-Fotos,
51 Zeichnungen, Pappband. ●●●

Mehr Erfolg in Schule und Beruf

Besseres Deutsch
Mit Übungen und Beispielen für Rechtschrei-
bung, Diktate, Zeichensetzung, Aufsätze,
Grammatik, Literaturbetrachtung, Stil,
Briefe, Fremdwörter, Reden. (4115) Von K.
Schreiner, 444 S.,
7 s/w-Fotos, 27 Zeichnungen, Pappband.
●●●

Richtiges Deutsch
Rechtschreibung · Zeichensetzung · Grammatik · Stilkunde. (0551) Von K. Schreiner,
128 S., 7 Zeichnungen, kart. ●

Diktate besser schreiben
Übungen zur Rechtschreibung für die Klassen
4–8. (0469) Von K. Schreiner, 152 S.,
31 Zeichnungen, kart. ●

Aufsätze besser schreiben
Förderkurs für die Klassen 4–10. (0429) Von
K. Schreiner, 144 S., 4 s/w-Fotos, 27 Zeich-
nungen, kart. ●

Deutsche Grammatik
Ein Lern- und Übungsbuch. (0704) Von
K. Schreiner, 112 S., kart. ●

Besseres Englisch
Grammatik und Übungen für die Klassen 5
bis 10. (0745) Von E. Henrichs, 144 S., ●●

The Grammar Master
Englische Grammatik üben und beherrschen.
(7002) Von Data Beutner. Diskette für den
C 64, C 128 (im 64er Modus) ●●●●*

Richtige Zeichensetzung
durch neue, vereinfachte Regeln. Erläuterungen der Zweifelsfragen anhand vieler
Beispiele. (0774) Von Prof. Dr. Ch. Stetter,
160 S., kart. ●

Richtige Groß- und Kleinschreibung
durch neue, vereinfachte Regeln. Erläuterungen der Zweifelsfragen anhand vieler Beispiele.
(0897) Von Prof. Dr. Ch. Stetter, 96 S., kart. ●

Die hier vorgestellten Bücher, Videokassetten und Software sind in folgende Preisgruppen unterteilt:

● Preisgruppe bis DM 10,–/S 79,–
●● Preisgruppe über DM 10,– bis DM 20,–
S 80,– bis S 160,–

●●● Preisgruppe über DM 20,– bis DM 30,–
S 161,– bis S 240,–

●●●● Preisgruppe über DM 30,– bis DM 50,–
S 241,– bis S 400,–
●●●●● Preisgruppe über DM 50,–/S 401,–
*(unverbindliche Preisempfehlung)

FALKEN VERLAG

Verzeichnisses (s. Seite 1) – Änderungen,   im besonderen der Preise, vorbehalten –   **15**